AF383806

27316

# ENCYCLOPÉDIE-RORET.

—

# MENUISIER

## EN BATIMENTS

—

TOME SECOND.

# AVIS

Le mérite des ouvrages de l'**Encyclopédie-Roret** leur a valu les honneurs de la traduction, de l'imitation et de la contrefaçon. Pour distinguer ce volume, il porte la signature de l'Éditeur, qui se réserve le droit de le faire traduire dans toutes les langues, et de poursuivre, en vertu des lois, décrets et traités internationaux, toutes contrefaçons et toutes traductions faites au mépris de ses droits.

Le dépôt légal de ce Manuel a été fait dans le cours du mois d'octobre 1873, et toutes les formalités prescrites par les traités ont été remplies dans les divers États avec lesquels la France a conclu des conventions littéraires.

# MANUELS-RORET

## NOUVEAU MANUEL COMPLET

### DU

# MENUISIER

## EN BATIMENTS

### ET DU

# LAYETIER-EMBALLEUR

### Par M. NOSBAN, Menuisier-Ébéniste.

## TOME SECOND

#### CONTENANT

Le Travail du Bois ; les Assemblages et les Moulures ; les Travaux de Menuiserie dormante, mobile et décorative, tels que : les Planchers, les Parquets, les Lambris, les Escaliers, les Portes, les Croisées, les Volets, les Contrevents, les Persiennes, les Jalousies, les Echelles, les Meubles de Cuisine, les Devantures de Magasins, la Menuiserie d'Eglise ; l'Estimation des Ouvrages de Menuiserie ; enfin l'Art du Layetier-Emballeur et ses applications les plus nouvelles.

## NOUVELLE ÉDITION

### REVUE, CORRIGÉE ET ENTIÈREMENT REFONDUE

### Par M. MAIGNE.

### OUVRAGE ACCOMPAGNÉ DE CINQ PLANCHES

#### ET ORNÉ DE 150 FIGURES INTERCALÉES DANS LE TEXTE.

## PARIS

### LIBRAIRIE ENCYCLOPÉDIQUE DE RORET

#### RUE HAUTEFEUILLE, 12

#### 1873

# NOUVEAU MANUEL COMPLET

## DU

# MENUISIER

## EN BATIMENTS

---

## QUATRIÈME PARTIE

### TRAVAIL DU BOIS.

---

Dans les trois premières parties de cet ouvrage, nous avons étudié les différentes sortes de bois, décrit l'outillage et donné les notions de géométrie pratique et de dessin nécessaires à tout menuisier qui veut connaître à fond son état. Dans celle-ci, nous allons exposer succinctement les diverses opérations qui ont pour objet de donner au bois les formes et l'aspect que réclament les divers ouvrages à la confection desquels on veut le destiner. En conséquence, après avoir parlé du *débitage*, du *corroyage*, du *chantournage* et du *cintrage*, nous passerons en revue les différentes sortes d'*assemblages* et de *moulures*, puis, nous nous occuperons du *collage*, et nous terminerons par quelques notions sur la *coloration artificielle* des bois.

Avant d'entrer en matière, nous devrions peut-être

dire quelques mots des conditions que doit réunir un atelier de menuiserie ; mais une ou deux heures passées dans l'un des établissements dont la bonne disposition est justement renommée apprendront sur ce

Fig. CX.

point tout ce qu'il est utile de savoir. Nous dirons seulement qu'un atelier de quelque importance, comme celui, par exemple, dont une vue est ci-jointe (fig. CX), doit présenter, outre un système de ventilation et d éclairage bien établi, des dimensions assez grandes pour que chaque chose puisse y occuper la place la plus convenable, et le travail s'y effectuer avec toute l'aisance nécessaire, quels que soient le nombre des ouvriers et la nature de l'ouvrage.

# CHAPITRE PREMIER.

## Débitage et Coupage.

### § 1. DÉFINITION.

Ainsi que nous l'avons dit dans un des chapitres qui précèdent, *débiter* le bois, c'est le scier ou le refendre, soit dans la largeur, soit dans la longueur; c'est le diviser en pièces ou morceaux ayant les dimensions qui conviennent aux ouvrages qu'on veut exécuter. Nous allons compléter ce que nous avons déjà dit à ce sujet, au risque de faire quelques répétitions, tant la matière est importante.

### § 2. DE LA SCIE ET DE SON EMPLOI.

La Scie est l'instrument de débitage par excellence, et nous savons qu'on lui donne plus ou moins de voie, suivant le degré de dureté du bois. Il faut qu'elle en ait beaucoup et que les dents soient longues et bien espacées quand on travaille sur du bois vert, sans cela la sciure s'accumulerait entre les dents et gênerait la marche de l'instrument ou le ferait aller de travers.

On est sûr de ne jamais aller droit quand on veut couper des bois tendres et verts avec des Scies à dents courtes, fines et ayant peu de voie. On ne réussirait pas mieux en employant, pour des bois durs, les Scies dont nous venons de recommander l'usage pour les bois verts. La raison en est simple : dans ce cas, on a une résistance plus forte à vaincre, il faut donc agir sur une ligne plus étroite. Dans le cas précédent, au contraire, le bois étant peu compacte, la fibre étant plus molle, on ne coupe pas net; la fibre cède et se déchire plutôt qu'elle n'est coupée, et la sciure plus grosse aurait bientôt empâté les dents si on ne leur donnait pas une plus grande longueur.

Il est d'autres précautions indispensables pour scier bien droit. Il faut limer avec soin la Scie, et ne pas craindre d'y mettre trop de temps; la célérité avec laquelle marchera l'ouvrage en aura bientôt dédommagé. Frottez-la aussi de temps à autre avec un corps gras, soit du suif, soit un morceau de lard.

Quand vous voulez scier, présentez l'instrument bien perpendiculairement à la pièce de bois, en lui faisant suivre bien exactement le trait qu'on a tracé pour le guider; effacez un peu votre corps pour qu'il ne gêne pas le mouvement des bras, et poussez bien droit et sans balancer. L'impulsion que vous donnez doit communiquer à la Scie un mouvement de va-et-vient, franc, net et sans hésitation. Il ne faut pourtant pas aller trop vite ni trop appuyer sur la Scie, car la résistance pourrait devenir trop grande; la lame ne pouvant plus aller d'arrière en avant, se courberait brusquement, et si ce mouvement se répétait plusieurs fois, le trait prendrait nécessairement de la courbure. En outre, cette manière de procéder détériorerait promptement l'instrument.

Quant à la manière de tenir la Scie, chacun sait qu'on la prend à deux mains par une des traverses, et que la pointe des dents doit toujours être poussée en avant quand cette pointe est inclinée. Chacune de ces dents est un petit coin armé latéralement d'un biseau, et la puissance de la Scie vient de ce qu'elle en présente un grand nombre qui pénètrent dans le bois et le coupent simultanément.

Quand une Scie a plus de voie d'un côté que de l'autre, on s'en aperçoit à ce qu'elle tend toujours à tourner de ce côté. Quand elle s'échauffe trop, c'est qu'elle ne convient pas à l'ouvrage ; il faut en changer, sans quoi elle se détremperait.

### § 3.   PROCÉDÉS DE DÉBITAGE.

Mais pour *débiter* convenablement le bois, il ne suffit pas de savoir bien diriger la Scie, il faut encore

Fig. CXI.

connaître la manière de diviser une pièce, de façon à n'en rien perdre et à en tirer tout le parti possible ;

et lorsqu'il est question d'entamer des bois précieux, il faut aussi savoir s'y prendre de façon à faire ressortir tous les beaux accidents qu'ils peuvent renfermer. Dans ce dernier cas surtout, il faut longtemps hésiter à mettre la Scie dans un morceau de bois; on doit le bien examiner, car le mal serait grand et irréparable si on sacrifiait un beau veinage.

Il y a diverses manières de débiter le bois. Quand on veut obtenir des pièces minces, telles que des panneaux, on le divise sur son épaisseur, ce qui s'appelle *scier* ou *débiter sur champ* (fig. CXI).

Quand, au contraire, on veut obtenir des pièces fortes et peu longues ou peu larges, alors on divise

Fig. CXII.

la longueur ou la largeur en faisant mouvoir la Scie parallèlement à la longueur ou à la largeur, perpendiculairement à la plus grande surface; c'est ce qu'on appelle *scier* ou *débiter sur plat* (fig. CXII).

Il est essentiel de choisir, pour les débiter *sur champ*, des planches sans nœuds, sans gales, sans défauts, puisque les parties qu'on en tire sont celles qui, dans l'ouvrage, occupent le plus de surface. On donne aussi la préférence à celles qui ont une belle couleur, ou qui sont nuancées de veines, ce dont on s'assure en *soudant le bois*, c'est-à-dire en donnant sur sa superficie un ou deux coups de Riflard ou de Demi-Varlope, pour la mettre à découvert.

On préfère encore pour cela celles qui sont sur la maille du bois, c'est-à-dire dont la surface est oblique aux rayons qui s'étendent du centre à la circonférence. Le bois coupé en ce sens est moins sujet à se tourmenter. Cependant, il se polit plus difficilement; mais il produit un bien plus bel effet que les bois qui ne sont que vernis.

On *débitera sur plat* les planches qui ont des fentes ou des nœuds, parce qu'il sera bien plus facile de faire disparaître ces défauts dans les différentes coupes, et de s'arranger de manière à perdre, par suite, le moins de bois possible. Si d'ailleurs on était obligé d'en conserver quelques-uns, le mal serait moins grand, car ces imperfections sont bien moins en évidence, bien moins désagréables à l'œil sur un montant ou une traverse, qu'elles ne le seraient sur un panneau d'une bien plus grande surface.

## § 4. OBSERVATIONS ET CONSEILS.

Avant d'entreprendre de débiter du bois pour un ouvrage quelconque, il faut commencer par se rendre compte du nombre et de la nature des pièces dont on a besoin, calculer combien il faut de battants, combien de montants, de traverses, de panneaux; quelles seront leurs dimensions, les moulures dont on veut les orner. Ce dernier point n'est pas sans importance, car il est bon de réserver pour les pièces qui doivent porter des moulures, les côtés où le bois est moins dur et qui était le plus voisin de l'aubier, afin qu'on puisse les pousser plus commodément.

Cela fait, on *établit l'ouvrage*, c'est-à-dire qu'on indique, par des marques, sur la pièce de bois à débiter, les battants, les montants, les traverses, etc. On choisit à cet effet des planches ou autres pièces de dimensions convenables. S'il s'agit de faire de grands battants, il faut prendre des planches longues, bien droites et de fil. Si la planche avait des fentes ou d'autres défauts, on tâcherait de prendre des battants de moyenne grandeur dans la partie qui en serait exempte, et on emploierait le reste à faire de petites pièces, telles que des traverses.

Pour établir l'ouvrage, on choisira la rive ou l'arête du bois la plus droite, et l'on marquera sur chaque face les largeurs dont on a besoin, en tirant des parallèles à cette arête, ce qu'on exécutera sans peine à l'aide du Trusquin. Mais, dans cette opération, il faut avoir soin de mettre environ $0^m.007$ de trop à chaque largeur, parce que le passage de la Scie fait perdre une partie de cet excédant et que le corroyage a bientôt enlevé le reste.

Si la pièce qu'on veut employer n'a aucune arête passablement droite, il faut en dresser une avec la Varlope, ou, si l'on aime mieux, tracer une ligne qui suive le plus près possible les parties centrales afin de perdre moins de bois. Cette première ligne servira de guide pour mener les parallèles; mais, dans ce cas, on ne pourra pas se servir du Trusquin.

Si les arêtes ou les côtés d'une planche étaient par trop courbes, il faudrait bien se garder de sacrifier toutes les parties excédantes d'un côté ou de l'autre. Il serait bien plus économique de la diviser en plusieurs longueurs et de se servir de chacune de ces portions, que l'on couperait de manière que toutes fussent à peu près droites pour faire des traverses ou des montants de même grandeur.

Il est superflu d'ajouter qu'il faut toujours proportionner la longueur des pièces que l'on emploie à la longueur des morceaux que l'on veut en retirer. Par exemple, il ne faudrait pas, à moins qu'il n'y eût à l'une des extrémités des nœuds ou des fentes, employer une planche de 2 mètres pour couper un montant de $1^m.67$. Il resterait un bout de planche long de 33 centimètres dont on ne saurait plus que faire.

Il ne faut pas, au reste, que le menuisier se contente de débiter au jour le jour les bois dont il a besoin. Il faut, au contraire, s'en faire une provision. D'une part, ce sera une bonne manière d'employer le temps de morte saison où l'on manque d'ouvrage; d'autre part, le bois débité séchera mieux, et l'ouvrage en sera plus solide.

On trouve d'ailleurs dans le commerce, sous le nom de *bois d'échantillon*, des bois qu'on a sciés et débités dans les forêts pour des usages déterminés. Ces différentes espèces de bois prennent divers noms, suivant leurs dimensions.

On réserve spécialement le nom de *planches* à des portions d'arbres très-minces relativement à leurs autres dimensions, longues de **2** mètres à **8**<sup>m</sup>.**12**, larges de **24** à **32** centimètres.

Quand la planche a **54** millimètres d'épaisseur, on l'appelle *doublette*. Si elle est épaisse de **81** à **135** millimètres, on la nomme *table*.

La *membrure* a de **4**<sup>m</sup>.**87** à **6**<sup>m</sup>.**50** de long, **135** à **162** millimètres de large et **81** millimètres d'épaisseur.

Les *chevrons* ne diffèrent de la membrure que parce qu'ils ont environ **108** millimètres d'épaisseur.

L'*entrevous* a jusqu'à **3**<sup>m</sup>.**25** de long sur une épaisseur de **20** millimètres.

La *volige* n'a que **14** millimètres d'épaisseur, et le *feuillet* que **7**.

L'ouvrier qui n'aura que de grosses pièces de bois et voudra en avoir de plus minces, fera bien de se régler en les débitant sur ces dimensions, qui sont commodes et satisfont à tous les besoins. Ainsi, s'il veut faire des *voliges*, il prendra une *doublette* qu'il refendra en trois, en la divisant sur son épaisseur par deux traits de scie. Au premier coup-d'œil, il semble que les *voliges* ainsi obtenues devraient être trop épaisses; mais il faut tenir compte des 5 ou 7 millimètres que fait perdre chaque passage de la scie.

Il faut faire des observations analogues lorsqu'on débite les pièces de bois dans tout autre sens. Si donc on veut trois traverses de **65** centimètres, il faudra scier en trois un chevron de **2** mètres de longueur. De cette manière, on ne souffrira aucune perte. Au reste, nous ne conseillons pas de débiter à l'avance les bois relativement à la longueur. Cette dimension est trop variable dans les différents ouvrages. D'ailleurs, en agissant ainsi, on activerait peu la dessiccation des bois. Il en est autrement lorsqu'il s'agit de *débiter sur champ*, parce qu'alors les pièces de bois sont rendues plus minces, qu'on met à découvert une bien plus grande surface, et que, par conséquent, le dessèchement s'opère avec une toute autre rapidité.

# CHAPITRE II.

## Corroyage.

### § 1.   DÉFINITION.

Nous savons que, par *corroyer* les bois, on entend l'opération d'aplanir, de dresser leurs surfaces, de les rendre bien parallèles entre elles, ce qui s'exécute à l'aide de la Varlope et de plusieurs autres outils que nous avons fait connaître.

### § 2.   MANIÈRE D'OPÉRER.

Après avoir choisi une planche d'une grandeur proportionnée à l'ouvrage qu'on veut faire, on examine, quand on veut la corroyer, quelle est celle de ses surfaces qui est le plus de fil, et qui présente le moins de défauts, ou celle qui est convexe. On pose la planche à plat sur l'établi, de manière que cette surface soit en haut et qu'on puisse la travailler librement. On appuie l'extrémité de la planche par le milieu de son épaisseur contre le Crochet, et on donne à l'autre extrémité un coup de maillet qui fait pénétrer les dents dans le bois et assujettit la planche d'une manière stable.

S'il y a de trop fortes inégalités, on commence par les faire sauter avec le Fermoir et le maillet, en ayant soin d'incliner bien exactement le Fermoir suivant l'angle de son biseau.

On prend ensuite la Demi-Varlope ou Riflard, et avec cet instrument on commence à dresser la surface, à faire disparaître les fortes inégalités ; en un mot on *dégrossit* l'ouvrage (fig. CXIII). Le Riflard est

Fig. CXIII.

l'instrument le plus commode pour cette opération, parce qu'il est moins pesant, plus facile à manœuvrer, et que son fer, à tranchant un peu arrondi sur les angles, pénètre plus aisément dans le bois et enlève des copeaux plus épais. Mais cet outil ne saurait suffire ; et quand il a découvert toute la surface du bois, quand il l'a mise à peu près de niveau, et lorsque les aspérités ont disparu, on le remplace par la Grande Varlope. La grande étendue du fer de cette dernière, la forme parfaitement droite de son tranchant, la longueur de son fût, qui lui fait suivre toujours une direction bien horizontale, la rendent éminemment propre à terminer le corroyage, à faire disparaître les plus petites inégalités, à obtenir des surfaces bien dressées et aussi unies qu'il est possible de le désirer.

### § 3.  OBSERVATIONS ET CONSEILS.

Quelque simple que soit l'opération de pousser la Varlope ou le Riflard, il ne faut pas croire pourtant qu'elle ne demande aucune précaution. Il arrive souvent à l'apprenti inattentif et qui ne se rend pas compte de ses mouvements, de n'obtenir qu'une surface courbe avec une Varlope des mieux dressées. Le plus ordinairement, la planche se trouve bombée au milieu et plus élevée sur ce point qu'aux deux extrémités. Il est facile de trouver la cause de ce défaut et d'y remédier. L'apprenti tient la Varlope avec les deux mains; il saisit la poignée de la main droite, appuie la main gauche sur l'extrémité antérieure de l'instrument, et pousse l'outil sur la planche, en le dirigeant du côté du Crochet de l'établi; arrivé jusqu'au bout, et lorsque le fer a dépassé la planche, il ramène la Varlope à reculons jusqu'à l'autre extrémité, et recommence à pousser.

Maintenant qu'on fasse bien attention à ce qui se passe dans cette opération. Lorsque l'ouvrier pose pour la première fois la Varlope sur la planche, il faut que le fer touche la tranche de l'extrémité par laquelle il commence. Il en résulte que la moitié postérieure du fût est en l'air, et pour peu alors qu'il appuie avec la main droite, il fait baisser cette partie, et élève la partie antérieure. Dans cette position, le fer se trouve nécessairement un peu plus bas. Bientôt la Varlope portant par tous les points sur la planche, ce défaut d'horizontalité cesse. Mais, dès que l'outil touche à la fin de sa course, ce même effet se reproduit, puisque l'extrémité antérieure du fût ne porte plus sur la planche, et s'abaisse pour peu que l'on presse avec la main gauche. Il en résulte qu'à chaque mouvement de la Varlope, le degré d'inclinaison du fer varie trois fois, et de telle sorte que le tranchant pénètre plus aisément dans le bois au commencement et à la fin de la course qu'au milieu.

La cause du mal étant bien connue, il est facile de trouver le remède. Puisque tout provient d'un léger défaut d'horizontalité dans la Varlope, défaut qui produit peu d'effet à chaque fois, mais qui finit par être bien sensible par suite du grand nombre de courses qu'on fait faire à l'outil, il faut mettre tous les soins possibles à l'éviter. Pour cela, en commençant la course, il faut appuyer fortement avec la main gauche, ne pas peser du tout avec la droite, et n'employer cette main qu'à pousser, jusqu'à ce que tout le fût repose sur la planche. Au contraire, quand on touche au terme de la course, quand l'extrémité antérieure du fût commence à dépasser la pièce de bois qu'on travaille, la main gauche ne doit plus appuyer. La main droite seule pèse et pousse; la gauche ne sert plus qu'à maintenir et diriger l'instrument dans la droite ligne. Cette manière de procéder paraît dans les commencements embarrassante et minutieuse; mais toutes ces précautions sont indispensables chaque fois qu'on veut se servir d'un outil à fût. Quand on approche du bord de la planche, un côté seulement de l'outil étant soutenu, la planche serait convexe sur sa largeur, si l'on ne soutenait l'outil en penchant la main à droite quand on est près du bord gauche, et à gauche quand on est à droite.

Indépendamment de ces précautions, il faut avoir soin de bien *mettre en fût*, c'est-à-dire de donner au fer le degré de pente convenable, et de le disposer de telle sorte que la petite surface inclinée du biseau soit parallèle avec la surface inférieure de la Varlope, et en forme, pour ainsi dire, la continuation. Il ne faudrait pas croire avancer davantage et mieux faire en donnant beaucoup de fer, et en le faisant sortir par-dessous, de manière à prendre beaucoup de bois à la fois, ce serait une erreur : il faut, au contraire, que le fer soit peu saillant. Sans cette précaution, il pénètre trop profondément, éprouve une trop forte résistance, ne peut la vaincre, s'ébrèche ou ressaute sur la planche, et la couvre de profondes et irrégulières entailles. Il arrive tout au moins que les copeaux étant trop gros, ne peuvent plus sortir d'eux-mêmes de la lumière, et s'y accumulent, s'engorgent; on est forcé de les retirer avec une pointe de fer, et l'on perd plus de temps qu'on espérait en économiser. On prévient en partie cet inconvénient en graissant l'intérieur de la lumière. Quand il y a trop de fer, on le fait rentrer en donnant un ou deux coups sur le derrière du fût, et en frappant ensuite sur le coin pour l'assujettir. Au contraire, pour faire sortir le fer, on frappe sur le talon du fût. On doit, en frappant à droite ou à gauche du talon, mettre la courbure de ce fer bien au milieu du fût.

Quand on a usé de tous ces soins, il n'est pas encore sûr que l'ouvrage soit parfaitement dressé. Il l'est bien dans le sens de la longueur : mais on peut ne pas être sûr d'avoir passé partout la Varlope un même nombre de fois; on n'est pas sûr de l'avoir poussée toujours bien en droite ligne; par conséquent, il n'est pas certain qu'on ait bien dressé le bois en travers. Il y a plus, quelquefois la planche est convexe à l'une de ses extrémités, et concave à l'autre : il faut donc connaître le moyen de s'assurer de ces imperfections. Il y en a un bien simple, il consiste à *bornoyer*, comme on dit ordinairement. Cette opération consiste à fermer un œil, en plaçant l'autre très-près du bord de la planche, et dans une direction bien parallèle à sa surface. Alors, comme tout ce qui est dans la ligne droite doit être caché par le bord, on s'aperçoit des plus petites inégalités; s'il n'y avait cependant qu'un léger degré d'inclinaison à l'une des extrémités, on pourrait ne pas s'en apercevoir, mais on peut aisément rendre ce défaut beaucoup plus apparent. Pour cela, appliquez à chaque extrémité deux longues règles ; elles prendront nécessairement la même inclinaison que l'extrémité qui ne serait pas bien dressée en travers, et leur longueur rendra sensible à l'œil le moins exercé le défaut du parallélisme. On peut aussi (et c'est peut-être le meilleur moyen) appliquer en tous les sens, sur la surface, une très-bonne règle ou un chevron bien dressé par un de ses côtés. Si, en regardant à contre-jour entre ces deux objets, on aperçoit à peine ou pas du tout la lumière, le travail a été bien fait; au contraire, il est imparfait si la lumière paraît plus dans un point que dans un autre.

Quels que soient les défauts qu'annonce la vérification, il faut se remettre à raboter de manière à les faire disparaître, et passer suffisamment la Varlope sur les parties saillantes ou convexes; mais, lorsqu'on approche de la fin de l'opération, il faut souvent en venir à vérifier de nouveau.

Lorsqu'il s'agit de dresser des morceaux de peu d'étendue, et de faire de petits ouvrages, on substitue à la Varlope ordinaire trop embarrassante dans ce cas, soit une petite varlope désignée sous le nom spécial de Varlope-Onglet, soit des Rabots de différentes formes.

Quand les bois sont durs, noueux, on se sert de fers moins inclinés, dont le biseau est plus fort, moins aigu, et prend moins de bois à la fois. Lorsque les bois sont *rebours*, c'est-à-dire formés de fibres non parallèles entre elles, mais entrelacées et croisées en différents sens, on *traverse* le bois, c'est-à-dire qu'on pousse le Rabot ou la Varlope transversalement à la longueur. Il est, dans ce cas, trop difficile de faire courir le fer sur une grande surface. Heureusement, on n'emploie guère ces sortes de bois qu'à des ouvrages petits et destinés à être polis.

Quand on a bien dressé une première surface, le plus difficile de l'ouvrage est fait, car celle-là sert à dresser toutes les autres, dont il ne faut s'occuper qu'après avoir fini la première. Pour peu que la planche soit épaisse, on fait sur chacun des bords, avec le Trusquin, un trait que l'on suivra en corroyant la seconde surface, et qui règle les parallélismes avec la première. Pour cela, on fait glisser la tête du Trusquin sur la surface dressée, et l'on a soin de ne pas faire varier, dans chacune des opérations, la longueur de la partie de la tige qui dépasse la tête, afin que l'épaisseur soit la même des deux côtés.

Cela fait, on retourne la planche sur l'établi, on met en l'air la surface non corroyée, et après avoir fixé l'ouvrage avec le Crochet, on dresse cette seconde surface comme la première.

Cette opération terminée, il faut songer à dresser le côté ou la *rive* de la planche. Pour cela, si l'extrémité de la planche est bien droite, avec une équerre on trace sur la surface de la planche, et le plus près possible du bord, une ligne perpendiculaire à cette extrémité. C'est cette ligne qui doit servir de guide. Si l'extrémité de la planche n'était pas coupée bien droit, il faudrait alors tirer le long d'un des bords longitudinaux, une ligne droite, en veillant uniquement à ce qu'elle suivit aussi près que possible les enfoncements du bord, afin d'avoir à couper moins de bois.

Si l'on a beaucoup de bois à retrancher, si le bord est très-inégal, on fixe la planche sur l'établi à l'aide du Valet, puis avec un Fermoir et un maillet, on enlève çà et là toutes les parties les plus saillantes, et l'on met la rive à peu près de niveau sur tous les points, avec le trait qu'on a tracé. Il faut cependant ne pas trop enlever de bois et en laisser au contraire un peu en avant du trait, afin que les premiers coups de la Varlope ne le fassent pas disparaître.

Après ce travail préliminaire, on pose la planche de champ sur le côté de l'établi, en tournant en haut la rive qu'on veut dresser. On fait dans une traverse de bois une entaille latérale triangulaire et un peu profonde. On fixe cette traverse, qu'on appelle *pied-de-biche*, sur le dessus de l'établi, à l'aide du Valet ordinaire, et comme ce Valet peut être mis tantôt dans un des trous de la table, tantôt dans l'autre, on s'arrange de manière que le pied-de-biche vienne se présenter à côté de l'extrémité de la planche, et on l'assujettit fortement dans cette position, après qu'on a serré avec le maillet le bout de la planche contre l'entaille.

On corroie les tranches, on les rifle comme les plus grandes surfaces, et avec bien plus de facilité, puisqu'à raison de leur peu d'épaisseur, on n'a pas à craindre qu'elles ne soient pas bien dressées dans le sens de la largeur. Comme il serait difficile de maintenir, sur une superficie si étroite, un instrument à fût aussi long que la Varlope, on se sert de préférence, pour cette opération, du Rabot ou de la Varlope-Onglet. Lorsqu'on s'est assuré avec une règle, ou bien en bornoyant, que la tranche est bien dressée sur sa longueur, il ne reste plus qu'à vérifier si la surface nouvellement dressée fait un angle bien droit avec la première, ou lui est bien perpendiculaire, ce dont on s'assure aisément en faisant glisser d'un bout à l'autre l'angle qu'elles forment dans l'angle rentrant d'une bonne équerre.

L'autre tranche doit être corroyée de la même manière; mais il faut auparavant prendre une précaution indispensable pour *mettre la planche de largeur,* c'est-à-dire pour s'assurer qu'elle est aussi large à l'une de ses extrémités qu'à l'autre, et que ses deux tranches sont bien parallèles entre elles. A cet effet, on pousse la tige du Trusquin de manière que la pointe soit séparée de la tête d'un intervalle égal à la largeur que doit partout avoir la planche. On applique la tête de l'outil contre la tranche, et on le fait glisser d'un bout à l'autre, de façon qu'il trace une longue ligne au bord opposé d'une des grandes surfaces; on en fait autant sur l'autre surface, et les deux traits qui en résultent, qui sont tous les deux bien parallèles entre eux et avec la tranche déjà dressée, et aussi également éloignés de cette première tranche, servent de guide quand on corroie la seconde.

Il arrive quelquefois que les deux tranches ou les deux grandes surfaces d'une planche doivent être inclinées entre elles et non parallèles. Dans ce cas, on règle les degrés d'inclinaison sur toute l'étendue de la surface avec la Sauterelle ou Fausse Equerre. Si ce sont les deux faces de la planche qui ne doivent pas être parallèles, il faut, après avoir dressé l'une, dresser immédiatement la tranche, le long de laquelle on fera glisser la Sauterelle pour vérifier.

Si les deux surfaces devaient former entre elles un angle de 45 degrés, il vaudrait mieux se servir de l'Equerre d'onglet, qui donne invariablement cet angle.

# CHAPITRE III.

### Chantournage et Cintrage.

Toutes les pièces de bois que l'on emploie dans la menuiserie ne sont pas planes. Souvent, on en emploie qui présentent des courbures très-variées; il est donc essentiel de savoir quelle est la manière de tailler et de corroyer ces bois.

### § 1. CHANTOURNAGE.

La première opération à faire lorsqu'on veut *chantourner*, c'est-à-dire tailler des bois courbes, est de faire un *calibre*. On donne ce nom à des morceaux de bois minces, taillés conformément à la courbe que l'on veut obtenir, et qui servent ensuite de règles pour tracer l'ouvrage. On emploie ordinairement pour cela des voliges de bois qu'on taille aisément après avoir marqué la courbe avec un compas, ou après l'avoir dessinée quand elle ne forme qu'une portion de cercle. Indépendamment de ce moyen qui est connu, il en est un autre très-commode, bien usité autrefois.

Quand on veut imiter un meuble qu'on a sous les yeux et dont les courbes sont déjà déterminées dans les proportions convenables, au lieu de tâtonner longtemps pour arriver à faire des calibres qui aient exactement les mêmes courbures, pourquoi n'essaierait-on pas de les calquer pour ainsi dire avec une règle de plomb, ni trop mince, ni trop épaisse, et à laquelle on ferait prendre toutes les formes désirables? Il suffirait, pour réussir parfaitement, de presser la règle contre les diverses surfaces du meuble qu'on voudrait imiter. Si c'était un fauteuil, par exemple, on l'appliquerait d'abord sur le dossier, puis sur les bras, puis sur le montant qui les supporte, puis sur les pieds de derrière. A mesure qu'on prendrait ainsi l'empreinte de chacune de ses parties, on se servirait de la règle de plomb pour tracer toutes les courbes sur une volige, et quand on aurait suivi ainsi tous ces traits avec une Scie à chantourner, on se trouverait muni, sans tâtonnements, sans essais infructueux et presque sans peine, d'une ample provision de calibres. La même règle pourrait servir un bon nombre de fois.

C'est avec la Scie à chantourner (fig. CXIV) qu'on évide les parties concaves des pièces cintrées; mais il faut d'abord prendre la précaution de tracer deux traits parallèles qui indiquent et la courbure de la pièce et son épaisseur.

Il y a deux modes différents de courbure. Certaines

pièces courbes sont peu larges, et alors leur courbure est prise aux dépens de la largeur de la planche qui les fournit. Il suffit alors, pour tracer, d'appliquer le calibre sur la surface supérieure de la planche, et de tirer l'un après l'autre deux traits dont l'intervalle règle l'épaisseur de l'ouvrage.

Si, au contraire, la pièce courbe a une grande longueur, la courbure doit être prise dans l'épaisseur de la planche qui sert de matière première ; alors, au lieu de deux traits, il faut en tracer quatre sur chaque tranche de la planche,

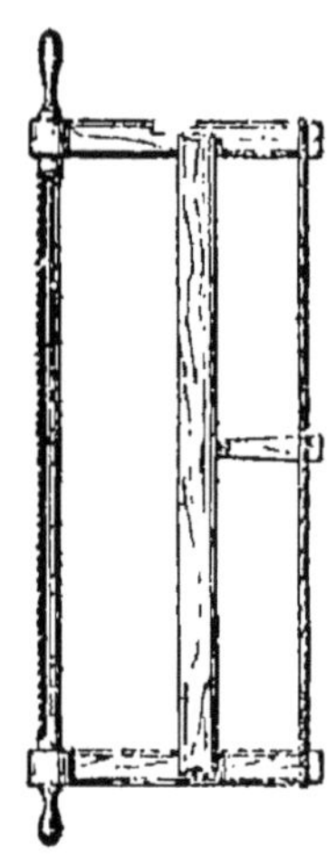

Fig. CXIV.

qu'on a préalablement dressée. On trace deux traits de chaque côté, et ils doivent être également espacés, car ce sont eux qui déterminent l'épaisseur qu'il est nécessaire de rendre égale sur chaque rive. On sent que, dans ce cas, si la courbure de l'ouvrage doit être très-forte, il y a de l'avantage à faire la pièce courbe de plusieurs morceaux, parce que l'on n'aura pas besoin de prendre des planches aussi épaisses, ce qui entraînera une grande économie de bois.

Quand on a ainsi cintré approximativement la pièce, il faut l'achever en la corroyant. Cette opération est d'autant plus indispensable que la Scie suit rarement avec une parfaite régularité les traits qu'on a tracés, et que le Rabot corrige ces légères imperfections. Par ce motif, il est bon de tracer de nouveau.

On dresse d'abord les pièces sur la tranche. On les met d'équerre par les deux bouts, c'est-à-dire qu'on s'assure que les quatre côtés de la pièce font entre eux des angles bien droits. Ensuite, on corroie l'intérieur et l'extérieur de la courbe avec des Rabots cintrés.

Lorsque les pièces courbes sont très-larges, on a à craindre de gauchir les extrémités en les mettant d'équerre, c'est-à-dire de leur donner d'un côté ou de l'autre une inclinaison vicieuse, ce qui suffirait seul pour empêcher de bien dresser les grandes surfaces de la pièce. Pour éviter cet inconvénient, il faut tirer sur le plat de la courbe, et à son extrémité, deux traits d'après lesquels on donne deux coups de Guillaume qui y font une rainure. On y pose deux morceaux de bois un peu longs et qui rendent sensibles toutes les irrégularités d'inclinaison.

Il y a des pièces d'une forme et d'une courbure telles qu'on ne peut pas les corroyer avec le Rabot cintré. Alors il n'y a pas d'autre ressource que de les corroyer du mieux qu'on peut avec le Ciseau, la Râpe ou le Racloir.

### § 2.  CINTRAGE.

Dans certains cas, au lieu de procéder comme ci-dessus, pour obtenir des pièces courbes ou cintrées, on peut opérer d'une manière toute différente, en se servant, soit de l'action du feu ou de l'eau chaude, soit de celle de la vapeur d'eau ou du sable chauffé. Quel que soit celui de ces agents qu'on emploie, le bois s'amollit au point de pouvoir prendre les formes les plus variées, et il les conserve ensuite parfaitement quand on le fait refroidir ou sécher.

#### 1° *Cintrage au feu.*

Pour courber des planches minces *au feu*, on procède de trois manières :

1° On chauffe la pièce au-dessus d'un feu clair, puis on la place sur un ou plusieurs supports de bois ou de pierre, auxquels on donne une hauteur convenable pour permettre une courbure plus ou moins forte de haut en bas;

2° On mouille la partie qui doit être courbée, puis on allume un feu clair au-dessous;

3° On dispose la pièce au-dessus d'un feu clair, puis on établit des pesées à l'une ou aux deux de ses extrémités.

### 2° *Cintrage à l'eau.*

L'amollissement *à l'eau* consiste à plonger le bois, pendant un certain temps, dans une chaudière d'eau bouillante. Nous ferons remarquer qu'on reproche à cette méthode d'altérer plus ou moins les qualités du bois, par exemple, de diminuer sa dureté et sa durée.

### 3° *Cintrage à la vapeur.*

Quand on emploie la *vapeur d'eau*, on renferme le bois dans une caisse parfaitement close, puis on introduit la vapeur dans cette caisse.

### 4° *Cintrage au sable.*

Dans la courbure par le *sable*, en enfouit la pièce à cintrer sous une couche de sable chaud et humide, placée dans une étuve.

### *Observations.*

Nous n'avons pas besoin d'ajouter que, de quelque manière qu'on opère, les pièces de bois doivent être portées immédiatement et bien assujetties sur les calibres ou *moules* qui doivent leur donner la forme voulue, et qu'il faut ne les en ôter que lorsque leur dessiccation est parfaite.

# CHAPITRE IV.

## Assemblages.

—

### OBSERVATIONS GÉNÉRALES.

Il ne suffit pas de savoir dresser et chantourner les différentes pièces de bois qui composent un ouvrage, il faut encore connaître l'art de les unir entre elles, de les entailler de manière que leurs extrémités s'emboîtent les unes dans les autres. C'est là ce qu'on appelle *assembler*, et il n'est pas douteux que cette opération ne constitue une des parties les plus importantes de l'art du menuisier ; sans elle on ne ferait jamais que des pièces épaisses, des fragments, jamais un ouvrage complet, et si on la négligeait, si les joints étaient mal exécutés, l'ouvrage d'ailleurs le mieux fait deviendrait grossier, commun et ridicule. C'est de la perfection des ASSEMBLAGES que dépendent la solidité et l'élégance des travaux de menuiserie. On ne saurait donc y apporter trop de soin et de précision.

Il y a plusieurs espèces d'assemblages qu'il est essentiel de connaître, afin de pouvoir les employer à propos; mais ordinairement ils sont composés de *tenons* et de *mortaises*. On peut les diviser en trois sections : les *assemblages simples*, les *assemblages composés*, les *entures* et les *embrèvements*. Avant de les passer en revue, disons d'abord ce qu'on entend par *mortaise, enfourchement* et *tenon*.

### 1° *Mortaise.*

On entend par MORTAISE une cavité longitudinale

dont l'ouverture a la forme d'un parallélogramme rectangle et qui est creusée dans une pièce de bois. La mortaise est presque toujours beaucoup plus longue qu'elle n'est large.

### 2° *Enfourchement.*

La mortaise prend le nom d'ENFOURCHEMENT quand une des parois manque, c'est-à-dire quand l'entaille est prolongée jusqu'à l'extrémité de la pièce de bois dans laquelle on l'a creusée; de telle sorte que si la mortaise pénètre cette pièce de bois de part en part, cette extrémité forme une espèce de fourche composée de deux planchettes parallèles, saillantes au bout de la pièce de bois et faisant corps avec elle.

### 3° *Tenon.*

On appelle TENON l'extrémité de l'autre pièce de bois qui doit entrer dans la *mortaise.* Pour que ces deux parties s'adaptent exactement l'une dans l'autre, il convient, on le sent déjà, qu'elles aient les mêmes dimensions; par conséquent, si les deux pièces de bois à assembler ont un égal volume, il faut, de nécessité absolue, que, pour former le tenon, ou amincisse l'une d'elles à son extrémité. On fera cet amincissement en entaillant d'abord la pièce de bois perpendiculairement à chacune de ses faces d'une profondeur déterminée, puis en enlevant l'excédant du bois depuis le fond de ces entailles jusqu'à l'extrémité de la pièce de bois, de telle sorte que l'amincissement commence brusquement et non par gradation et que le tenon ait la forme d'une petite planchette adaptée à l'extrémité de la pièce de bois. Les faces de cette planchette font un angle droit avec l'excédant d'épaisseur de cette extrémité, et cet excédant, qu'on appelle *arasement*, s'applique exactement sur la surface de l'autre pièce de bois quand le tenon est entré dans la mortaise. Quand le tenon n'a qu'un arasement, on le nomme *bâtard*.

La figure ci-après représente un tenon et une mortaise placés en face l'un de l'autre.

### § 1.   ASSEMBLAGES SIMPLES.

#### 1° *Assemblage à mortaise et tenon.*

L'ASSEMBLAGE A TENON ET MORTAISE se compose, comme son nom l'indique, d'un tenon et d'une mortaise. La figure CXV, dans laquelle les deux pièces sont séparées et placées en face l'une de l'autre, est destinée à en donner une idée.

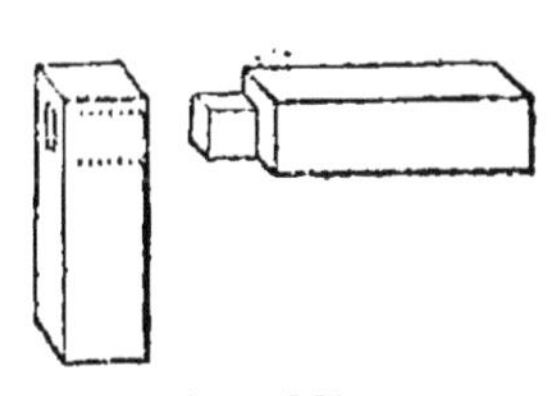

Fig. CXV.

#### 2° *Assemblage carré.*

L'assemblage à mortaise s'appelle ASSEMBLAGE CARRÉ, quand les arasements sont égaux de chaque côté. Tel est celui représenté par la figure que nous venons de donner.

#### 3° *Assemblage en enfourchement.*

Nous venons de voir que l'ASSEMBLAGE EN ENFOUR-CHEMENT est celui dans lequel la mortaise n'a que trois parois et règne jusqu'à l'extrémité du bois, ce que l'on exprime encore en disant qu'elle n'a pas d'*épaulement;* car on donne ce nom à la petite portion de bois qui sépare une mortaise d'une autre mortaise, ou qui tient lieu d'extrême paroi.

Dans cet assemblage, le tenon n'a point d'arasement du côté où la mortaise n'a pas d'épaulement, et, dans ce point, il est de niveau avec tout le reste de la pièce de bois.

### 4° Assemblage d'onglet.

L'ASSEMBLAGE D'ONGLET sert à unir des pièces de bois ornées de moulures sur les bords. Pour le former, on prolonge l'arasement du tenon du côté de la moulure et de manière à ce qu'il soit égal à celle-ci; puis, au lieu de tailler latéralement cet arasement, de façon qu'il soit perpendiculaire au tenon, on le coupe d'onglet ou de façon que ses deux surfaces forment ensemble un angle de 45 degrés. D'un autre côté, on coupe aussi la moulure sur la pièce de bois qui forme la mortaise, de façon qu'elle soit saillante en avant de l'épaulement, et fasse avec lui un angle de 135 degrés. Il résulte de cette double opération que lorsque les deux pièces sont assemblées, les deux moulures semblent ne faire qu'un, en sorte que rien ne nuit à son effet (fig. CXVI).

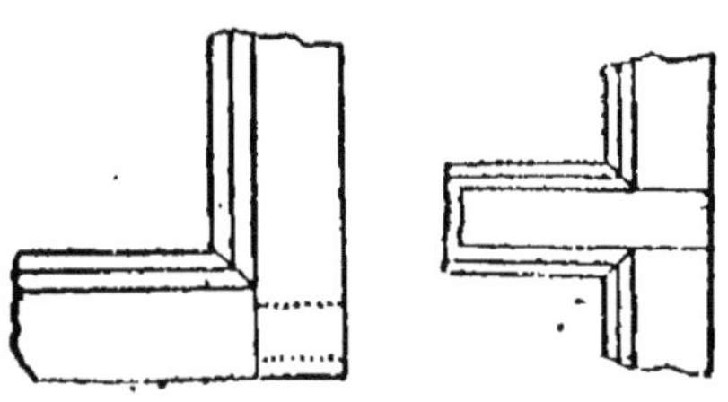

Fig. CXVI.    Fig. CXVII.

Quand les traverses qu'on assemble portent des moulures des deux côtés, il faut opérer de chaque côté, comme nous venons de le dire, en d'autres termes, couper chaque moulure d'onglet (fig. CXVII).

### 5° *Assemblage à bois de fil.*

Cette manière de procéder n'est pourtant pas encore la meilleure; il convient même de ne jamais l'employer quand il s'agit de joindre à angle droit les pièces d'un ouvrage soigné, qui est simplement recouvert d'un vernis transparent. Dans ce cas, en effet, les fibres de l'une des traverses viendraient faire un angle droit avec les fibres de l'autre. Il faut alors nécessairement employer l'ASSEMBLAGE A BOIS DE FIL, dans lequel les fibres, se joignant bout à bout, ont l'air de se replier elles-mêmes pour faire l'angle droit que forment les pièces.

Dans cet assemblage (fig. CXVIII), le tenon est bien

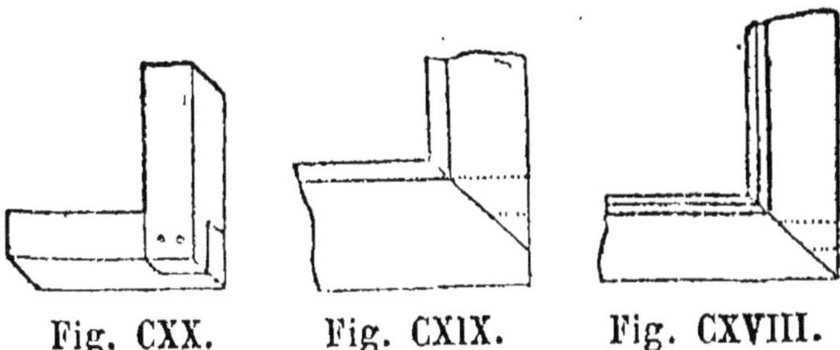

Fig. CXX.          Fig. CXIX.          Fig. CXVIII.

dans la même direction que la traverse qu'il termine; la mortaise est bien creusée perpendiculairement à la longueur de l'autre traverse, ainsi que cela a lieu dans les assemblages ordinaires; mais les arasements et les épaulements ont une direction tout à fait différente. On coupe d'onglet non-seulement la moulure, mais toute la traverse, le tenon excepté, de telle sorte que la ligne d'assemblage coupe exactement en deux l'angle droit que forment les deux pièces quand elles sont jointes. De cette façon, l'arasement forme, avec la tranche interne de la traverse, un angle de 45 degrés, et il en est de même de l'épaulement de la mortaise et de toute la portion de la petite surface dans laquelle elle est creusée.

### 6° *Assemblage à fausse coupe.*

Lorsqu'on a des pièces de bois d'une largeur inégale et qu'on veut les assembler à bois de fil, on commence par couper la moulure d'onglet, puis avec un compas, prenant la largeur de la pièce la plus étroite, on porte cette étendue sur l'extrémité de la plus large, à partir de sa tranche intérieure ou du bord de la moulure. On marque avec un point l'endroit de sa largeur, qui correspond à la largeur de la plus étroite, et on coupe d'onglet depuis la moulure jusqu'à ce point (fig. CXIX) : c'est ce qu'on appelle ASSEMBLAGE A FAUSSE COUPE.

Lorsque, dans cet assemblage, ou dans l'assemblage à bois de fil, la coupe est trop grande pour l'épaulement de la mortaise et tout à l'extrémité des traverses, on peut faire un petit assemblage à enfourchement qui empêche les pièces de varier, et les fixe plus solidement entre elles.

### 7° *Assemblage à demi-bois.*

Il y a une autre espèce d'assemblage sans tenon ni mortaise, qui est peu solide, mais promptement fait, et qu'on emploie avec avantage dans les ouvrages communs : c'est l'ASSEMBLAGE A DEMI-BOIS. Chacune des deux pièces qu'on assemble de cette manière (fig. CXX) porte un tenon qui n'a d'arasement que d'un seul côté. On entaille pour cela chacune des traverses qu'on veut assembler perpendiculairement à sa grande surface, à une distance de son extrémité égale à la largeur de l'autre traverse. Cette entaille, ou trait de scie, descend jusqu'à moitié de l'épaisseur; puis on refend, par le milieu de l'épaisseur, l'extrémité de cette même traverse, parallèlement à sa surface et jusqu'à ce que le trait de scie vienne joindre le premier trait de scie perpendiculaire. Cela fait, on applique l'une contre l'autre les extrémités des deux traverses, en opposant les angles rentrants aux angles saillants, puis on fixe le tout avec des chevilles ou des clous.

Il arrive quelquefois qu'on doit assembler des pièces de différentes largeurs, et que les deux premières qu'on a jointes ensemble sont d'une dimension égale à la longueur de la pièce dans laquelle on les assemble; alors il faut faire une mortaise d'une longueur capable de contenir les tenons des deux pièces qu'on a d'abord unies, et qu'on ne considère plus que comme si elles n'en faisaient qu'une seule.

Quand on a une épaisseur suffisante, on peut rendre l'ouvrage très-solide en pratiquant l'un au-dessus de l'autre deux tenons séparés par un court intervalle.

### 8° *Assemblage à clef.*

Les assemblages qui précèdent sont principalement employés pour unir les pièces qui doivent faire entre elles un angle; mais souvent on est obligé d'en joindre d'autres, parallèlement à leur longueur ou à leur largeur : par exemple, d'unir ensemble plusieurs planches pour former un dessus de table. Dans ce cas, on ne peut agir de même.

Lorsque les planches ont suffisamment d'épaisseur, on creuse dans leur rive des mortaises placées en face l'une de l'autre; on coupe alors de petites planchettes en bois dur, ayant une épaisseur et une largeur telles qu'elles entrent juste dans les mortaises, et d'une longueur un peu moins grande que la profondeur des deux mortaises réunies. Ces planchettes forment des espèces de tenons rapportés, qu'on appelle *clefs* : on les enfonce par un bout dans chacune des mortaises opposées, et quand les planches sont bien rapprochées, on fixe le tout avec des chevilles. On appelle les assemblages de cette sorte ASSEMBLAGES A CLEFS.

### 9° *Assemblage à rainure et languette.*

Cet assemblage est ordinairement employé pour réunir longitudinalement deux ou un plus grand nombre de planches ensemble.

Pour opérer cette réunion, sur le champ de l'une des deux parties à assembler, on pratique, parallèlement à sa face et dans toute sa longueur, une cavité quadrangulaire qu'on nomme *rainure* : les parois latérales de cette rainure portent le nom de *joue*. Sur le

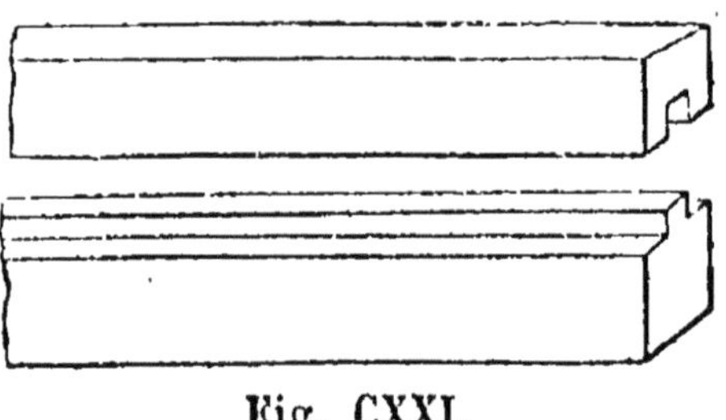

Fig. CXXI.

champ de l'autre partie, on dégage un filet aussi quadrangulaire, correspondant exactement à la rainure et à la joue de face ; c'est ce filet qu'on nomme *languette;* les petites facettes formant les arêtes de rive prennent le nom d'*arasement.* C'est en cela que consiste l'ASSEMBLAGE A RAINURE ET LANGUETTE.

Une rainure doit avoir pour largeur le tiers de l'épaisseur des parties à assembler, pour profondeur $0^m.006$ à $0^m.008$ dans les parties de $0^m.014$ à $0^m.041$ d'épaisseur, et $0^m.014$ dans celles de $0^m.054$ à $0^m.081$ ; la languette doit avoir par conséquent la même largeur que sa rainure ; mais la hauteur de la languette doit être un peu moindre que la profondeur de la rainure, afin de ne point empêcher les épaulements d'approcher l'un contre l'autre, et joindre parfaitement (fig. CXXI).

### 10° *Assemblage à emboîtage.*

Quelquefois on emploie simultanément l'assemblage à clef et l'assemblage à rainure et languette pour donner plus de solidité à l'ouvrage. Dans ce cas, ils sont insuffisants, et l'on est souvent obligé de les fortifier, en réunissant en outre les planches par dessous avec une traverse clouée. Il vaut mieux alors donner la préférence aux ASSEMBLAGES A EMBOITAGE (fig. CXXII).

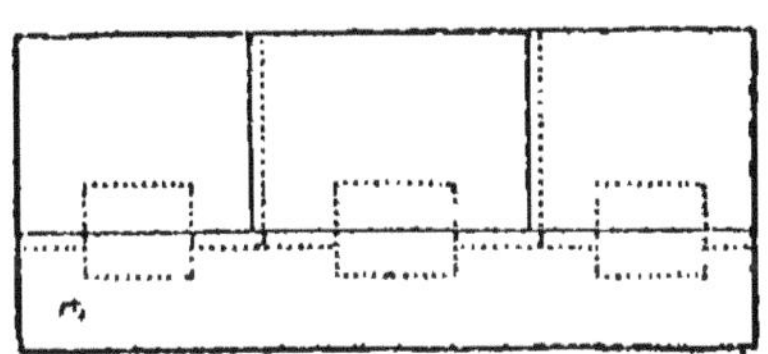

Fig. CXXII.

Après avoir assemblé parallèlement à leur longueur un certain nombre de planches, par exemple celles qui doivent composer le dessus d'une grande table, il faut les réunir transversalement à leur extrémité par un assemblage à rainure et à clef. Pour cela, dans une traverse de longueur convenable et bien corroyée, on creuse une rainure, et, en outre, autant de mortaises qu'il y a de planches. On fait une languette à l'extrémité de toutes ces planches, et, au milieu de chacune d'elles, on creuse une mortaise qui correspond à l'une des mortaises de la traverse. On place des clefs dans les mortaises, qui doivent être suffisamment profondes, et on termine en collant les languettes dans la rainure et en chevillant les mortaises. Si l'on veut atteindre le dernier degré de perfection dans ce genre, il faut laisser un petit arasement à chaque extrémité de la languette et un petit épaulement à chaque extrémité de la rainure.

Il importe cependant de remarquer que les fibres de la traverse d'emboîtage sont forcément perpendiculaires aux fibres des planches, ce qui serait défectueux dans un ouvrage soigné. Pour corriger ce défaut, il faudrait assembler, avec la tranche longitudinale des planches, et de chaque côté du dessus de table, une traverse de même longueur, d'une largeur égale à la traverse d'emboîture, à qui on l'unirait par un assemblage de bois de fil. Par ce moyen, les deux traverses longitudinales et les deux traverses d'emboîtures formeraient un encadrement autour de l'ouvrage.

Le plus ordinairement, on se dispense de tous ces soins pour les dessus de table. On se contente d'un assemblage à rainure et languette, et pour plus de solidité, on cheville le dessus de la table dans les traverses qui unissent les pieds.

### 11° *Assemblage à feuillure.*

Quelquefois, on a recours à l'ASSEMBLAGE A FEUILLURE, qui est entièrement semblable à l'*assemblage à demi-bois :* il n'y a de changé que la destination et la longueur de l'entaille.

L'assemblage à feuillure, comme l'embrèvement, s'emploie pour réunir longitudinalement et transversalement les parties qu'on se propose d'assembler, sur la rive et dans toute la longueur d'une des parties. On élégit parallèlement à l'arête une cavité à angle droit d'environ moitié de l'épaisseur ; c'est à cette cavité qu'on a donné le nom de *feuillure.* Sur la rive de l'autre partie, on élégit une autre feuillure, mais en sens opposé, ayant pour profondeur l'épaisseur de la joue de la première feuillure.

Cet assemblage s'emploie aussi pour réunir angulairement deux parties : dans ce cas, on élégit une seule feuillure sur la rive de l'une des deux parties. Cette feuillure a pour largeur l'épaisseur de l'autre partie, afin que cette dernière entre de toute son épaisseur dans la feuillure.

On consolide cet assemblage avec la colle et les clous.

### 12° *Assemblage à queue d'aronde.*

L'ASSEMBLAGE A QUEUE D'ARONDE (fig. CXXIII) est formé de tenons évasés plus larges à leur extrémité qu'au point où ils joignent l'arasement, et pénétrant dans des entailles qui, au contraire, vont en s'élargissant à mesure qu'elles s'éloignent du bout de la planche.

On voit que cet assemblage a cet avantage spécial, que les pièces ainsi réunies ne se séparent jamais quand on les tire en sens contraire, sans que, pour obtenir cet effet, il soit besoin de les coller ou cheviller.

Quand on se sert de l'assemblage à queue d'aronde pour unir des pièces de bois destinées à être fré-

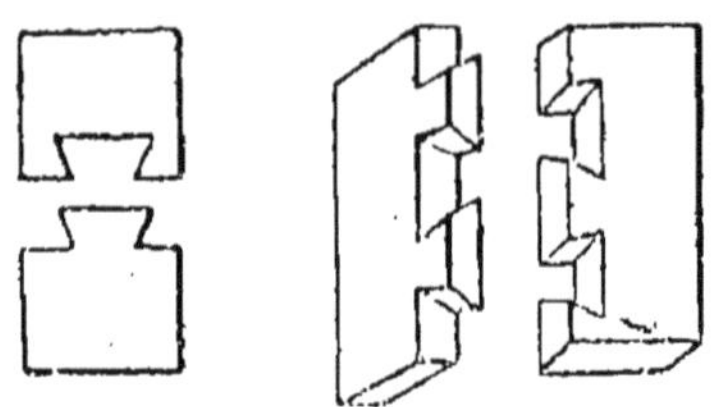

Fig. CXXIII.    Fig. CXXIV.

quemment tirées dans un sens, comme le seraient des tiroirs, il faut user d'une précaution spéciale. Les tenons, dont la longueur est alors égale à la largeur de la planche qui porte les entailles, sont pratiqués dans la pièce que l'on doit tirer en avant, dans le devant du tiroir, par exemple. Ils n'éprouvent aucun rétrécissement dans leur longueur, qui est uniforme partout, mais la face antérieure est beaucoup moins large que la face postérieure, et les surfaces latérales sont inclinées, de sorte que le rétrécissement a lieu d'arrière en avant, tandis que, dans le cas précédent, le tenon avait plus de volume à l'extrémité que vers l'arasement (fig. CXXIV).

Pour opérer la réunion transversale d'un montant avec une traverse, on dégage par le bout de la traverse un prisme qui a deux faces principales, opposées l'une à l'autre et parallèles par l'épaisseur de cette traverse. Ces deux faces ont la figure d'un trapèze symétrique, dont les angles compris entre les côtés et les arasements doivent avoir 70 degrés d'ouverture; les trois autres faces, limitées par la longueur et la largeur du prisme et par l'épaisseur de la traverse, sont rectangulaires : c'est à cette forme trapézoïdale qu'on donne le nom de *queue d'aronde*. Dans le montant on creuse une cavité capable de contenir très-exactement la queue; cette cavité se désigne par le nom *d'entaille.*

L'assemblage dont nous parlons s'emploie aussi pour la réunion angulaire de deux parties. Dans ce cas, on dégage la queue comme précédemment, et l'on creuse l'entaille par le bout de l'autre partie.

Cet assemblage n'est en réalité qu'une conséquence de l'assemblage à tenon et mortaise; car les deux mortaises correspondantes l'une à l'autre, qu'on perce sur le champ et parallèlement aux faces des parties à assembler, sont destinées à recevoir un tenon commun qu'on nomme *clef.* Cette clef doit remplir exactement la longueur et la largeur des mortaises, et avoir pour longueur un peu moins que les deux profondeurs réunies de ces dernières, afin que, par sa longueur, elle n'empêche point les rives des parties assemblées d'approcher l'une de l'autre et de joindre parfaitement. On l'introduit dans les mortaises, en observant qu'il faut mettre le fil de son bois transversalement par rapport à celui des parties à assembler.

On fixe les assemblages de cette sorte au moyen de chevilles qu'on introduit dans des trous traversant les deux joues de la mortaise ou de l'enfourchement et le tenon.

Un inventeur américain, Davis, a imaginé une petite machine propre à faire les assemblages dont il s'agit, et que nous croyons utile de décrire sommairement. Elle consiste en quatre Scies circulaires pour les petits assemblages et quatre pour les grands. La pièce de bois, portée sur un chariot, est poussée successivement à la main vers chacune de ces Scies. La première de celles-ci coupe le bois d'équerre; la seconde taille l'un des côtés d'un tenon ou d'une mortaise; la troisième, l'autre côté; et la quatrième, quand on en fait usage, perfectionne l'une ou l'autre de ces parties, et leur donne les dimensions rigoureuses et exactes. Avec cette machine, deux hommes peuvent tailler les assemblages de trois cents boîtes dans une journée de dix heures. L'ajustement, pour faire varier la grandeur des tenons et des mortaises, est, dit-on, aussi facile que rapide.

### 13° *Assemblage à queues perdues.*

Ordinairement les tenons de l'assemblage à queue d'aronde diffèrent des tenons ordinaires en ce qu'il n'y a pas d'arasement parallèle à l'épaisseur de la pièce, et qu'ils sont aussi épais qu'elle. Quand on veut, ce qui est assez rare, que l'assemblage paraisse encore moins, on ne donne au tenon que les deux tiers ou les trois quarts de l'épaisseur : le reste est coupé d'onglet. On fait alors ce que l'on appelle un ASSEMBLAGE A QUEUES PERDUES.

### § 2. ASSEMBLAGES COMPOSÉS.

Il arrive quelquefois de faire deux rainures parallèles à l'une des deux planches qu'on veut assembler, et deux languettes parallèles à la planche correspondante. C'est, en quelque sorte, un double assemblage, qui, par cette raison, est bien plus solide; mais il faut des planches fort épaisses pour qu'on puisse l'employer.

D'autres fois, et dans le même but, sur la rive d'une des planches on creuse une première rainure plus large qu'elles ne le sont d'ordinaire; puis, au fond de celle-ci, une autre rainure plus étroite. L'autre planche est pareillement armée de deux languettes superposées.

Dans quelques autres cas, on fait un assemblage à rainure et languette avec feuillure; ce sont deux modes divers d'assemblages combinés ensemble.

D'autres moyens sont employés lorsqu'il faut assembler des pièces de différentes épaisseurs, ce qui arrive souvent dans la menuiserie en bâtiments.

Alors, ou bien l'on creuse dans la rive de la pièce la plus épaisse une feuillure ou angle droit rentrant et parallèle au fil du bois, puis on loge la rive de la pièce la plus mince dans cette feuillure, et on l'y assujettit avec des chevilles.

Ou bien l'on fait une feuillure à chacune des deux planches, et on les applique l'une contre l'autre en faisant joindre ensemble la face interne des feuillures (fig. CXXV, A, C). Dans ce cas, comme dans le précé-

Fig. CXXV.

dent, comme dans ceux qui suivent, la planche la plus épaisse forme une saillie dans l'ouvrage.

Quelquefois, on creuse dans la rive des deux planches une rainure, et l'un des rebords des rainures sert de languette et pénètre dans l'autre rainure (même fig., B). Dans ce cas, l'une des planches est saillante d'un côté, l'autre est saillante de l'autre.

On emploie cependant de préférence l'assemblage à languette et rainure, même dans le cas où les planches diffèrent d'épaisseur; mais alors, on comprend que si l'on veut que la saillie soit toute d'un côté, il faut creuser la languette ou la rainure non plus au milieu de l'épaisseur de la pièce, mais plus loin de la face qui doit être saillante.

Dans certaines circonstances, il est bon de faire dans la tranche de la planche la plus épaisse, une feuillure égale en largeur à l'épaisseur de l'autre planche. C'est au fond de cette feuillure qu'on creuse la rainure et qu'on fait l'assemblage (même fig., C); il en résulte que l'excédant d'épaisseur de l'une des planches, destiné à faire saillie d'un côté, avance de ce côté sur la planche la plus mince et en cache le joint.

On donne à cette combinaison le nom d'ASSEMBLAGE A RECOUVREMENT (même fig., A). Comme le montre le dessin, la tranche de l'une des planches porte une languette; on creuse une rainure au bord de la grande surface de l'autre, et on colle la languette dans la rainure; mais il faut bien faire attention à la manière de combiner l'une et l'autre, car si l'une des pièces était exposée à être souvent mise en mouvement et tirée, ce n'est pas dans celle-là qu'il faudrait creuser la rainure, parce qu'alors toutes les fois qu'on la tirerait en avant, on tendrait à séparer l'assemblage; il faut au contraire que cette pièce porte la languette.

Un exemple fera mieux connaître ce que nous disons. Quand il s'agit de faire un tiroir, si l'on creusait la rainure de chaque côté sur le plat de la pièce de devant qui porte le bouton, et que les pièces latérales s'y enfonçassent à languette, le bois ne présenterait pas de résistance quand on ouvrirait le tiroir, la colle seule unirait ces pièces, les rainures et les languettes seraient superflues. Il n'en serait pas de même si les rainures avaient été creusées dans les pièces latérales, et si le devant du tiroir s'y enfonçait à languette : il est évident que, dans ce cas, le devant serait enclavé dans les côtés qui présenteraient un point de résistance. De même, quand on ferait le fond du tiroir, ce serait encore sur les côtés qu'il faudrait creuser les rainures dans lesquelles pénétrerait le fond aminci par les bouts. Si l'on procédait autrement, le poids des objets amoncelés dans le tiroir ne tarderait pas à l'enfoncer. Il faut opérer de la même manière dans tous les cas analogues. Toutefois, on n'oubliera pas qu'on peut remplacer la languette par une feuillure dont la partie amincie et saillante s'enfonce dans la rainure creusée sur le plat de l'autre pièce de bois.

C'est surtout quand il s'agit de régler le choix et la disposition de ces assemblages ou assemblages composés, que le menuisier a besoin de raisonner ses travaux. Il est à remarquer que, lorsqu'on emploie l'un d'eux, il est facile, en approchant ou en éloignant la rainure d'une pièce, de rendre l'autre rentrante ou saillante relativement à la première. Nous allons maintenant donner des détails sur quelques-uns des plus usités.

### 1° *Assemblage à rainure et languette.*

Lorsqu'on a deux pièces de bois à réunir longitudinalement et dont l'une, moins épaisse que l'autre, a au moins $0^m.027$ d'épaisseur, on emploie pour cette réunion double rainure et par conséquent double languette, de manière que la partie moins épaisse soit embrevée à glace des deux côtés, dans la partie la plus épaisse. En agissant ainsi, on fait un ASSEMBLAGE A RAINURE ET LANGUETTE COMPOSÉ.

### 2° *Embrèvement à double rainure et languette.*

Quand, de même que dans le cas précédent, on veut réunir longitudinalement deux pièces de bois dont l'une, plus mince que l'autre, a au moins 0^m.027 d'épaisseur, on peut opérer autrement que nous venons de dire. Sur le champ de la partie mince, on dégage une languette à deux arasements, et dans l'autre on élégit deux rainures dont la première a pour largeur l'épaisseur de la plus mince, et la seconde s'élégit au fond de cette première en correspondant exactement à la languette. Ce mode d'assemblage convient particulièrement quand les joues sont minces. Dans ce cas, on donne peu de profondeur à la première rainure, pour éviter la flexibilité de ces joues, et toute la profondeur qu'on juge convenable à la seconde, de sorte qu'on a un embrèvement à glace très-solide. On le nomme EMBRÈVEMENT A DOUBLE RAINURE ET LANGUETTE.

### 3° *Assemblage à rainure et languette avec clefs.*

Lorsqu'il s'agit de réunir longitudinalement deux ou un plus grand nombre de planches de même épaisseur, par l'assemblage à rainure et languette, on fortifie ordinairement chaque joint au moyen de l'assemblage à *clef*, c'est-à-dire que dans un joint on met, en raison de sa longueur, un certain nombre de clefs, dont la distance entre deux ne peut être, par raison de solidité, plus grand que 0^m.98, ni avoir moins de 0^m.65. On appelle cette réunion composée ASSEMBLAGE A RAINURE ET LANGUETTE AVEC CLEFS.

## 4° *Barre embrevée à queue.*

Si les planches ne sont visibles que d'un côté, et qu'on ait besoin d'une plus grande solidité, on y assemble une ou plusieurs barres toujours en raison de la longueur, qu'on ajuste suivant la forme trapézoïdale des entailles faites en travers la planche et dans le côté non vu. C'est cet assemblage qu'on nomme BARRE EMBREVÉE A QUEUE.

On conçoit facilement que si les planches étaient vues des deux côtés, l'aspect de ces barres plus larges par un bout qu'à l'autre, et les champs obliques, ne seraient pas agréables; mais, dans le cas où elles seraient visibles, on pourrait obvier à cet inconvénient en faisant les barres égales de largeur, dans lesquelles on dégagerait, aux dépens de leur épaisseur, la forme trapézoïdale de l'entaille précédente.

## 5° *Emboîture à bois de fil.*

Lorsque les deux faces des planches réunies doivent rester planes, on ne peut les fortifier au moyen de barres saillantes. On donne alors à ces barres une épaisseur égale à celle des planches, et on les assemble à rainure et languette transversalement par les bouts de ces planches, en observant qu'il faut que les emboîtures portent la languette, et que la rainure soit faite dans le bout des planches, afin que les joues soient plus fortes. Les barres ainsi assemblées prennent le nom d'EMBOITURE A BOIS DE FIL.

## 6° *Emboîture à flottage.*

Il est à remarquer que le fil du bois dans l'emboîture à bois de fil est transversal à celui des planches, ce qui, dans certaines circonstances, ne convient pas. On peut obvier à ce léger inconvénient en faisant des emboîtures environ un quart moins épaisses que les planches; par le bout de ces planches on élégit une feuillure égale à l'épaisseur et à la largeur de ces emboîtures, puis on les assemble toujours à rainure et languette, de sorte que ces emboîtures ne sont visibles que d'un côté. On nomme cet assemblage EMBOITURE A FLOTTAGE, parce que le bout des planches passe sur la largeur des emboîtures.

### 7° *Emboîture à tenons et mortaises.*

Au lieu d'assembler les emboîtures simplement à rainure et languette, on leur donne une plus grande solidité en ajoutant l'assemblage à tenons et mortaises, ce qui produit le mode d'assemblage appelé EMBOITURE A TENONS ET MORTAISES. Dans ce cas, c'est l'emboîture qui reçoit la rainure et l'on perce dans celle-ci autant de mortaises qu'il y a de planches réunies, en observant de mettre celles des extrémités à une distance de $0^m.027$ à $0^m.041$ du bout de l'emboîture, et les intermédiaires à égale distance les unes des autres. Ces mortaises peuvent avoir de $0^m.06$ à $0^m.10$ de longueur, suivant l'épaisseur du bois, et une largeur d'environ le tiers de cette épaisseur. Quant à leur profondeur, elle varie selon la largeur des emboîtures, en observant qu'elles ne doivent pas la traverser. Enfin, par le bout des planches réunies, on dégage les tenons avec languette à deux arasements correspondant aux mortaises et à la rainure de l'emboîture.

### 8° *Emboîture d'onglet.*

Ce dernier mode d'assembler les emboîtures laisse

encore quelque chose à désirer : c'est que le bois debout de ces emboîtures ne reste point apparent. On remédie comme il suit à cet inconvénient : à la rencontre des deux rives externes de l'emboîture avec les planches, en partant du sommet de l'angle, on fait, suivant la bisectrice de cet angle, un joint oblique qui ne laisse point voir le bois de bout des emboîtures ; ordinairement, l'angle est d'équerre. On dit alors que l'emboîture est assemblée d'ONGLET.

### 9° *Assemblage de feuillures.*

Quand on réunit angulairement deux parties au moyen de feuillures, on a quelquefois besoin de cacher le joint : pour cela, on fait une feuillure sur le champ de chaque partie, à peu près à mi-épaisseur du bois, puis, à une certaine distance, on coupe obliquement les deux joues suivant la bisectrice de l'angle, de manière que le joint se transporte à l'arête et devient presqu'invisible. Lorsque l'angle est droit, on dit que l'ASSEMBLAGE est A FEUILLURES D'ONGLET.

Cet assemblage est peu solide par lui-même : on est obligé de le coller et de clouer les parties l'une avec l'autre ; on pourrait aussi, pour le rendre plus solide, le combiner avec l'assemblage à rainure et languette.

### 10° *Assemblage à doubles tenons et mortaises.*

Lorsque l'on a deux parties à assembler transversalement sur plat, c'est-à-dire sur l'épaisseur, et que ces parties sont larges, un seul tenon ne suffit pas. Alors on en met deux en les espaçant convenablement ; par conséquent, l'autre partie doit avoir deux mortaises, ce qui a fait, par cette raison, donner à cette réunion le nom d'ASSEMBLAGE A DOUBLES TENONS ET MORTAISES.

### 11° *Assemblage à tenons et mortaises avec flottage.*

Si, dans le cas qui précède, la partie portant tenon est plus large que celle portant mortaise, on laisse passer ce plus de largeur sur la partie étroite, par un enfourchement qu'on encastre, pour plus de solidité, au moyen d'une entaille faite sur la joue de la mortaise ; cette partie de l'enfourchement se nomme *flottage* : c'est pourquoi on nomme cette combinaison, ASSEMBLAGE A TENONS ET MORTAISES AVEC FLOTTAGE.

Le flottage s'emploie aussi pour les bois de même épaisseur, car lorsqu'on se propose de réunir perpendiculairement une traverse avec un montant par leur extrémité et d'onglet sur une face, on fait du côté de la face de la traverse un enfourchement flottant d'onglet sur le montant, au moyen d'une entaille faite du même côté dans ce dernier ; tandis que, derrière ce flottage, les parties sont assemblées à tenon et mortaise, dont l'arasement du tenon est d'équerre avec la contre-face de la traverse. Ce mode d'assemblage est très-solide et très-propre ; il doit être pris en considération dans bien des circonstances. On le désigne sous le nom d'ASSEMBLAGE A TENON ET MORTAISE AVEC FLOTTAGE D'ONGLET.

Lorsqu'on réunit une traverse avec un montant, et que du côté de l'assemblage de ce montant on a élégi une feuillure, si l'on fait les deux arasements du tenon de la traverse d'équerre sur son épaisseur, quand elle sera assemblée il restera un vide entre l'arasement et le montant du côté de la feuillure ; dans ce cas il faut avancer cet arasement de la largeur de cette feuillure. C'est ce qu'on désigne par *rallonger une barbe.*

Si, au lieu d'une feuillure, c'est une moulure, il faut de même rallonger une barbe d'une longueur égale à la largeur de cette moulure, en observant que le raccordement de la moulure de la traverse avec celle du montant se fait en coupe oblique, suivant la bissectrice de l'angle. Dans le cas où la traverse est perpendiculaire au montant, cette coupe est d'onglet.

Lorsque cette traverse doit être assemblée au bout du montant, il est bon de faire observer que si l'arasement de la contre-face de la traverse est d'équerre, il laissera la joue du montant d'autant plus flexible que la moulure sera plus large : alors, pour plus de solidité on fait cet arasement biais.

Quand la traverse a moulure sur une rive sans en avoir sur l'autre, et que la partie du montant a aussi une même moulure, tandis que sa partie n'en a pas, la barbe sera rallongée, puis l'arasement sera biais, pour le raccordement des deux moulures, tandis que l'arasement de la contre-face sera droit.

Lorsqu'il y a des moulures sur les deux faces, les barbes, coupes d'onglet ou biaises, seront les mêmes des deux côtés, si ces moulures ont la même largeur.

## 12° *Assemblage à queue d'aronde.*

Lorsqu'on réunit bout à bout et angulairement deux parties de peu d'épaisseur en raison de leurs largeurs, c'est ordinairement l'assemblage à queue d'aronde qu'on emploie : la quantité de ces queues augmente suivant la largeur des parties à réunir. Les queues ont pour longueur et les entailles pour profondeur, l'épaisseur du bois qu'on assemble, en sorte que le bois de bout de ces queues et celui des parties restantes entre les entailles, sont visibles aux deux faces externes des parties ainsi assemblées; ce qui dans certains cas ne convient pas. C'est en cela que consiste l'ASSEMBLAGE A QUEUE D'ARONDE, COMPOSÉ.

### 13º *Assemblage à queues couvertes.*

Dans l'assemblage à queue d'aronde, composé, on peut cacher le bois de bout sur une face en donnant aux queues une longueur d'environ les trois quarts de l'épaisseur de la partie recevant les entailles, en sorte que ces entailles ne percent pas l'épaisseur du bois et laissent une espèce de flottage sur le bout des queues. On désigne cette réunion sous le nom d'ASSEMBLAGE A QUEUES COUVERTES.

### 14º *Assemblage à queues perdues.*

En combinant l'assemblage à feuillures d'onglet avec celui à queues, on parvient sans peine à cacher totalement le bois de bout. Pour cela, par le bout des deux parties à réunir, on fait une feuillure ayant pour largeur environ les trois quarts de l'épaisseur de ces parties, pour profondeur le tiers de cette largeur; on coupe les joues d'onglet, et dans les parties au-delà de ces feuillures on fait les queues et leurs entailles. De cette manière, lorsque les deux parties sont assemblées, les queues sont invisibles; c'est ce qui a fait donner à ce mode d'assembler le nom d'ASSEMBLAGE A QUEUES PERDUES.

### 15º *Assemblage à trait de Jupiter.*

Pour faire le mode d'assemblage appelé ASSEM-

BLAGE A TRAIT DE JUPITER (fig. CXXVI, A), on commence par pratiquer une feuillure à une extrémité

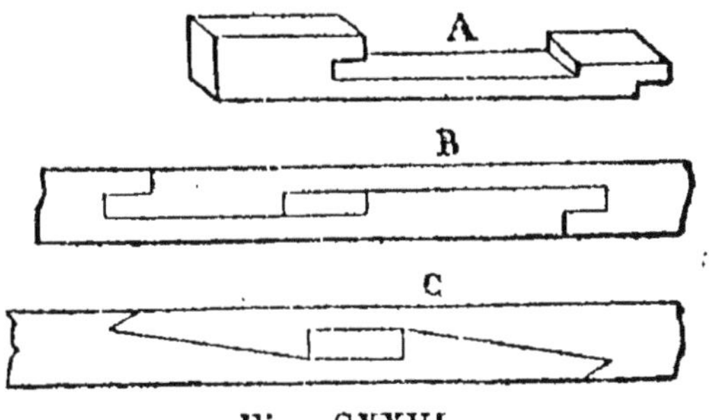


Fig. CXXVI.

de l'une des pièces de bois ; puis, sur la face opposée à celle dans laquelle on a creusé cet angle rentrant, et à quelques centimètres du même bout, on creuse une entaille aussi longue qu'il y a de distance à l'extrémité de la pièce de bois au commencement de l'entaille : cette entaille a une profondeur égale à peu près aux deux tiers de l'épaisseur de la pièce de bois, et on a soin de la faire bien parallèle aux surfaces. Cela fait, on diminue d'un tiers environ, et du côté opposé à la feuillure, l'épaisseur de l'extrémité de la pièce de bois, à partir de l'entaille. Enfin, dans la paroi latérale la plus éloignée de l'extrémité, on creuse tout auprès du fond de l'entaille, une rainure aussi profonde que la partie saillante de la feuillure est allongée, et aussi large qu'elle.

On fait un travail semblable sur l'autre pièce de bois, en creusant l'entaille dans la face par laquelle les pièces doivent se toucher, et la feuillure sur la face opposée. Dans tous les cas, on a bien soin de donner la même dimension à toutes les parties correspondantes des deux morceaux.

Il ne reste plus alors qu'à faire glisser la feuillure

de l'un des bouts dans la rainure pratiquée dans la paroi de l'entaille de l'autre, et réciproquement la feuillure du second morceau dans la rainure du premier. Dans cette position, l'extrémité de la première pièce se trouve logée dans l'entaille creusée dans la seconde, et l'extrémité de la seconde est logée dans l'entaille de la première. Comme le bout taillé en feuillure s'enfonce dans les rainures, les entailles se trouvent un peu plus grandes que la portion de bois qu'elles doivent recevoir. Il en résulte un intervalle vide, dans lequel on enfonce une clef ou planchette de bois dur, plus large à un bout qu'à l'autre, et qui fixe irrévocablement les pièces en place (même fig., B). Plus on enfonce la clef, mieux on assujettit l'assemblage, mieux les joints se rapprochent. On scie alors de part et d'autre les extrémités saillantes de cette planchette.

Dans tous les ouvrages ordinaires, on fait l'assemblage à trait de Jupiter d'une manière bien plus simple. Le fond de l'entaille, au lieu d'être parallèle à la surface de la pièce de bois, est oblique, de telle sorte que l'entaille devienne de plus en plus profonde à mesure qu'elle est plus proche de l'extrémité de l'ouvrage. Les parois de l'entaille sont obliques au lieu d'être verticales, de manière que l'entaille est plus longue au fond qu'à son ouverture. En outre, le fond de la pièce de bois va en diminuant d'épaisseur, depuis l'entaille jusqu'à l'extrémité, dans une proportion analogue à la diminution de profondeur de l'entaille. Enfin, au lieu de creuser une feuillure tout à l'extrémité, on se contente de faire un biseau incliné du côté opposé à l'entaille. L'inclinaison de ce biseau doit être proportionnée à l'obliquité des parois de l'entaille, puisque le biseau doit s'appliquer contre la paroi. La manière de rapprocher les pièces et de poser la clef est d'ailleurs entièrement la même (même fig., C).

On peut employer l'assemblage à trait de Jupiter pour rallonger les pièces ornées de moulures; mais alors, il faut avoir soin de faire l'entaille après la rainure ou après la profondeur de la moulure, s'il n'y a point de rainure, afin que la clef ne se découvre point.

### 16° *Assemblage en sifflet.*

L'ASSEMBLAGE EN SIFFLET OU ASSEMBLAGE EN FLUTE n'est autre chose que la seconde espèce (fig. CXXVI, C) d'assemblage à trait de Jupiter que nous venons de décrire. On l'emploie pour rallonger les pièces ornées de moulures, surtout quand toute la largeur des pièces doit être moulurée, parce que, quand on vient à pousser les moulures, on a moins à craindre de faire éclater le bois.

### 17° *Assemblage à queue de carpe ou à triple sifflet.*

Dans son excellent ouvrage, M. Coulon indique un assemblage à trait de Jupiter préférable aux précédents, quand il s'agit d'une pièce destinée à une position horizontale et au support de quelques fardeaux. Son seul inconvénient est d'empêcher qu'on ne puisse fixer la longueur exacte, parce que, n'ayant pas de joints à bois debout, et frappant les morceaux par l'extrémité, pour les réunir, on les fait approcher plus ou moins. Pour y remédier, M. Coulon a conçu l'idée de faire un triple trait de Jupiter, où la même clef sert à la fois les trois parties. C'est en cela que consiste son ASSEMBLAGE A QUEUE DE CARPE OU A TRIPLE SIFFLET.

§ 3.  ENTURES OU ASSEMBLAGES DE RALLONGEMENT.

L'impossibilité de se procurer des bois d'une longueur suffisante, a fait inventer une infinité d'assemblages de rallongement, plus ou moins compliqués et plus ou moins solides les uns que les autres, et qu'on nomme généralement ENTURES.

### 1° *Enture à tenon et enfourchement.*

Lorsqu'on a à rallonger des bois de moyenne grosseur, et que l'ouvrage auquel ils sont destinés n'exige pas une grande solidité, on peut appliquer par la réunion des pièces bout à bout, l'assemblage à tenon et enfourchement. A cet effet, par le bout de l'une des deux pièces, on dégage un tenon à deux arasements obliques sur champ ; puis, par le bout de l'autre pièce on pratique l'enfourchement, en observant que sa profondeur soit un peu plus grande que la longueur du tenon. Le bout des joues doit être coupé suivant l'obliquité des arasements du tenon, afin que les joues soient tenues et serrées sur le tenon d'une manière plus solide que si les arasements étaient à angle droit. Quant à la face, l'arasement est d'équerre ; il en est de même de l'arasement de la contre-face. On fixe cet assemblage, dit ENTURE A TENON ET ENFOURCHEMENT, par deux ou trois chevilles, après avoir été fortement serré dans le sens longitudinal.

### 2° *Enture à double tenon et enfourchement.*

Lorsque les parties à enter sont épaisses, on fait, pour plus grande solidité, deux tenons, et par conséquent deux enfourchements. En conséquence, cet assemblage prend le nom d'ENTURE A DOUBLE TENON ET ENFOURCHEMENT.

### 3° *Enture à tenon à peigne.*

Quelquefois, les pièces de bois ne sont trop courtes que de la longueur de l'un ou des deux tenons des assemblages d'extrémité. Dans ce cas, on rapporte un ou plusieurs tenons, qui prennent, par cette raison, le nom de *faux tenons.* Ils peuvent être assemblés par enfourchement, ou bien on pratique une rainure d'environ 4 millimètres de profondeur, dans laquelle on perce trois ou quatre trous destinés à recevoir des petits tenons cylindriques, qu'on dégage de chacun des faux tenons. En raison de cette disposition, chaque tenon rapporté se nomme *tenon à peigne,* et l'on appelle l'assemblage lui-même ASSEMBLAGE A TENON A PEIGNE. Ce mode d'assembler est plus solide que celui par enfourchement.

### 4° *Enture à tenons et enfourchements en sifflet.*

L'assemblage appelé ENTURE A TENONS ET ENFOURCHEMENTS EN SIFFLET, consiste (fig. CXXVII) en deux

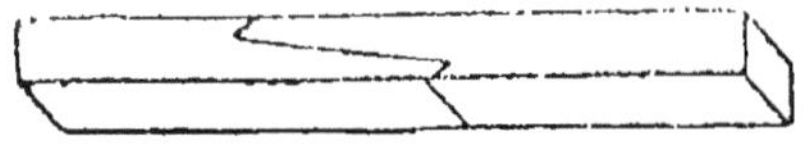

Fig. CXXVII.

tenons et deux enfourchements parallèles sur le plat des bois à réunir; sur le champ, ces tenons et ces enfourchements se réunissent par coupes biaises opposées l'une à l'autre, en croisant celles des tenons par rapport à celles des enfourchements, en sorte qu'en donnant aux tenons une longueur proportionnelle à a grosseur des bois, on obtient un assemblage solide qu'on peut fixer avec de la colle seulement; ce qui convient particulièrement pour les parties qu'on doit élégir de moulure.

### 5° *Enture à entailles.*

Pour exécuter l'assemblage dit ENTURE A ENTAILLES, on pratique par le bout des deux pièces à enter, et en sens opposés, une entaille à mi-épaisseur, qu'on fait assez longue pour la solidité de l'assemblage, et qui a l'arasement et le bout obliques, comme le mode d'enture à tenon et enfourchement.

On peut aussi araser ces entailles d'équerre, en pratiquant dans le fond une rainure destinée à recevoir la languette bâtarde dégagée par le bout de la joue de l'autre partie.

Pour éviter le glissement d'une pièce sur l'autre, on peut faire une autre rainure perpendiculairement à la première, et environ en son milieu; par le bout de la joue, on fait aussi une languette perpendiculairement à la première, correspondant exactement à la rainure.

Enfin, pour plus de solidité, on pratique, dans les joues, deux petites entailles transversales, dont les côtés sont parallèles entre eux, en observant d'éloigner l'un de l'autre les deux côtés correspondants de ces entailles, d'environ 0$^m$.002 vers les languettes des bouts: ces entailles sont destinées à recevoir deux coins qu'on nomme *clefs*, servant à fixer l'assemblage. On introduit ces deux clefs dans l'ouverture, en mettant le bout le plus large de l'une avec celui le plus étroit de l'autre, afin qu'en les enfonçant elles ne fassent pas courber les parties réunies, ce qui ne manquerait pas d'avoir lieu si on ne mettait qu'une seule clef plus large d'un bout qu'à l'autre. La différence de 0^m.002, qu'on a mise entre un côté de l'entaille et son correspondant, sert à faire joindre l'assemblage quand on enfonce les clefs.

### 6° *Enture à faux trait de Jupiter.*

L'ENTURE A FAUX TRAIT DE JUPITER s'opère au moyen d'entailles à arasements obliques, ou à rainures et languettes, ou enfin à deux rainures et languettes perpendiculaires l'une à l'autre. Elle ne diffère donc de l'enture à entailles qu'en ce qu'il y a une deuxième entaille dans chaque partie qui laisse l'emplacement des clefs, de manière qu'elles portent de leur épaisseur sur des faces plus larges que dans la précédente, ce qui donne plus de force.

### 7° *Enture à patte et à queue d'aronde.*

On fait quelquefois une ENTURE A PATTE ET A QUEUE D'ARONDE (fig. CXXVIII, C). Les deux pièces sont en-

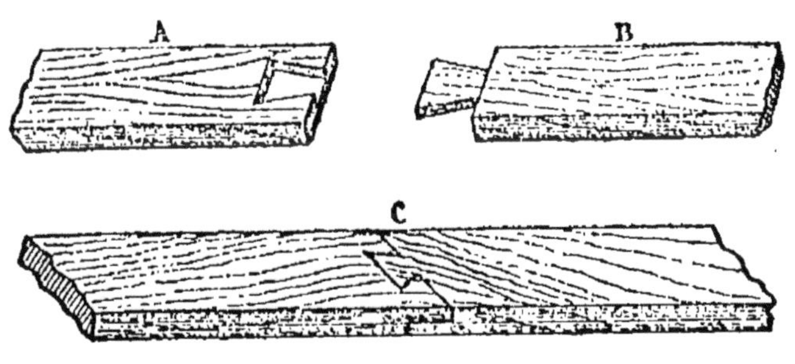

Fig. CXXVIII.

taillées à demi-bois; mais l'une porte, en outre, dans sa partie amincie, une entaille plus étroite à son ouverture que dans son intérieur, et, dans l'angle rentrant de l'autre pièce, on a ménagé une espèce de tenon en forme de trapèze, tenant au bois par deux de ses surfaces, et s'élargissant à mesure qu'il approche de l'extrémité. Ce tenon pénètre dans l'entaille dont nous venons de parler. Les lettres A, B (même fig.) représentent un assemblage analogue, mais plus simple.

D'autres assemblages sont représentés par la figure CXXIX (A B, C D). Il suffit de les examiner pour en comprendre la disposition.

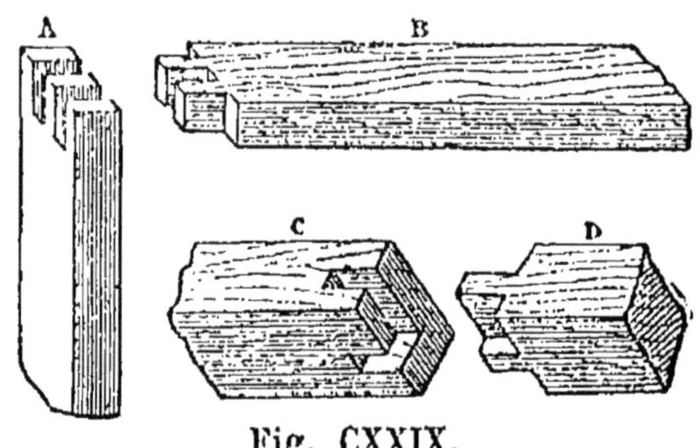

Fig. CXXIX.

8° *Assemblage des bois courbes.*

Quand les pièces à rallonger sont cintrées, la manière de procéder est la même, et on emploie, de préférence à tout autre, l'assemblage à trait de Jupiter ; mais quand la courbure des pièces cintrées sur le plan est un peu trop prononcée, on doit les joindre à l'aide de tenons rapportés qu'on fixe dans des enfourchements de largeur convenable, à l'aide de deux ou trois chevilles.

C'est particulièrement pour les bois courbes que le mode d'enture est très-utile ; car, pour faire une traverse ou autre pièce cintrée, demi-circulaire, dont le rayon a 1 mètre de longueur, on trouverait rarement du bois assez large pour exécuter une telle traverse. En supposant même qu'on pût s'en procurer, les extrémités seraient en bois de travers, puisque les fibres du bois sont à peu près parallèles, ce qui ne serait pas solide. Dans ce cas, on fait une traverse en deux ou trois morceaux, selon les dimensions, qu'on réunit au moyen d'entures, soit à tenon et enfourchement, soit à entailles ou à trait de Jupiter. Ce dernier est préférable par sa solidité.

Les bois courbes sont à simple ou à double courbure.

Dans le premier cas, ils sont :

*Cintrés en plan.* Les faces des entailles doivent être courbes dans leur sens longitudinal, suivant la courbure des parties à réunir, et droites dans leur sens transversal. Les arasements seront dirigés dans le sens horizontal, suivant les rayons; dans le sens vertical, ils seront perpendiculaires à la rive.

*Cintrés en élévation.* Les faces des entailles doivent être planes. Les arasements seront perpendiculaires sur l'épaisseur; sur la largeur, ils seront dirigés suivant les rayons, dans le cas où la courbure serait circulaire, et suivant les normales dans le cas où les courbes ne seraient pas circulaires, en observant toujours que l'entaille des clefs soit égale de largeur.

Dans le second cas, ils sont :

*Cintrés en plan et en élévation.* Alors les faces des entailles seront courbes, suivant les parties à réunir, et les arasements se dirigeront suivant les rayons ou normales.

Lorsque les traverses cintrées en plan doivent être assemblées dans des montants, on ne doit jamais, par raison de solidité, dégager les tenons par les bouts de ces traverses : eu égard au bois tranché, on les rapporte à peigne, comme il a déjà été dit à la suite de l'enture à tenon et enfourchement.

### § 4. EMBRÈVEMENTS.

Les assemblages appelés EMBRÈVEMENTS sont des combinaisons de rainures, de feuillures et de languettes propres à joindre les bois, par leurs rives ou autres parties, soit que celles-ci restent à fleur, soit que l'une forme avant-corps, tandis que l'autre forme arrière-corps, soit, enfin, qu'on les dispose sur un angle aux deux parements. Nous allons en donner une collection fort nombreuse.

1° A (fig. CXXX). *Embrèvement à fleur.* Il a lieu lorsqu'un panneau *p* a la même épaisseur que son bâti *b*. On emploie cet embrèvement aux parties unies, ordinairement composées d'un bâti en chêne et d'un panneau en sapin. On l'emploie aussi aux contrevents, aux fermetures extérieures de magasins.

2° Réunir deux parties en retour l'une de l'autre, ou deux parties dont l'une est moins épaisse que l'autre ; c'est un *embrèvement à rainure et languette.* Dans le premier cas, cet assemblage se nomme *embrèvement à languette bâtarde,* parce qu'elle n'a qu'un arasement ; dans le second, il est dit *embrèvement à glève,* parce que la partie pénétrante dans la rainure n'a point d'arasement.

3° B (fig. CXXX). Autre embrèvement à fleur dit *au parement* et à *glace au contre-parement.* On en fait usage pour les portes d'armoires fixes qu'un papier de tenture doit recouvrir.

4° C (fig. CXXX). *Embrèvement en avant-corps au parement, brut au contre-parement.* Il s'applique

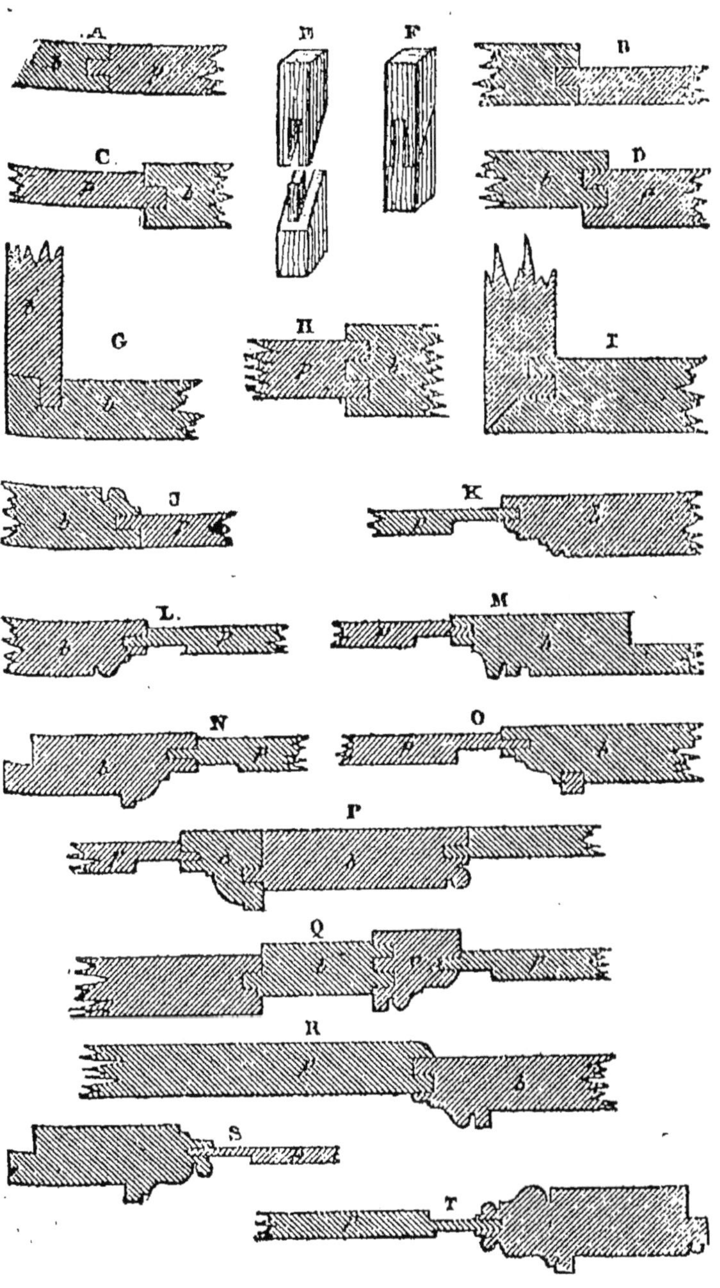

Fig. CXXX.

lorsqu'un champ en arrière-corps *p* accompagne un bâti ou un chambranle *b.*

5° D (fig. CXXX). *Embrèvement à table saillante en parement.* Le battant *b* et le panneau *p* étant d'égale épaisseur, on fait aux rives de chacun d'eux une rainure du tiers de leur épaisseur, puis ils font avant-corps et arrière-corps l'un sur l'autre.

Le panneau *b* (H, fig. CXXX) étant *à table saillante aux deux parements,* doit avoir deux rainures pour recevoir les deux languettes du battant *p.*

6° G (fig. CXXX). *Embrèvement angulaire.* Il sert à réunir deux pièces *b b,* à angle droit ou à tout autre angle.

I montre le cas où quelquefois le point est rejeté sur l'angle. En J, on voit l'arête du bâti *b,* convertie en une moulure simple, qui encadre le panneau *p.* Quant aux dessins L, K, M, N et O, ils font voir divers embrèvements simples de cadres *b b* et de panneaux *pp.*

7° Nous savons qu'aux lambris et autres ouvrages nommés *grands-cadres,* les moulures des battants de traverse, de sommet, etc., ne sont pas toujours du même morceau de bois que la pièce, parce qu'il faudrait les élégir, ce qui diminuerait une partie de leurs surfaces, afin de donner le relief nécessaire au profil. Pour éviter le peu de solidité, suite nécessaire de cet élégissement, l'ouvrier fait le bâti uni et séparément, puis il y ajoute les moulures convenables. Cela donne une très-grande variété d'embrèvements, si grande qu'il nous devient impossible de dessiner tous ceux qu'indique la combinaison des moulures. Nous nous contenterons de représenter ceux qui mettent principalement sur la voie des autres.

On voit en P (fig. CXXX) un battant *b*, dont la face est un champ de lambris; une de ses rives a une rainure pour recevoir un panneau de pilastre *p*, et à l'une de ses arêtes est une baguette d'encadrement, tandis que l'autre porte une languette bâtarde, emmanchée dans le cadre *c*, qui reçoit la languette du panneau *p*.

Q (fig. CXXX) montre un battant de lambris *b*, fixé à la moulure *c* par deux languettes. Cette dernière reçoit le panneau *p*.

R (fig. CXXX) offre une traverse *b*, ornée d'une moulure pour encadrer le panneau *p*.

D'autres panneaux, encadrés dans des moulures différentes, sont représentés en S et T (fig. CXXX).

A, F, I, J, K (fig. CXXXI) représentent la construction de plusieurs moulures à grand cadre, plus compliquées et avec deux parements. Les panneaux y sont marqués de la lettre *p*.

B, C, D, E (même fig.) sont des traverses de lambris de hauteur $t\,t'\,t''$; deux cimaises embrevées *c* et *c'*, puis une rapportée *c''*; des traverses $t, t', t''$, des lambris d'appui avec les panneaux $p, p', p''$.

G, H (même fig.) sont des coupes ou profils de corniches dites volantes; elles sont composées de moulures embrevées comme les précédentes et d'une intelligence aussi facile.

Nous pourrions multiplier encore ces exemples et les figures, en les appliquant à différents ouvrages de menuiserie; mais ce que nous avons dit à cet égard suffit pleinement au lecteur intelligent et attentif. Il saura bien assembler une corniche, un bâti de porte, d'après les principes posés pour assembler un panneau de pilastre, un champ de lambris, ainsi que

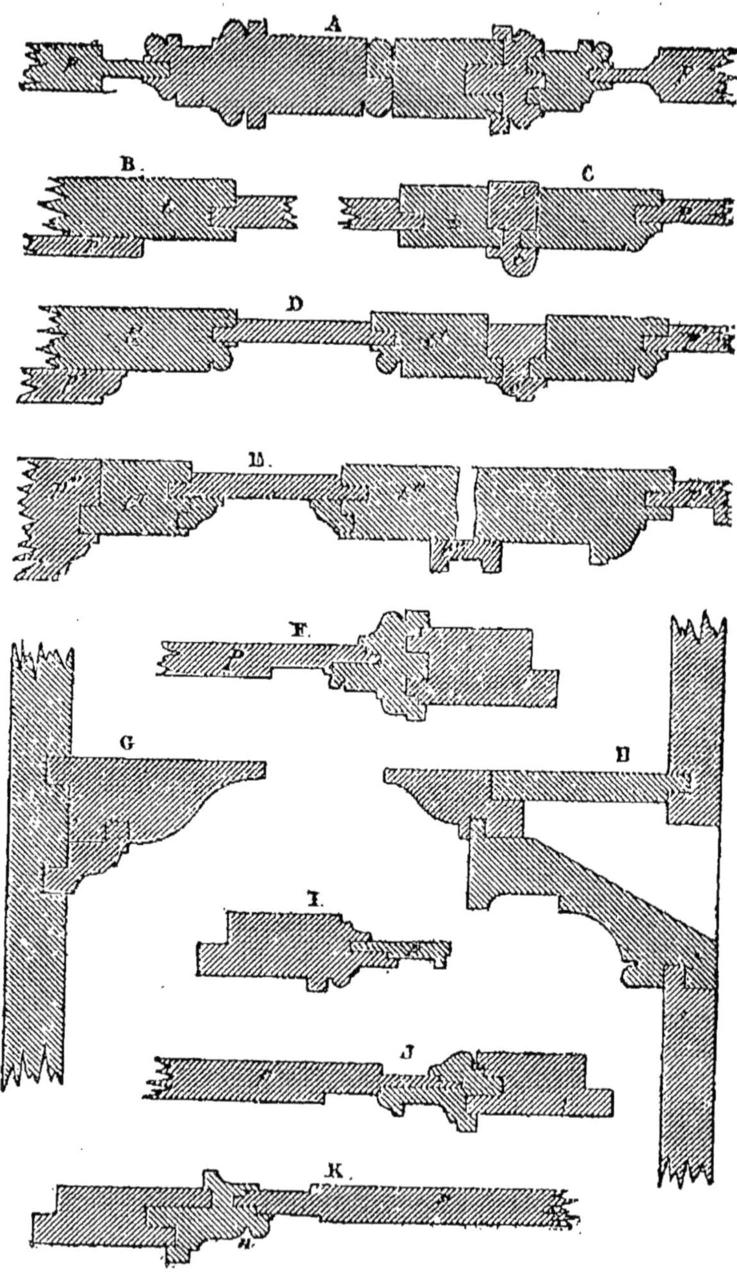

Fig. CXXXI.

d'autres pièces. Nous ajouterons seulement, sans donner le dessin, que, pour la corniche volante, après avoir façonné les moulures et la rainure d'embrèvement par le procédé ordinaire, on trace les onglets en faisant le plan de la corniche sur une surface horizontale; on tire une ligne d'onglet ou en fausse coupe, suivant l'ouverture de l'angle, et par des perpendiculaires élevées à l'aide d'une Equerre ou de pièces carrées, on obtient des points précis qu'on marque sur les arêtes de la corniche, qu'elle soit d'applique ou bien en coupe.

Les corniches en fronton se travaillent de la même manière.

Quelquefois, toutes les moulures sont employées au rampant du fronton, et de plus la *doucine* et le *listel*, dont nous allons bientôt parler, sont contre-profilés en retour d'équerre. Quelquefois aussi, une partie seule des moulures de la corniche est employée à décorer le fronton.

RÉSUMÉ. — *Manière de faire les assemblages.*

Quand on veut faire des *mortaises*, on trace leur largeur avec le Trusquin d'assemblage qui donne deux lignes bien parallèles, séparées entre elles de la largeur déterminée. La longueur de ces lignes fixe celle de la mortaise. On assujettit alors la pièce de bois sur l'établi avec le Valet, puis on s'arme d'un Bédane d'une largeur égale à la largeur de la mortaise. On pose son tranchant à l'extrémité des deux lignes, le biseau étant tourné du côté de la mortaise, et l'on frappe avec un maillet pour faire pénétrer l'outil. On le tient d'abord d'aplomb, puis en revenant à soi pour approfondir la mortaise. On fait cette opération à chaque bout des lignes qu'on a tracées, et si la mortaise doit pénétrer de part en part, après avoir suffisamment approfondi, on retourne la pièce pour en faire autant de l'autre côté.

Les *enfourchements* se font avec plus de rapidité encore. Après avoir donné deux coups de scie des deux côtés, à la profondeur nécessaire et en maintenant bien le parallélisme, ce qui n'est pas difficile si l'on a commencé par tracer avec le Trusquin, on enlève avec le Bédane et le maillet le bois compris entre les deux traits de scie.

Quant aux *tenons*, après avoir tracé leur épaisseur sur la tranche de la pièce de bois qu'ils doivent terminer, en tirant au Trusquin deux lignes parallèles, fixé leur longueur par la longueur de ces lignes, et tiré transversalement sur chacune des deux surfaces une ligne qui détermine la direction de l'arasement, on donne, en suivant les lignes parallèles, deux traits de scie de la longueur déterminée, en se servant pour cela d'une scie très-fine. Jusque-là, tout va comme pour l'enfourchement; mais, au lieu d'enlever le bois compris entre les deux traits de scie, il faut le réserver, et abattre au contraire ce qu'on conserve quand on fait l'enfourchement. Pour cela, on donne un trait de scie de chaque côté, en suivant les lignes transversales à la surface. Ces deux traits de scie doivent être bien perpendiculaires aux premiers; si l'on s'écartait de la perpendicularité, ou si le tenon était plus épais à une extrémité qu'à l'autre, on le ramènerait à la dimension nécessaire à l'aide du Feuilleret et du Guillaume.

On s'assure que le tenon n'est pas bien taillé, au moyen d'un compas à branches courbes, ou, ce qui vaut mieux encore, en essayant de le faire pénétrer dans la mortaise. Il ne faut pas attendre le dernier moment pour faire cette vérification ; car, si le tenon était trop mince, il n'y aurait plus de ressource. Par la même raison, quand on tire les lignes qui règlent son épaisseur, il ne faut pas oublier de tenir compte de la diminution causée par le trait de scie. Il vaut donc mieux les espacer un peu trop que pas assez, sauf à terminer avec le Guillaume, à moins qu'on soit assez adroit pour suivre exactement en dehors dé la ligne tracée, de telle sorte que la scie ne diminue pas l'épaisseur du tenon.

Quand le tenon et la mortaise, ou le tenon et l'enfourchement, sont taillés, on les fait entrer l'un dans l'autre, on les assujettit momentanément avec soin dans la position qu'ils doivent occuper; puis on les perce l'un et l'autre de part en part, et à deux endroits, à l'aide du Vilebrequin. Dans chacun des trous, on enfonce à coups de maillet un de ces petits cylindres en bois qu'on appelle *chevilles*. En perçant, il faut avoir soin de ne pas trop suivre le fil du bois, sans quoi on ferait fendre. On finit par scier l'excédant des chevilles.

La manière de procéder est la même pour les assemblages d'onglet, à bois de fil, à fausse coupe ; sauf que l'arasement, étant oblique, est tracé avec l'Équerre d'onglet, et que la surface dans laquelle on creuse la mortaise est aussi tracée de même.

Quand il s'agit d'un assemblage à rainure et à languette, on fait la languette avec le Bouvet. Pour cela, après avoir dressé la planche sur la tranche, on abat les angles avec le Rabot, et on fait ensuite aller et venir le Bouvet creux. Pour s'assurer qu'on a atteint juste la dimension convenable, et qu'on ne s'est écarté ni à droite ni à gauche, on a un petit morceau de bois dur, dans lequel on a creusé une rainure conforme à celle qu'on veut faire sur la tranche de l'autre planche, et de temps en temps on présente cette courte rainure à la languette commencée, en la faisant courir d'un bout à l'autre : c'est ce qu'on appelle *mettre au molet.* La manière de procéder est la même pour les rainures, sauf qu'après avoir dressé la tranche, on n'abat pas les angles; qu'on emploie l'autre moitié du Bouvet, celle dont le fût semble armé d'une languette, et que si l'on veut vérifier de temps en temps la rainure, on se sert, au lieu de *molet,* d'un morceau de bois sur lequel on a taillé une courte languette.

Ces préliminaires terminés, on place les planches transversalement sur l'établi, les unes à côté des autres, on frotte avec de la colle chaude la languette et l'intérieur de la rainure; puis on les fait entrer l'une dans l'autre, et on les maintient serrées ensemble à l'aide du Sergent. Il arrive quelquefois que l'on n'a pas d'instrument de ce genre assez long pour embrasser la largeur de toutes les pièces qu'on ajuste ainsi ensemble; on y supplée à l'aide de l'*entaille à rallonger les sergents.* On donne ce nom à une tringle de bois, longue de 1$^m$.30 à 1$^m$.62, large de 0$^m$.081 à 0$^m$.108, et épaisse de 0$^m$.044, dont la tranche inférieure est armée d'un mentonnet, tandis que la tranche supérieure est taillée en crémaillère, comme la tige d'une Servante, ou bien porte plusieurs entailles transversales à angles aigus, dans l'une desquelles on pose la patte mobile du Sergent. L'ouvrage est pris alors par ses deux extrémités, entre le mentonnet ou patte fixe du Sergent et le mentonnet de l'entaille à rallonger.

Il faut agir à peu près de même pour l'assemblage à clef. Après avoir creusé les mortaises, taillé et placé les clefs d'un côté, on les fixe avec des chevilles. On frotte les deux tranches et les clefs avec de la colle ; on rapproche les deux planches en faisant pénétrer les clefs dans les mortaises de la seconde planche ; on serre avec le Sergent, et l'on enfonce des chevilles dans l'extrémité des mortaises où l'on n'en avait pas encore placé.

# CHAPITRE V.

## Moulures.

---

### § 1.   DÉFINITIONS.

Le mot MOULURE désigne, d'une manière générale, toute partie plus ou moins saillante, carrée ou ronde, droite ou courbe, qui sert d'ornement à un ouvrage d'architecture ou de menuiserie.

Les moulures sont ainsi appelées parce que les dessins qu'elles représentent se ressemblent entre eux et se répètent comme s'ils avaient été *moulés* les uns sur les autres.

C'est l'assemblage des moulures qui forme les corniches, les impostes, les chambranles, les bases de colonnes, les encadrements, etc.

Quelques mots maintenant sur les principales moulures :

1° On désigne sous les noms de GORGE et de FEUIL-LURE les deux moulures les plus simples de toutes ; nous en avons déjà parlé bien des fois. La première est une espèce de canal ou de rainure en forme de demi-cylindre creux. La seconde a la forme d'un angle droit rentrant, régnant tout le long d'une pièce de bois et dont les parois sont parallèles aux surfaces de cette pièce.

2° La Feuillure a une importante variété qu'on appelle PLATE-BANDE; elle diffère de la feuillure parce qu'elle règne ordinairement sur les quatre côtés d'un panneau, et que la paroi perpendiculaire à la grande surface a bien moins de hauteur que l'autre paroi n'a de largeur.

3° Le RÉGLET, qu'on appelle aussi LISTEL OU BANDELETTE, a précisément la forme d'une règle attachée par une de ses tranches à l'ouvrage, et faisant saillie tout le long (A, fig. CXXXII).

4° Le BOUDIN (B) ne diffère du Réglet que parce que ses angles sont arrondis.

5° On appelle BAGUETTE un Boudin moins épais.

6° L'ASTRAGALE (C) est un Réglet ou Listel sur la face antérieure duquel règne une petite baguette. Cette moulure ressemble assez bien à la tranche d'une planche ornée d'une languette.

7° La NACELLE OU TROCHILLE (G) est une Gorge demi-circulaire comprise entre deux Réglets d'égale saillie.

8° La SCOTIE (H) diffère de la Nacelle en ce que le Réglet inférieur est beaucoup plus saillant, et que la courbe de la Gorge s'allonge par le bas.

9° Le QUART DE ROND (I) est en tout l'inverse de la Scotie. Le Réglet supérieur est bien plus long que le Réglet inférieur, et ces deux Réglets comprennent entre eux non plus une Gorge demi-circulaire, mais un quart de cylindre.

10° La DOUCINE (D), moulure fréquemment employée, mais dont la forme ne peut être dépeinte par des mots, est composée, pour ainsi dire, d'un quart

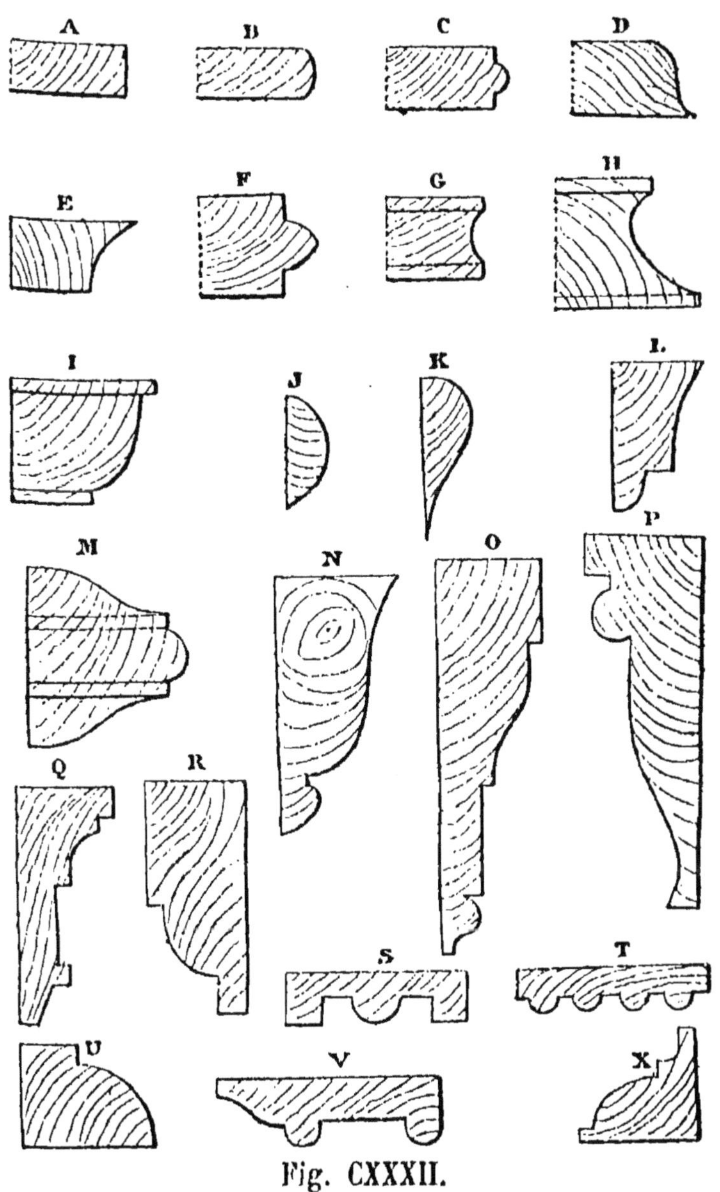

Fig. CXXXII.

de cylindre, au bas duquel se rattache en saillie

une Gorge en quart de cercle, ou de deux parties de cercle placées en sens inverse. On l'appelle aussi BOUVEMENT.

11° Le CONGÉ (E) est tout à fait semblable à la moitié supérieure d'une Gorge ou rainure demi-circulaire.

12° La COQUE COMPOSÉE (F) est une large Bandelette peu détachée du corps de l'ouvrage, et chargée elle-même d'une saillie elliptique.

13° Le ROND est un long cylindre, ne tenant à l'ouvrage que par une ligne aussi étroite que possible.

14° On appelle ELLIPSE, ŒUF, POIRE COUPÉE, des moulures dont la coupe retrace la forme d'une moitié d'ellipse, de poire ou d'œuf, vue de profil (J, K).

15° Le GRAIN D'ORGE, qu'on appelle aussi DÉGAGEMENT OU TARABISCOT, est une moulure composée de points détachés qui figurent des grains d'orge.

16° Les FILETS ou CARRÉS sont des moulures lisses et plates qui servent à séparer les autres moulures.

Ces moulures, que l'on peut considérer comme *simples*, et qui, du moins, ont toutes un nom technique, servent à en composer un grand nombre d'autres, aux plus importantes et aux plus usitées desquelles nous consacrerons encore quelques lignes et quelques figures.

Ainsi quelquefois un *œuf* est surmonté dans son milieu par une *bandelette* ou *listel*; d'autres fois, il est, au contraire, échancré par une petite *gorge* demi-circulaire.

Les figures L et N représentent deux moulures dont l'une a quelque analogie avec un *congé* terminé en bas par un *quart de rond* ou une baguette peu saillante, tandis que l'autre est plus semblable à une

Doucine renversée, au bas de laquelle on aurait creusé un Filet pour séparer cette moulure supérieure d'une très-petite Baguette. On appelle quelquefois cette dernière TALON RENVERSÉ A BAGUETTE.

M représente un Boudin entre deux doucines. Cette moulure est d'un effet agréable quand les courbes, bien tracées, se dégagent vivement des carrés ; mais elle ne peut être exécutée que sur des bois qui se laissent couper sans peine en tous sens, et ne convient que sur les pièces qui ont une forme cylindrique.

Les figures O P Q R et suivantes offrent d'autres modèles de moulures composées.

### § 2.   TRACÉ GÉOMÉTRIQUE DES PRINCIPALES MOULURES.

#### 1° *Tracé du* Talon.

Les points A et B (fig. CXXXIII) marquent ceux où l'on veut faire commencer et finir la moulure. Unissez ces deux points par la ligne A B, cherchez le milieu de cette ligne, que nous désignons par la lettre C dans la figure ; puis, sur le milieu de A C, élevez une perpendiculaire E F que vous prolongerez jusqu'à ce qu'elle coupe la droite A F parallèle à I B, et, sur le milieu de C B, élevez une perpendiculaire G D que vous prolongerez jusqu'à sa rencontre avec B I ; le point D sera le centre de l'arc B C, et le point F celui de l'arc A C.

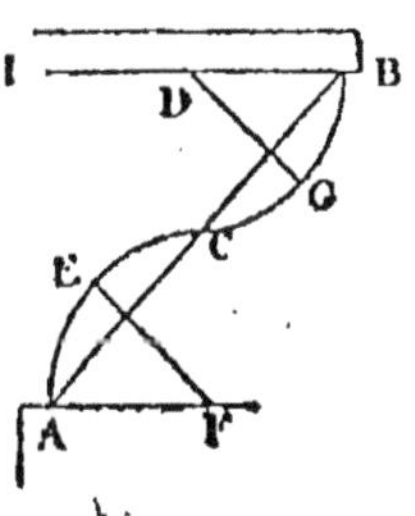

Fig. CXXXIII.

### 2° *Tracé de la* Doucine.

On trace cette moulure comme la précédente, seulement les centres des deux arcs sont sur la ligne D F (fig. CXXXIV) parallèle à B I; ils sont placés, l'un d'un

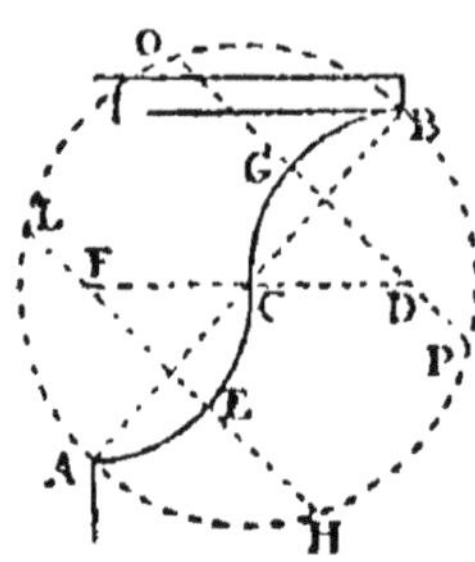

côté, l'autre de l'autre de A B. Pour tracer commodément les perpendiculaires E F, G D, on décrit un cercle, du point C pris pour centre, avec un rayon C B; ensuite avec le même rayon, des points A et B pris pour centre, on trace des arcs qui coupent la circonférence aux points H, L, O, P. Ces lignes

Fig. CXXXIV.

H L et O P, qui unissent ces points deux à deux, sont les perpendiculaires demandées, élevées sur le milieu des deux parties de A B.

### 3° *Tracé du* Talon *et de la* Doucine.

Par deux arcs de cercle inégaux (fig. CXXXIII et CXXXIV), divisez A B en neuf parties égales; prenez-en cinq pour B C, et quatre pour A C; terminez ensuite la construction à la manière ordinaire.

### *Autre manière de tracer le* Talon *et la* Doucine.

Si vous voulez faire une Doucine, opérez comme nous l'avons dit, avec cette différence qu'au lieu de tracer les arcs des points F et D (fig. CXXXIV), vous les tracerez des points P et L.

Pour le Talon, opérez comme pour la Doucine; mais tracez des points H et O.

#### 4° *Tracé du* Bec de corbin.

A E (fig. CXXXV) marque les deux points auxquels la moulure doit commencer et finir. Prenez E D un peu plus petit que le tiers de la ligne A E; menez D B parallèle à A N, faites D C égal à D E et C B égal à C D; tirez A B et menez C K parallèle à A E. Sur le milieu de A B élevez une perpendiculaire qui coupe D B au point H; prenez C F égal au tiers de C K, tirez F G parallèle à D B, le point H sera le centre de

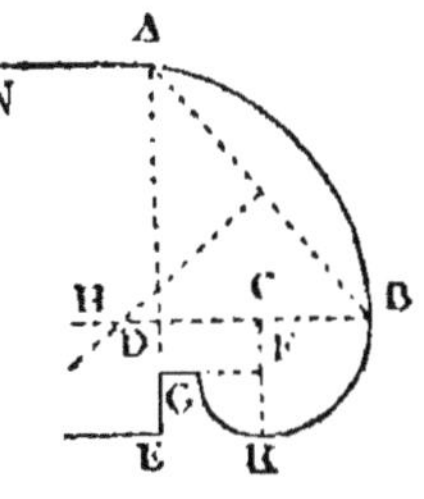

Fig. CXXXV.

l'arc A B, le point C le centre de B K, et le point F le centre de K G.

#### 5° *Tracé de la* Scotie.

Faites A C (fig. CXXXVI) égal à un tiers de A D, A D étant perpendiculaire à D B; faites aussi D B égal à D C, tirez A B et menez C E parallèle à D B, et B G parallèle à A D; du point C, comme centre, décrivez l'arc A I; portez E I de B en F sur B G, et menez E F; sur le milieu de E F, élevez la perpendiculaire H G que vous prolongerez jusqu'à ce qu'elle coupe B G, et tirez G E que vous prolongerez vers L, le point E est

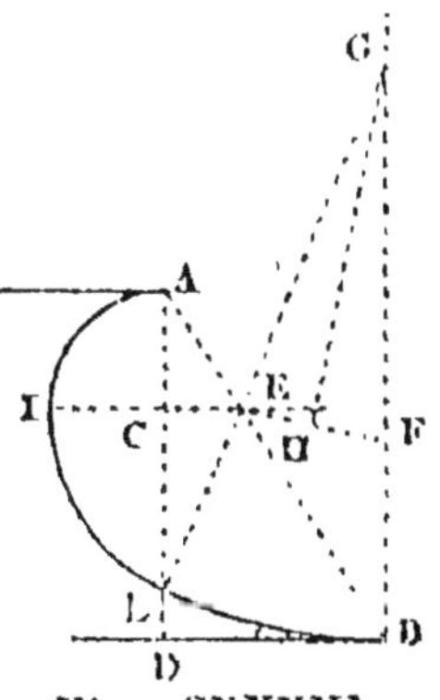

Fig. CXXXVI.

le centre de l'arc I L, et le point G celui de l'arc L B.

#### § 3. MANIÈRE DE FAIRE LES MOULURES.

Lorsqu'une moulure règne tout autour d'une pièce de bois carrée, par exemple autour d'un panneau, il faut avoir bien soin que les moulures de chaque côté se joignent très-régulièrement ensemble, qu'elles soient bien d'onglet, c'est-à-dire que chaque partie de la moulure forme, avec la partie correspondante de l'autre moulure, un angle de 45 degrés. Si l'outil à moulure ne donnait pas tout à fait ce résultat, ce qui arrive rarement quand on sait bien s'en servir, il faudrait réparer l'ouvrage avec le Ciseau, la Gouge et le Fermoir.

On se sert encore de ces derniers outils pour continuer la moulure dans le cas où une surface perpendiculaire à celle que l'on travaille ne permet pas à l'outil à fût de la pousser jusqu'au bout. On les emploie, en outre, à réparer les légères défectuosités que le premier travail a pu laisser, à fouiller au fond des angles rentrants, à rendre les arêtes bien vives et bien tranchantes.

Lorsqu'il y a des parties circulaires recourbées en dessous, comme dans le *rond*, on va fouiller au fond de ces parties avec le Bec de cane.

L'usage des Plates-bandes est si fréquent que des détails plus étendus sur la façon de les faire ne seront pas inutiles. Après avoir équarri les panneaux, c'est-à-dire les avoir mis à la largeur et à la longueur convenables, on fera la plate-bande sur chacun des côtés avec le Guillaume spécialement consacré à cet usage. Si le bois est trop de rebours, on le reprend en sens contraire avec le Guillaume *à adoucir*, dont les arêtes sont arrondies. Quand il le faut, on fait la plate-bande sur les deux faces du panneau, et on s'assure qu'elle est aussi profonde sur une face que sur l'autre, et que les dimensions sont les mêmes des quatre côtés, en mettant au molet l'espèce de languette qui en résulte.

Après avoir poussé les plates-bandes autour des panneaux avec le Guillaume à plates-bandes, si on veut bien soigner l'ouvrage, on le replanit, c'est-à-dire qu'on enlève toutes les irrégularités, toutes les aspérités qu'a laissées le premier outil, avec un rabot ordinaire ou mieux encore avec un Rabot à deux fers.

Lorsqu'on veut orner de moulures des pièces qu'on doit ensuite assembler, il faut que l'assemblage ait toujours lieu à bois de fil. Pour cela, après avoir fait les moulures, on coupe les arasements et les épaulements en onglet, ou sous un angle de 45 degrés. On recale ensuite les onglets avec le Ciseau ou le Guillaume, c'est-à-dire qu'on achève de les unir ou de les dresser pour qu'ils joiguent bien. On emploie dans le même but la Varlope d'onglet et la BOITE A RECALER. Cette boîte est composée de trois morceaux de bois joints à trois angles droits ou d'équerre. Un des bouts de cette boîte est coupé d'onglet. Pour en faire usage, on place sur l'établi la pièce de bois qu'on veut recaler, on applique la boîte sur cette pièce, de manière que la partie coupée d'onglet affleure le trait de l'arasement; on assujettit le tout avec le Valet, puis on recale avec la Varlope d'onglet que l'on fait glisser le long de la boîte.

Un mécanicien du nom de Hacks a construit une machine à moulurer dont nous croyons devoir dire quelques mots.

Cette machine se compose d'un banc à tirer très-solide, soutenu par six pieds, dont deux sont placés verticalement au milieu du banc pour soutenir un tambour et une grande roue de renvoi, tandis que les quatre autres sont disposés un peu obliquement vers les deux extrémités. Ces quatre pieds sont maintenus et assemblés par différentes traverses, dont l'une, qui est placée à 32 centimètres au-dessus de la table du banc, y compris son épaisseur, supporte la poulie et la roue dont on vient de parler.

Sur cette traverse, et contre la roue de renvoi, est une autre petite traverse dans laquelle se trouve taraudée une vis en bois pour la tension des cordes qui s'enroulent sur le tambour.

Le tambour, qui est en bois, a 73 millim. de diamètre sur 217 millim. de large; il est soutenu par un arbre en fer ajusté sur les deux pieds du milieu du bâti. Cet arbre porte à l'une de ses extrémités une roue de 1$^m$.95, placée extérieurement contre le bâti.

Sur la table du banc à tirer est ajusté un châssis mobile de la même longueur que la table, et portant à chaque côté une règle destinée à augmenter ou continuer l'emplacement de la pièce de bois qui doit recevoir la moulure. Ces règles sont retenues sur le châssis, chacune par dix boulons, à l'endroit desquels elles se trouvent fendues de manière qu'on peut les éloigner ou rapprocher l'une de l'autre.

Le châssis marche entre deux coulisses qui se trouvent fixées sur la table du banc.

Sur l'extrémité de devant du banc à tirer s'élève une cage en fer fondu de 379 millim. de large sur 325 millim. de hauteur, arrêtée sur le banc par quatre boulons, dont deux sur le devant sont incrustés dans la cage.

Cette cage est traversée, au milieu, par une pièce de fer ajustée à coulisse et soutenant, au moyen de deux boulons placés verticalement, un outil tranchant en acier, taillé de manière à produire les moulures que l'on veut faire.

Ce porte-outil est dirigé par trois vis de pression dont l'une est placée au-dessus au milieu, et les deux autres en dessous, de chaque côté. Au moyen de ces vis, qui sont taraudées à travers la cage, l'outil monte et descend selon que l'ouvrage l'exige.

Une manivelle, placée extérieurement à côté de cette cage, est soutenue par un arbre qui traverse le banc à tirer, et qui porte à l'autre bout une poulie en bois de 135 millim. de diamètre.

Trois cordes distinctes impriment le mouvement à la machine : la première, qui est une corde sans fin, fait deux tours sur la dernière poulie dont on vient de parler, et embrasse la grande roue au moyen de laquelle on fait tourner le tambour.

La seconde corde est attachée d'un bout sur le tambour, remonte sur la roue de renvoi et revient s'attacher au châssis mobile à 1 mètre environ de son extrémité. Cette corde, en se reployant sur le tambour par l'effet du mouvement imprimé par la première corde, fait retirer en arrière le châssis à coulisse.

La troisième corde, qui est également attachée au tambour par l'une de ses extrémités, remonte sur la poulie de renvoi placée sur le devant, et son autre extrémité va s'attacher à la partie postérieure du châssis mobile. Cette dernière corde s'enroulant sur le tambour, rappelle le châssis en avant.

Ces deux dernières cordes sont disposées sur le tambour, de manière que l'une s'enroule pendant que l'autre se déroule.

Au moyen des trois cordes ci-dessus, le châssis

mobile sur lequel se trouve placé le bois à travailler, allant en avant et en arrière, fait passer le bois sous l'outil qui produit la moulure.

Lorsque cette moulure est faite, on la garnit de blanc d'Espagne, et on la fait repasser de nouveau sous l'outil.

### § 4. MANIÈRE DE CANNELER UN PILASTRE.

La cannelure des pilastres est souvent nécessaire pour la menuiserie en bâtiments. Une colonne également cannelée est un des ornements les plus riches qu'il soit possible d'employer pour un devant d'alcôve ou une devanture de boutique ; mais, en revanche, rien n'est plus difficile à exécuter par les procédés ordinaires. M. Paulin Desormeaux a imaginé un procédé ingénieux qui permet de faire ce travail presque sans difficulté, et qu'on nous saura gré de décrire.

« Cette opération n'exige pas de frais, dit-il, et, à moins qu'on ne soit obligé de la pratiquer souvent, on fera bien de se contenter des outils dont je vais donner la description.

« Le premier est une roue crénelée à vingt dents. On la fait soi-même en cuivre, ou plutôt, comme on en rencontre assez communément chez les marchands de ferraille, on en achète une toute faite, la plus exactement divisée qu'il sera possible. La division de vingt est de règle ; mais on peut, sans nuire à l'effet de la colonne, prendre, faute de mieux, une division approximative, comme 16, 17, 18, 19, 21, 22, 23, 24. On tournera une portée aux deux extrémités de la colonne, de manière que la roue dentée puisse s'y monter de façon à tenir ferme ; puis on fera un ressort coudé dont l'extrémité, qui sera limée en tenon, puisse entrer juste dans l'entre-deux des dents de la roue. Ce ressort se fixera à l'aide de deux ou trois vis derrière la poupée gauche, à pointe fixe, du tour à pointes, et sera destiné à empêcher la roue crénelée, et par conséquent la colonne qu'elle emboîte, de tourner entre les pointes. »

Le troisième instrument dont on a besoin, d'après la méthode de M. Desormeaux, est un Rabot à fer terminé par un tranchant arrondi, ou rond entre deux carrés, suivant qu'on veut compliquer la cannelure. Jusque-là, il n'y a pas de différence entre cet outil et les outils à moulures ordinaires; mais il y en a une grande, quant à la position de la joue. Cette joue, au lieu d'être parallèle au fer et de continuer, pour ainsi dire, la hauteur du fût, est perpendiculaire au fer et forme la continuation de ce qui serait le dessus du fût dans un Rabot ordinaire; de sorte que l'angle droit que forme ordinairement la joue, au lieu d'être sous l'outil, est par côté. Enfin, on peut remplacer au besoin le fer arrondi du Rabot par un fer se terminant en pointe et auquel on donne le nom de *grain d'orge*. Laissons maintenant M. Desormeaux nous enseigner lui-même la manière de se servir de ces outils.

« Après que la colonne sera tournée et finie, on marquera par deux traits de crayon l'endroit où l'on veut que commencent les cannelures et l'endroit où l'on veut qu'elles finissent. Puis, mettant en place de la barre d'appui une règle dont la tranche devra être parfaitement lisse et droite, et appuyant la joue du Rabot sur cette barre, de sorte que le grain d'orge aille effleurer la colonne, on poussera l'outil de manière à tracer une ligne d'un coup de crayon à l'autre. Levant alors le ressort, on fera tourner la roue d'un cran, puis, après avoir lâché le ressort, et s'être bien assuré que son tenon a pénétré dans l'entre-deux des dents, on tracera une seconde ligne parallèle à la première, en veillant toujours à ce que la joue du Rabot plaque bien contre la traverse du support; on répétera cette opération autant de fois qu'il y aura de dents sur la roue crénelée.

« On mettra alors dans un Vilebrequin une fraise ou tige d'acier terminée par une sphère sillonnée de tranchants semblables à ceux d'une lime (fig. CXXXVII),

Fig. CXXXVII.

et avec cet instrument on fera un petit trou rond au commencement et à la fin de chacune des lignes tracées par le Rabot. Cela fait, on mettra dans le Rabot le fer rond, et on creusera les cannelures en suivant la même marche qu'on a suivie pour le tracé. Quand les cannelures seront creusées, on les polira avec un morceau de bois tendre, arrondi sur sa tranche et saupoudré de ponce pulvérisée, ou bien avec un papier de verre bien fin, collé sur un bois arrondi.

« On conçoit qu'il faut que le fer du Rabot soit de calibre avec la fraise qui a commencé et fini chaque cannelure, et que chaque diamètre de colonne exige un fer différent. Ces fers se font avec des lames de fleuret ou de la petite bande d'acier. Ils doivent être trempés bleu foncé ou couleur d'or. On fera bien aussi de tenir la coupe du Rabot un peu droite, afin d'éclater le bois le moins possible. Si la colonne allait en amincissant du haut, comme cela a lieu ordinairement, il faudrait incliner la traverse du support suivant la courbure de la colonne (1). Il est bon d'observer que le fer doit être rapproché le plus possible du nez du Rabot, et qu'il ne doit jamais être trop saillant. S'il est bien coupant, sa cannelure sera presque polie par sa seule action.

« Si l'on voulait canneler un fût de colonne fait d'un seul morceau avec la base et le chapiteau, il faudrait alors changer la forme du Rabot, et faire en sorte qu'il ait peu de devant et peu de derrière, afin qu'il ne puisse gâter les moulures de cette base et de ce chapiteau.

« Si l'on voulait faire des cannelures pleines par le bas, comme on le remarque assez souvent, on remplacerait le fer à tranchant arrondi par un fer échancré en forme de croissant. Mais, dans ce cas, il ne faudrait creuser avec la fraise qu'à l'endroit où la cannelure pleine se transforme en cannelure creuse; ce serait avec une Gouge qu'il conviendrait de commencer la première. »

# CHAPITRE VI.

## Collage.

Il arrive parfois que, dans certains assemblages ou embrèvements très-ouvragés ou de peu d'épaisseur, les tenons ne sont pas suffisants pour donner la solidité désirable. Les menuisiers emploient alors la COLLE-FORTE en même temps que les tenons et les chevilles.

(1) Il n'est point nécessaire, à la rigueur, de changer la direction du support : la colonne s'éloignant du support dans sa partie la plus mince, le fer du Rabot mordra moins profondément, et fera une cannelure moins large. Ainsi les cannelures auront naturellement leur décroissance.

On sait que la colle-forte se prépare avec les rognures de peaux, notamment avec celles qui nous arrivent de Buenos-Ayres, et celles que le commerce appelle *brochettes*, lesquelles proviennent de nos abattoirs, avec les pieds, les tendons, les verges, etc. Ces matières sont mises à tremper dans l'eau de chaux pour détruire les portions de chair qui y adhèrent plus ou moins, puis nettoyées, débourrées, et enfin mises à cuire dans l'eau. Sous l'action de la chaleur, elles se dissolvent dans ce liquide en-formant une espèce de bouillon qui se prend en gelée par le refroidissement.

Il existe plusieurs sortes de colles, qui diffèrent entre elles par la nature, le choix et les proportions de leurs matières premières, ainsi que par le mode de fabrication, et qui sont habituellement désignés par le nom du lieu dans lequel on les prépare ou l'on est censé les préparer.

Les colles de Givet se font soit avec les brochettes, soit avec les rognures de Buenos-Ayres, le plus souvent avec ces dernières. Dans tous les cas, on apporte le plus grand soin à leur préparation. En conséquence, on laisse les matières dans l'eau de chaux jusqu'à ce que les portions de chair soient complétement détruites, ce qui exige quelquefois des mois entiers. Quand la macération est arrivée au point convenable, on les lave à fond dans une eau courante et, en même temps, on les foule légèrement avec des pilons.

Les colles de Lille et de Château-Renault s'obtiennent à peu près de la même manière que celles de Givet, mais elles sont moins estimées.

Les colles de Lyon se préparent avec du bouillon

d'os additionné d'une quantité plus ou moins grande de brochettes. On les dit moins nerveuses que les précédentes. Néanmoins, celles qui ont la marque étoilée, lorsque la fabrication en a été bien soignée, sont comparables à celles de Givet.

Les colles de Paris, quoique faites avec les matières et les procédés qu'on emploie à Givet et à Lyon, sont généralement de qualité inférieure, parce qu'on les prépare avec trop de précipitation. On ne donne ni le temps, ni la main-d'œuvre suffisante. En outre, on ménage trop la chaux et l'on compte trop sur les acides pour en neutraliser les effets.

La colle de Cologne, que l'on fabrique aussi à Metz et à Strasbourg, ne diffère de celle de Givet que par un tour de main particulier dans la préparation.

Les bonnes colles-fortes sont peu colorées, demi-transparentes, à bords un peu ondulés, peu hygro-métriques. Elles ne s'amollissent pas dans les temps humides, se gonflent beaucoup dans l'eau froide sans se dissoudre, et forment la plus grande quantité de gelée quand on les a fait fondre au bain-marie. Mais, ce qui constitue surtout leur valeur, c'est la ténacité. Pour apprécier la qualité des colles-fortes à ce point de vue, on en fait dissoudre un poids déterminé, 10 grammes par exemple, et, avec la dissolution, on imprègne des petits bâtons prismatiques de craie, de grosseur régulière. Ces prismes, ainsi encollés, de-viennent, par la dessiccation, d'autant plus tenaces que la colle est meilleure, et le poids sous lequel ils se rompent sert de point de comparaison pour juger la qualité des diverses colles-fortes. Au lieu de bâ-tonnets de craie, on peut aussi employer deux dis-ques de bois ou de fer, qu'on fixe l'un sur l'autre au moyen de la colle en essai, après quoi, quand celle-ci est devenue entièrement sèche, on les suspend à un objet quelconque à l'aide d'un crochet planté au centre du supérieur. On accroche alors, de la même manière, un plateau de balance au disque inférieur, et l'on met des poids dans ce plateau jusqu'à ce que les deux disques se séparent.

Il arrive quelquefois, surtout dans les petites localités, qu'il est assez difficile de se procurer de bonne colle, parce que les marchands, par négligence ou autrement, ne s'approvisionnent pas dans les fabriques en renom. Les menuisiers se trouvent ainsi forcément obligés de se servir de celle qu'ils peuvent trouver, et il résulte de ce fait que les joints qu'ils exécutent se trouvent bientôt détruits ou détériorés. On nous saura donc gré d'indiquer un procédé fort simple pour faire soi-même d'excellente colle.

Il faut commencer par réunir le plus possible de peaux entières ou non, mais toujours non tannées, de toute espèce d'animaux, tels que bœufs, vaches, veaux, moutons, chevaux, etc., et en faisant attention que, plus ces animaux seront vieux, plus la colle qu'ils fourniront aura de consistance.

Après avoir fait tremper ces peaux dans de l'eau de chaux pour les débarrasser des parties graisseuses, on les nettoie à fond dans un courant d'eau pure, après quoi on les met en tas arrondi, pour qu'elles puissent se bien égoutter.

On les fait alors bouillir dans une chaudière, et l'on écume très-soigneusement toutes les matières qui remontent à la surface de l'eau, puis, après un certain temps, on y jette une petite quantité d'alun dissous ou de fine poudre de chaux, pour épurer la dissolution.

Lorsqu'il ne se produit plus d'écume, on verse la dissolution dans des paniers fins et serrés, au travers desquels les impuretés ou les corps solides qui y demeureraient encore ne peuvent passer.

Ensuite on la remet peu à peu dans la chaudière, où l'on continue à la remuer, à l'écumer, et à la faire bouillir jusqu'à ce qu'en perdant ses parties aqueuses elle prenne une couleur brunâtre moins claire.

Quand on estime que la colle est cuite et qu'elle a acquis une consistance suffisante, on la retire du feu, on la verse dans des moules qui ont ordinairement 2 mètres de long sur $0^m.65$ de profondeur et $0^m.32$ de largeur. On la coupe en épaisses plaques, qu'on réduit en copeaux très-minces, et on la fait sécher complétement.

Certainement il n'est personne qui ne puisse faire ou faire faire cette colle chez elle, ou sous ses yeux, non-seulement à très-bon marché, mais d'une très-bonne qualité, soit en grandes, soit en petites masses. Toutefois, nous engageons à ne prendre ce parti que dans les cas d'absolue nécessité, parce que, aussi simples qu'elles soient en apparence, plusieurs des opérations, surtout celles de la cuisson des matières et de la dessiccation de la gelée produite, présentent, dans la pratique, des difficultés très-grandes, que les hommes du métier ne réussissent pas toujours à surmonter facilement.

Quelques mots maintenant sur la manière de faire fondre la colle-forte quand on veut l'employer. Une chose qu'il ne faut jamais perdre de vue, quelle que soit la colle qu'on a à sa disposition, c'est que toutes les matières de ce genre s'altèrent profondément lorsqu'on les soumet trop longtemps à une température élevée, en sorte que la meilleure peut devenir très-mauvaise si on l'expose plus qu'il ne faut à une ébullition soutenue. Ce point établi, voyons comment il convient de procéder. On concasse la colle, on la met dans un bain-marie, on la recouvre d'eau, et on la laisse tremper pendant cinq ou six heures. On fait alors bouillir l'eau extérieure au bain-marie. Sous l'action de la chaleur, la colle se ramollit peu à peu, puis se dissout sans ébullition. Arrivée à cet état, elle est bonne à employer, et l'eau chaude extérieure la maintient longtemps dans un état de fluidité convenable.

On prépare souvent une COLLE LIQUIDE en ajoutant à de la colle-forte de première qualité, préalablement fondue comme il vient d'être dit, environ son volume de vinaigre très-fort, un quart d'alcool et un peu d'alun. Cette colle, que l'acide maintient fluide à froid, est toujours prête à servir et se garde longtemps sans s'altérer ; mais elle a moins de ténacité que la colle fondue à la manière ordinaire et employée chaude. On obtient une autre colle liquide en faisant fondre 1 kilogramme de colle-forte dans 1 litre d'eau et ajoutant à la dissolution 200 grammes d'acide azotique à 36 degrés. Nous pourrions nous étendre davantage sur ce sujet, mais nous préférons renvoyer au *Manuel du fabricant de toutes sortes de Colles,* qui fait partie de l'ENCYCLOPÉDIE-RORET.

# CHAPITRE VII.

### Coloration artificielle des bois.

Le menuisier a quelquefois besoin de donner aux bois communs des nuances factices imitant plus ou moins celles des bois chers, d'ajouter artificiellement des tons plus vifs à leur teinte naturelle, tout en conservant les caprices de leur veinage, de telle sorte que le connaisseur puisse toujours dire, malgré la nouvelle coloration : voici de l'Orme, du Frêne, de l'Erable, du Platane, du Mûrier, etc. C'est ce qui arrive surtout quand il s'agit d'établir des parquets, des lambris ou d'autres ouvrages soignés. On peut obtenir ce résultat en suivant deux méthodes absolument différentes, mais qu'aucun nom particulier ne permet de distinguer.

### § 1. PREMIÈRE MÉTHODE.

Dans cette méthode, qui est incontestablement la plus ancienne, on se propose de donner au bois une teinte aussi uniforme que possible. Mais on ne doit pas oublier qu'à l'exception des bois tendres et poreux et du poirier cultivé, les bois ne sont jamais parfaitement pénétrés par la couleur, quand ils sont débités en morceaux d'une certaine épaisseur. Les bois compactes doivent donc, si l'on veut que la matière colorante s'introduise dans toutes leurs parties, être préalablement réduits en planches minces, ayant, par exemple, 2 ou 3 millimètres d'épaisseur. Une autre observation non moins importante, c'est que les bois blancs sont seuls susceptibles de prendre les couleurs tendres, telles que le jaune, le bleu de ciel, le vert-pomme, le rose. Les bois auxquels ces couleurs conviennent le mieux sont l'Erable et ses variétés, le Platane et le Mûrier. Le Peuplier, le Bouleau et le Marronnier d'Inde se teignent aussi assez aisément, mais moins bien que les précédents. Le Noyer blanc, le Frêne, l'Aulne, le Hêtre, le Cerisier, certains Pommiers et, en général, tous les bois blanchâtres prennent parfaitement les teintes foncées, comme le rouge, le bleu, le vert, l'orangé. L'Orme, le Noyer d'Auvergne, le Cormier, le Prunier, etc., conviennent fort bien pour les couleurs encore plus intenses. Enfin, tous les bois peuvent se teindre en noir.

Sauf quelques exceptions, la teinture des bois se compose de deux opérations distinctes : la première, qui est une espèce de mordançage, consiste à faire tremper les pièces dans une dissolution d'alun ou dans un bain d'eau de chaux; la seconde, qui est la teinture proprement dite, a pour objet d'introduire la matière colorante dans leurs pores. Le mordançage est supprimé toutes les fois que la nature du bois ou de la couleur permet de le supprimer. Quant à la teinture, elle se fait à la cuve, à l'éponge ou au pinceau ; cela dépend des dimensions des bois. Si ceux-ci ont peu de volume, on les met baigner dans une cuve qui contient le bain colorant. Quand ils sont trop gros ou trop longs, on y applique la couleur au moyen d'une éponge ou d'un pinceau. Lorsqu'ils sont dans la cuve, il ne faut pas trop pousser le feu : le bain doit être suffisamment chaud, mais non bouillant. Quand on les teint au pinceau ou à l'éponge, la couleur doit être tenue plus chaude à cause de la rapidité avec laquelle elle se refroidit une fois qu'elle est appliquée sur le bois. Notons, en terminant ces observations préliminaires, que certaines teintures s'effectuent à froid.

## 1º *Teinture en rouge.*

### 1. *Rocou.*

Sous le nom de rocou, on désigne une matière gluante qui entoure les graines du Rocouyer (*Bixa orellana* des botanistes), arbrisseau des contrées méridionales de l'Amérique. Cette matière nous arrive du Brésil, du Mexique, des Antilles et surtout de Cayenne, sous la forme d'une pâte ordinairement façonnée en pains ou gâteaux de 5 à 8 kilogrammes, enveloppés de feuilles de roseau, de bananier ou de balisier.

De toutes les teintures rouges, c'est celle au rocou qui est la plus simple et la plus usitée.

On coupe le rocou en morceaux qu'on met dissoudre dans l'eau bouillante, et l'on donne plus ou moins de couches de la dissolution suivant que l'on veut une coloration plus ou moins foncée.

Quand le rocou est bien employé, il communique au bois une teinte rouge jaunâtre d'un très-bel effet.

### 2. *Garance.*

La GARANCE est la racine pulvérisée d'une plante appelée aussi Garance (*Rubia tinctorum* des botanistes), qu'on cultive en Alsace, aux environs d'Avignon, en Perse et dans presque toute l'Asie occidentale. Quand elle est entière, c'est-à-dire n'a pas été pulvérisée, on lui donne le nom d'*alizari*.

On prépare le bain de garance en jetant 100 grammes de cette poudre dans 1 litre d'eau chaude, plus ou moins suivant que l'on veut foncer la nuance. Il faut se garder de porter la liqueur jusqu'à l'ébullition, parce qu'on s'exposerait à altérer la couleur.

Avant de teindre en garance, il faut faire tremper le bois, pendant une heure ou deux, dans un bain d'alun.

Pour rendre la teinture plus éclatante, on peut ajouter à la solution de garance un peu d'étain dissous dans l'acide nitrique ; mais la couleur est suffisamment belle sans cette addition.

### 3. *Orcanette.*

Sous le nom d'ORCANETTE, on désigne les racines de plusieurs plantes de la famille des Bourraches, et notamment celles de l'*Anchusa tinctoria* des botanistes. Ces racines nous viennent du Levant et de l'Amérique méridionale.

L'orcanette fournit une teinture très-agréable et d'un facile emploi. On pulvérise cette racine, on en met plusieurs pincées dans de l'huile de lin chauffée modérément, et, lorsque cette huile est bien rouge, on l'étend sur le bois. Ce dernier n'a besoin d'aucune préparation préliminaire.

Il est clair que, pour obtenir une couleur plus foncée, il faut mettre plus de matière dans l'huile ou un plus grand nombre de couches sur le bois.

### 4. *Orseille.*

On appelle ORSEILLE une pâte molle, d'un rouge-violet très-foncé, qui se prépare avec différentes petites plantes de la famille des Lichens, qu'on trouve sur les écorces des arbres, sur les feuilles, sur les pierres ou dans les terrains humides. Cette matière est fournie au commerce par les îles Canaries, les Açores, la Sardaigne, la Corse, l'Archipel grec, les montagnes d'Auvergne, la Catalogne, etc.

L'orseille est soluble dans l'eau, qu'elle teint en rouge-violet; mais, en ajoutant un peu d'acide, on ramène l'infusion au rouge vif : il ne faut que chauffer modérément. Dans tous les cas, le bois doit être préalablement aluné.

Quand on veut obtenir un rouge très-brillant, on verse dans le bain un peu de dissolution d'étain; mais, dans la plupart des circonstances, la teinte est assez belle sans cela.

### 5. *Bois de Campêche.*

Le BOIS DE CAMPÊCHE, appelé aussi BOIS D'INDE, BOIS NOIR, BOIS BLEU, provient du tronc d'un grand arbre de la famille des Légumineuses, l'*Hematoxylum Campechianum* des botanistes, qui est originaire de la baie de Campêche, au Mexique, mais qui croît aussi en abondance dans toute l'Amérique méridionale et dans les Antilles. Il arrive en Europe sous la forme de bûches plus ou moins grosses, pesant jusqu'à 200 kilogrammes.

Pour employer le campêche, on le réduit en menus copeaux ou mieux en poudre fine, et on le fait infuser dans l'eau bouillante. Les proportions doivent nécessairement varier selon la nuance qu'on veut obtenir. Un hectogramme par litre d'eau donne, par l'ébullition, une couleur rouge d'un *œil* particulier qu'il suffit d'avoir vu une fois pour s'en faire une idée.

### 6. *Bois de Brésil.*

Sous le nom générique de BOIS DE BRÉSIL ou BOIS

ROUGES, on réunit les bois de plusieurs arbres de la famille des Légumineuses, qui croissent dans l'Inde, dans l'Amérique du Sud et aux Antilles. L'un d'eux, le *bois de Brésil proprement dit*, est produit par le *Cæsalpinia brasiliensis* des botanistes, qui forme de grandes forêts au Brésil.

Le bois de Brésil est préférable au campêche. On l'emploie à l'état de copeaux ou de poudre, et on le fait bouillir pendant deux heures environ dans une quantité d'eau en rapport avec l'intensité de la teinte qu'on veut obtenir. La proportion ordinaire est 1 d'eau pour 10 de bois. Les eaux de puits sont considérées comme meilleures que celles de rivière, et, quand on n'a que de ces dernières, on y ajoute habituellement un peu de salpêtre.

On peut varier en *pourpre* ou en *rose* la teinte fournie par le bois de Brésil.

On obtient la nuance *pourpre* en ajoutant au brésil un tiers de campêche, et, quand le bois est teint et sec, on le mouille légèrement, à plusieurs reprises, avec une dissolution de potasse perlasse. Pour préparer cette dissolution, on emploie 4 grammes de potasse pour 1 litre d'eau. Quand on l'a passée une fois, il faut attendre, avant d'en appliquer une seconde couche, que la première ait entièrement produit son effet, et ainsi de suite. Si l'on négligeait cette précaution, la nouvelle couche pourrait modifier la précédente au point de foncer tout à fait la couleur, en sorte que la teinte pourpre se trouverait dépassée et perdue.

Pour produire le *rose*, on ajoute de l'ammoniaque ou de la potasse perlasse dissoute dans l'eau; on laisse le tout infuser quarante-huit heures et même plus; on tire au clair, et l'on fait chauffer jusqu'à l'ébullition. Il n'y a plus alors qu'à étendre la liqueur, encore chaude, sur le bois, ou, ce qui vaut mieux, on y plonge celui-ci quand la chose est possible. Quand le bois est teint et avant qu'il soit sec, on le mouille avec de l'eau alunée. Ainsi faite, la couleur est très-foncée. Pour l'adoucir, il suffit de forcer les doses d'ammoniaque, de potasse ou d'alun.

### 7. *Fernambouc.*

Le BOIS DE FERNAMBOUC est tout simplement un bois rouge que produit le *Cæsalpinia crista* des botanistes, arbre très-commun au Brésil et aux Antilles. Il s'emploie de la même manière que le précédent et donne à peu près les mêmes effets.

### 8. *Chaux.*

La CHAUX s'emploie surtout pour teindre le Merisier, le Cerisier et le Guignier. On en fait un lait très-épais dans lequel on met tremper les pièces, ou bien qu'on étend avec l'éponge ou le pinceau.

### 9. *Débouilli de laine.*

On appelle DÉBOUILLI DE LAINE une teinture qu'on prépare avec des chiffons de laine teinte en rouge vif. A cet effet, on fait bouillir 1 kilogramme de ces chiffons dans 8 litres d'eau, et l'on arrête l'ébullition aussitôt que la laine a perdu sa couleur. La liqueur peut être employée immédiatement.

### 2º *Teinture en bleu.*

### 1. *Tournesol.*

Il existe deux sortes de TOURNESOL, mais celle qu'on

emploie est le *tournesol en pains*. Cette substance se prépare avec les mêmes plantes que l'orseille, à la seule différence qu'on y ajoute du carbonate de potasse ou du carbonate de soude.

Pour préparer la teinture, on éteint une poignée de chaux dans 1 litre d'eau, puis on ajoute dans ce bain 200 grammes de tournesol, et l'on fait bouillir une heure environ. Cette préparation s'étend à la brosse ou à l'éponge, ou bien, quand la chose est possible, on y plonge le bois.

### 2. *Bois de Campêche.*

Nous avons dit plus haut ce qu'on entend par BOIS DE CAMPÊCHE.

On prépare le bain en faisant bouillir pendant une heure 200 ou 250 grammes de bois en poudre dans 1 litre d'eau, avec une petite quantité d'oxyde de cuivre.

Cette teinture est très-lente dans son action. Quand on y plonge le bois, ce qui est le mode d'emploi le plus favorable, il faut l'y laisser plusieurs jours.

### 3. *Indigo.*

L'INDIGO est une matière tinctoriale que l'on retire d'un grand nombre de plantes, appartenant presque toutes à la famille des Légumineuses, auxquelles on donne le nom commun d'Indigotiers, et qui sont cultivées sur une grande échelle dans l'Inde, en Chine, au Brésil, en Egypte, ainsi que dans plusieurs autres pays chauds.

Pour faire la teinture, on broie l'indigo aussi fin que possible, on le jette, par petites portions, dans de l'acide sulfurique concentré exposé à une douce chaleur, par exemple, à celle du soleil. On emploie 8 d'acide et 1 d'indigo. Quand le mélange forme une bouillie, on le remue encore quelque temps, après quoi on soumet le vase qui le contient, pendant deux ou trois heures, à la température de l'ébullition. On retire alors le vase du feu, et lorsque le tout est bien refroidi, on ajoute à la préparation autant de potasse en poudre qu'il y a d'indigo; on mêle bien le tout et on laisse reposer pendant vingt-quatre heures.

Quand on veut se servir de cette teinture, on la délaie dans l'eau afin de l'amener à la nuance qu'on désire; employée telle qu'elle est, elle serait beaucoup trop foncée. Comme elle n'agit qu'avec une extrême lenteur, il faut en appliquer un assez grand nombre de couches, ou y tenir le bois plusieurs jours.

### 4. *Dissolution de cuivre.*

La DISSOLUTION DE CUIVRE est fort simple à préparer, car il suffit de jeter dans un vase contenant de l'acide nitrique pur, de très-petites pincées de limaille de cuivre rouge, et, quand l'ébullition commence, on étend avec de l'eau. On peut aussi étendre d'abord l'acide, puis y mettre la limaille. Dans tous les cas, il faut opérer en plein air, parce qu'il se dégage des vapeurs dangereuses très-abondantes.

Quand on se sert de la dissolution de cuivre, il ne faut pas craindre de l'étendre, parce qu'une eau très-peu teintée suffit pour donner une coloration très-foncée.

### 3° *Teinture en jaune.*

La teinture en jaune se fait avec la *gaude*, les *graines jaunes*, le *bois jaune*, le *fustet*, la *gomme-gutte*, le *quercitron*, le *curcuma*, le *rocou*.

La GAUDE, appelée aussi VAUDE, est une plante herbacée, le *Reseda luteolensis* des botanistes, qui croît naturellement dans toute l'Europe, mais plus particulièrement dans les endroits sablonneux. Le principe colorant se trouve dans toutes ses parties; néanmoins, c'est dans les dernières feuilles et dans les enveloppes du fruit qu'il abonde le plus.

Les GRAINES JAUNES sont les baies non mûres et desséchées de plusieurs arbrisseaux, appelés *Nerpruns des teinturiers*, qui croissent dans le midi de la France, ainsi qu'en Espagne, en Turquie et en Grèce. Suivant les lieux qui les fournissent au commerce, on les appelle *graines d'Avignon*, *graines d'Espagne*, *graines de Perse*, *graines de Turquie*, *graines de Morée*.

Le BOIS JAUNE, appelé aussi MURIER DES TEINTURIERS, BOIS DE BRÉSIL JAUNE, est fourni par le tronc d'un arbre de la famille des Orties, le *Morus tinctoria* des botanistes, qu'on trouve au Brésil, au Mexique et dans l'archipel des Antilles, surtout à la Jamaïque, à Cuba et à Tabago.

Le FUSTET OU FUSTIC, appelé encore BOIS JAUNE DE HONGRIE, est le bois d'un arbrisseau du genre des Sumacs, qui croît aux Antilles et dans le midi de l'Europe.

La GOMME-GUTTE est une résine fournie par un arbre de la famille des Guttifères, le *Garcinia morella* des botanistes, qu'on trouve à Siam, à Ceylan et dans la presqu'île de Camboge.

Le QUERCITRON est l'écorce d'une grande espèce de Chêne, le *Quercus tinctoria* des botanistes, qui est propre à l'Amérique du Nord, et qu'on a introduit, sous le nom de *Chêne jaune*, depuis une quarantaine d'années, dans les forêts de plusieurs parties de l'Europe.

Le CURCUMA, OU SAFRAN DES INDES, est la racine d'une plante de l'Asie méridionale, le *Curcuma tinctoria* des botanistes. Le meilleur vient du Bengale.

Quant au ROCOU, nous en avons suffisamment parlé plus haut pour qu'il soit nécessaire d'y revenir ici.

La préparation des diverses teintures jaunes est très-simple et, sauf quelques exceptions, a lieu de la même manière.

On fait une décoction d'une ou plusieurs des substances ci-dessus, et l'on met infuser dans cette décoction le bois qu'on veut teindre. On met plus ou moins d'eau suivant que la nuance doit être plus ou moins foncée. Quand on opère avec la brosse ou l'éponge, on obtient le même résultat en multipliant le nombre des couches.

L'emploi de quelques matières nécessite des précautions particulières.

On donne du ton à la couleur produite par la *gaude* en mettant dans le bain un peu de soude ou d'oxyde de cuivre.

Dans la décoction de *bois jaune*, il faut ajouter un peu de colle-forte ou des rognures de peau de gants.

La *gomme-gutte* doit être dissoute dans l'essence de térébenthine, surtout si le bois à teindre est le Platane.

Le *rocou* doit être bouilli, pendant un quart-d'heure, avec une quantité égale de bonne potasse.

Quant au *curcuma*, il faut le dissoudre dans l'alcool, 60 grammes de matière par litre d'esprit.

Remarquons, en outre, qu'on donne promptement une teinte jaune au bois en répandant dessus de l'acide nitrique; mais, aussitôt qu'on a obtenu la nuance voulue, il faut laver avec de l'eau, sans quoi la couleur passerait au noir.

### 4° *Teinture verte.*

La manière la plus simple de préparer la teinture verte consiste à ajouter de l'épine-vinette ou de la gaude à une dissolution de tournesol ou d'indigo. On a également une belle couleur verte en faisant dissoudre du vert-de-gris broyé très-fin dans du vinaigre très-fort; on y ajoute du sulfate de fer, et l'on fait bouillir le tout, pendant un quart-d'heure, dans 2 litres d'eau. On peut aussi teindre d'abord en bleu, puis en jaune.

En général, on modifie les verts comme les autres couleurs composées, en proportionnant les couleurs simples constituantes à la teinte qu'on veut obtenir.

### 5° *Teinture noire.*

On connaît plus de quarante recettes pour teindre en noir. Les deux que nous allons donner peuvent suffire.

La première consiste à faire bouillir du bois d'Inde dans l'eau, et, quand la décoction a pris une couleur violette, à y ajouter un peu d'alun. Le bois teint avec cette préparation est violet. Pour le faire devenir noir, il suffit d'y passer une infusion de limaille de fer dans du vinaigre très-fort. On fonce de plus en plus la coloration en remettant une couche de bois d'Inde et une couche de dissolution de fer, et ainsi de suite alternativement, jusqu'à ce que l'on juge l'intensité suffisante.

Dans la seconde recette, on emploie les substances

qui entrent dans la fabrication de l'encre ordinaire à écrire, mais dans les proportions suivantes, en poids : noix de galle concassée, 15; bois d'Inde, 4; vert-de-gris, 2; sulfate de fer, 1. On fait bouillir le tout ensemble dans quantité suffisante d'eau, on filtre et l'on emploie. Cette teinture peut suffire si l'on en met plusieurs couches; mais elle est beaucoup plus intense si l'on passe par-dessus une infusion de fer dans le vinaigre.

### § 2.   DEUXIÈME MÉTHODE.

Dans cette méthode, il ne s'agit pas de donner au bois une couleur autre que celle qu'il tient de la nature; on veut simplement faire ressortir ou rendre plus variées ses couleurs naturelles. Ici donc, le bois ne doit pas être uniformément teinté; ce sont les accidents de son veinage qui doivent uniquement produire des accidents de coloration, en laissant des clairs là où la teinte du bois apparaît nue, pour faire contraste avec des teintes foncées dues à un changement de direction des fibres ligneuses.

Tous les bois ne sont pas propres à recevoir ce genre de teinture, et, parmi les bois qui s'y prêtent le mieux, toutes les parties d'une même pièce ne se comportent pas de la même manière. Il y a donc une grande attention à apporter quant au choix des bois qu'on veut teindre.

Le Hêtre, le Noyer, le Peuplier et, en général, tous les bois unis ne peuvent être teints par cette méthode : elle n'est applicable qu'à leurs loupes, à leurs racines, à celles de leurs parties où les fourches des mères-branches donnent lieu à des épanchements de séve, à des déviations des fibres ligneuses, à des contournements, à des entrelacements. Au contraire, le Frêne, l'Orme, le Châtaignier, l'Erable, l'Aulne, l'If, le Buis, quelques parties des Chênes centenaires, ainsi que quelques fruitiers, l'admettent parfaitement.

Les matières à employer sont en très-petit nombre; il n'y en a même que deux : l'acide nitrique et le vinaigre fort, le premier pour faire des solutions de cuivre, le second pour faire de l'acétate de fer.

Les effets qu'on obtient avec ces substances reposent sur la propriété que possèdent tous les bois d'être très-peu perméables quand ils présentent le fil, et d'être, au contraire, très-spongieux, lorsqu'ils présentent leur bout. Toutes les fois donc que, dans un bois quelconque, dressé au rabot ou autrement, il se rencontrera des surfaces où le fil se trouvera alternativement uni et tranché, on sera sûr d'obtenir des effets de couleur et de lumière excessivement variés, l'acide ne pouvant s'introduire et produire son action que dans les places où le bois sera tranché, et pénétrant d'autant plus que les fibres seront plus tranchées, c'est-à-dire dans une position se rapprochant davantage de la perpendiculaire au fil uni.

En terminant, nous allons dire comment on peut préparer un acétate de fer d'excellente qualité.

On prend de la boue de meule de taillandier, la plus fraîche possible, c'est-à-dire encore verte et non oxydée : celle qui se trouve au fond de l'eau est préférable. On laisse cette boue se bien égoutter, puis on la met dans une jatte ou petite terrine, et l'on verse dessus une quantité suffisante de fort vinaigre pour qu'elle en soit recouverte d'une couche de 2 centimètres. On abandonne le tout sans l'agiter. Une effervescence plus ou moins vive ne tarde pas à se produire ; elle se manifeste à la surface de la liqueur. Quand elle est terminée, ce qu'indique l'affaissement de l'écume, on décante la liqueur et on la met dans un flacon qu'on bouche avec soin. Cette préparation, qu'on marque n° 1, sert à teindre en vert. On verse de nouveau du vinaigre dans la terrine, on remue un peu le mélange, on le laisse à lui-même toute une nuit, et on décante le lendemain la liqueur pour la mettre dans un flacon coté n° 2. Cette seconde préparation donne une teinte plus foncée que la précédente et colore en roux. Enfin, on verse une troisième fois du vinaigre sur la boue de meule, mais en y ajoutant un peu de sel de cuisine et d'acide nitrique, on remue bien le tout, et l'on expose la terrine, pendant une nuit entière ou un jour entier, sur une fenêtre ou dans un grenier, après l'avoir recouverte d'une planche pour que la poussière ne puisse y pénétrer. L'évaporation réduisant le liquide, il se forme sur les parois du vase des croûtes jaune-rouge, qu'on fait tomber dans la terrine. On verse alors d'autre vinaigre sur la boue, on le laisse réduire un peu, et enfin on le décante et le renferme dans un flacon coté n° 3. Cette troisième préparation teint le bois en brun fauve.

Nous avons vu que l'acide nitrique sert à faire des solutions de cuivre. Nous avons dit plus haut comment ces liqueurs se préparent.

# CINQUIÈME PARTIE
## TRAVAUX DE MENUISERIE.

La menuiserie en bâtiments comprend tous les ouvrages de bois qui tiennent aux murs ou qui appartiennent au propriétaire de la maison. Elle se divise en deux branches : la *menuiserie dormante* et la *menuiserie mobile*.

Par MENUISERIE DORMANTE, on entend les pièces qui se posent à demeure, telles que les *planchers*, les *parquets*, les *lambris*, les *alcôves*, les *cloisons*, les *escaliers*, les *devantures de boutique*, et les divers travaux de la menuiserie d'église, *lambris* et *stalles de chœur*, *armoires de sacristie*, *chapiers*, *confessionnaux*, *chaires à prêcher*, *autels*, *rétables*, etc.

La MENUISERIE MOBILE comprend les divers ouvrages qui sont destinés à exécuter certains mouvements sur place, tels que les *portes*, les *croisées*, les *volets*, les *persiennes*, les *jalousies*, etc.

## PREMIÈRE SECTION
### MENUISERIE DORMANTE.

## CHAPITRE PREMIER.
### Planchers et Parquets.

Les ouvriers chargés d'établir les planchers et les parquets, plus particulièrement ces derniers, emploient, pour effectuer les assemblages, quelques outils spéciaux, tels que les BOUVETS DE FRISEURS OU RAINEURS DE PARQUET (fig. CXXXVIII), les BOUVETS DE PAR-

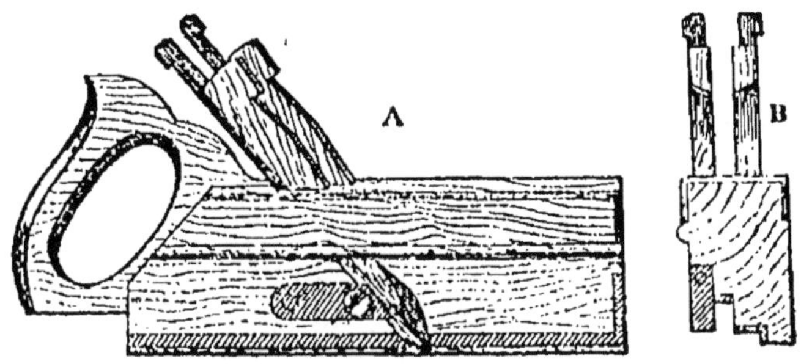

Fig. CXXXVIII.

QUÊTEURS OU POSEURS DE PARQUET (fig. CXXXIX), les

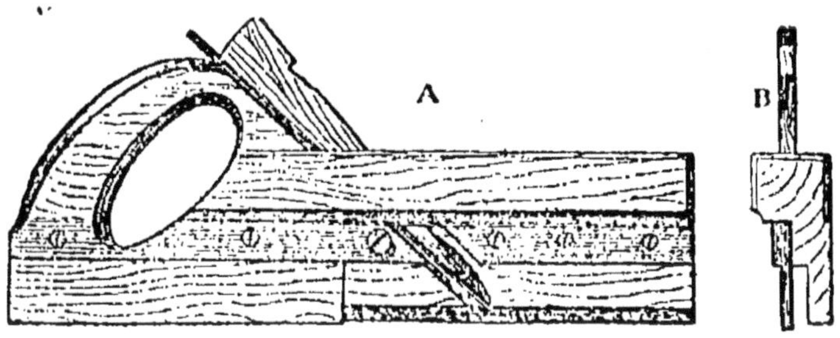

Fig. CXXXIX.

FEUILLERETS DE PARQUETEURS, etc. Ces outils ne diffèrent de ceux de même nom, dont nous avons parlé ailleurs, que par quelques dispositions de détail, surtout par la forme des fers.

## §11.   PLANCHERS.

Les PLANCHERS sont les ouvrages les plus simples du menuisier en bâtiments. Ce sont des assemblages jointifs de planches de chêne ou de sapin, corroyées avec plus ou moins de soin, réunies longitudinalement à rainures et languettes, et placées, soit sur des lambourdes, soit directement sur les solives.

Disons d'abord comment on doit s'y prendre pour établir un travail de ce genre.

### 1° *Planchers ordinaires.*

Après que le charpentier a placé, pendant la construction, les poutres qui doivent supporter le plancher, et qu'il a équarries à la cognée et terminées à la bisaiguë, le menuisier vient à son tour creuser, dans la surface supérieure de ces poutres, des entailles de $0^m.081$ de longueur sur $0^m.081$ de largeur environ, espacées de $0^m.16$ à peu près, et taillées de telle sorte que celles d'une poutre soient parfaitement en face de celles de l'autre.

Dans ces entailles, il pose des solives ou pièces de bois de $0^m.081$ d'équarrissage, allant d'une poutre à l'autre, et reposant dans une entaille par chaque bout. Cette dimension des solives n'est pas toujours bien fixe; quelquefois, elles n'ont que $0^m.054$ de hauteur, quand on ne veut pas faire le plancher trop pesant et qu'il s'agit du plancher des étages supérieurs. D'autres fois, on leur donne $0^m.108$ de haut, et même $0^m.162$ sur $0^m.108$ de large, quand c'est le plancher de grandes pièces et qu'il peut être très-chargé, ou encore quand on travaille au rez-de-chaussée, dans des endroits humides, et qu'il devient nécessaire de s'élever au-dessus du sol.

Cela fait, on recouvre les solives avec des planches jetées transversalement sur elles, dressées, corroyées, posées à plat l'une à côté de l'autre et assemblées longitudinalement à rainures et languettes. Ces planches ont de $0^m.034$ à $0^m.041$ d'épaisseur. On les fixe sur les solives avec des clous à tête plate ou avec des clous sans tête. Nous ne conseillerous pas de faire, comme on le pratique quelquefois, de petites mortaises dans lesquelles se cache la tête du clou et qu'on remplit ensuite en y collant de petits morceaux rapportés à bois de fil. Il vaut beaucoup mieux, pour ne pas perdre autant de temps, employer des clous à petites têtes. Quand on frappe un peu fort, elles entrent dans le bois et s'y cachent entièrement. Les morceaux rapportés, outre qu'ils sont longs à faire, ne tiennent jamais bien solidement, se détachent à la longue, et le plancher est couvert de creux.

### 2° *Planchers à frises.*

Au lieu d'employer des planches entières, c'est-à-dire ayant toute leur largeur, on se sert souvent de planches refendues qu'on appelle *frises* ou *alaises*, et qui ont de 0$^m$.08 à 0$^m$.11 de largeur. Cette méthode est préférable à la première, parce que plus le bois est étroit, moins il est sujet à travailler. En outre, les rainures et les languettes étant plus nombreuses et plus rapprochées, il en résulte une plus grande solidité pour l'ouvrage. Ce sont les planchers ainsi disposés qu'on nomme *planchers à frises;* mais on conçoit qu'ils consomment plus de bois que les autres, et qu'ils donnent lieu à plus de main-d'œuvre.

Quand les planches ou alaises ont la même longueur que la chambre à planchéier, on les place à côté les unes des autres, c'est-à-dire parallèlement. On fait alors un *plancher à l'anglaise.* Lorsqu'elles ont une moindre longueur, on les rejoint bout à bout au moyen de rainures et de languettes, en ayant soin de faire porter chacune de leurs extrémités au milieu d'une lambourde.

### § 2.  PARQUETS.

Les PARQUETS se distinguent des planchers proprement dits par le soin, toujours plus grand, qu'on apporte à leur établissement, et surtout par le mode d'assemblage de leurs différentes parties. Ils se composent toujours de pièces de petites dimensions, ce qui leur donne une très-grande solidité, parce que, ainsi que nous le savons, plus les bois ont de faibles dimensions, moins ils sont sensibles aux effets produits par les variations de température.

On distingue deux espèces de parquets : le *parquet à frises* et le *parquet d'assemblage*. Elles reposent l'une et l'autre sur des lambourdes jetées sur le plancher, qu'on a d'abord revêtu d'une aire de plâtre. Quelquefois, on ne met de plâtre que dans l'entre-deux des lambourdes, de manière qu'il y en ait une plus grande épaisseur le long de ces pièces de bois, ce qui les maintient plus solidement. Quelquefois, enfin, le parquet repose à plat sur le plancher. Quand on emploie des lambourdes, il faut qu'elles croisent les solives.

### 1° *Parquet à frises.*

Le PARQUET A FRISES est composé de planches étroites, bien corroyées, larges de 0$^m$.081 à 0$^m$.108, longues de 0$^m$.487 à 0$^m$.650, et jointes ensemble à rainures et à languettes. Ces planches, qu'on nomme *frises* ou *alaises*, ne sont point placées transversalement aux lambourdes et perpendiculairement à leur longueur, mais obliquement. De cette manière, elles sont coupées d'onglet à leurs extrémités, et forment deux à deux un angle droit, dont le sommet est au milieu de la lambourde; ôn sorte qu'une rangée d'alaises présente une ligne brisée dont toutes les parties, d'égale longueur, constituent une suite d'angles droits alternativement rentrants et saillants (fig. 15 et 16, pl. 11).

On cloue le bout des alaises sur les lambourdes, de façon que leur extrémité, coupée d'onglet, soit parallèle avec les faces de la lambourde, et pour cela on commence par tirer une ligne sur le milieu de la face supérieure.

On conçoit qu'en variant, dans la direction des planches, deux rangs qui se touchent, on peut obtenir des effets très-agréables. On peut aussi employer alternativement, pour chaque rangée d'alaises, des bois de diverses nuances, par exemple, faire une rangée d'alaises de chêne, puis une de merisier, puis une troisième de noyer, et ainsi de suite.

Ce genre de parquet est très-élégant et très-simple, puisqu'il est formé uniquement de planches étroites disposées l'une à côté de l'autre en forme de lignes brisées. On sent que deux des côtés de ce parquet, hérissés d'angles droits, ne peuvent s'appliquer exactement à la muraille. Il y a là des vides en forme de triangle rectangle qu'on remplit avec des alaises de même largeur, mais plus courtes, taillées de forme convenable à leurs extrémités, et fixées dans une position parallèle aux premières.

Le parquet à frises se nomme aussi *parquet à bâtons rompus* ou *parquet sans fin*. Les figures 16 et 17 (pl. 11) représentent les dispositions qu'on lui donne pour faire ce qu'on appelle *parquet à point de Hon-*

*grie* (fig. 16) et *parquet à point de Hongrie retourné* (fig. 17).

### 2° *Parquet d'assemblage.*

Le PARQUET D'ASSEMBLAGE est formé de pièces de bois assemblées à tenons et à mortaises. Il se fait par sections ou *feuilles* carrées, qui ont depuis 0$^m$.97 jusqu'à 1$^m$.46, suivant la grandeur des appartements. Ces feuilles se composent de bâtis et de panneaux arasés. L'épaisseur de ces différentes pièces varie depuis 0$^m$.027 jusqu'à 0$^m$.054.

Il existe deux manières de placer les feuilles sur les lambourdes. L'une consiste à mettre les côtés des feuilles parallèlement à ceux de la chambre : c'est ce qu'on nomme *parquet carré*. Suivant l'autre, on présente les feuilles par les angles, c'est-à-dire on met leur diagonale parallèlement aux murs : c'est ce qu'on appelle *parquet losange*.

Dans tous les cas, on commence le parquet par marquer le milieu du plancher, et y poser la première feuille, à la suite de laquelle on établit toutes les autres. Néanmoins, s'il y a une cheminée dans la pièce, on éloigne ou l'on rapproche un peu la première feuille, de telle sorte que la rangée qui aboutit à cette cheminée finisse juste par une feuille entière ou par une demi-feuille.

Ordinairement, on met tout autour de l'appartement, le long des murs, des pièces de bois longues et étroites, que l'on appelle *frises courantes*. Elles forment une espèce d'encadrement dans lequel les feuilles du parquet entrent à rainures et à languettes, ce qui rend l'ouvrage bien plus solide. Quand on juge à propos de ne pas en placer autour de la chambre, il faut toujours en mettre au-devant de la cheminée, et entourer le marbre ou la pierre placée au-devant de l'âtre, par un encadrement d'une largeur égale à celle des bois du parquet, et dans les parois duquel les feuilles s'assemblent à rainure et à languette.

Ainsi que nous l'avons déjà dit, chaque feuille est composée de bâtis ou montants dans lesquels s'assemblent des panneaux; mais il est impossible de décrire les combinaisons variées, les formes multipliées qu'on donne à ces assemblages, qui dépendent entièrement du caprice de la mode. Dans les parquets, tout est affaire de goût et d'imitation, et l'habile ouvrier ne sera jamais embarrassé. Aussi nous bornerons-nous à donner quelques modèles (fig. 18, 19, 20, 21, pl. 11) qui l'aideront non-seulement à imiter différents genres, mais encore le conduiront à en inventer de nouveaux.

Un parquet devient quelquefois un véritable ouvrage de marqueterie (fig. 14, pl. 11), dans lequel on fait figurer des bois variés, et souvent même des bois teints imitant les bois exotiques. On emploie quelquefois avec bonheur les teintes diverses du même bois, et nous avons vu un parquet de sapin rouge qui en offrait de très-heureux exemples. Et, par parenthèse, puisque nous sommes amené à parler de l'usage d'un tel bois pour parquet, nous rappellerons la difficulté avec laquelle il prend la cire, et l'odeur de térébenthine qu'il exhale communément.

Nous ferons remarquer que, même quand on exécute un parquet d'une extrême simplicité, serait-ce un parquet à frises, il est bon de se ménager, au milieu, un espace convenable pour faire une rosace ou une étoile. Quelque simple que soit le dessin, il a toujours l'avantage de rompre, d'une manière agréable, la monotone uniformité de l'ouvrage.

Nous savons que c'est à rainures et à languettes que les feuilles de parquet sont jointes ensemble. D'ordinaire, on emploie, pour les faire, du merrain, espèce de bois d'échantillon qui a été fendu et non débité à la scie. Comme ses fibres sont bien entières, il a plus de force et soutient mieux les fardeaux.

Comme les planchers, les parquets doivent être fixés sur les lambourdes avec des pointes sans têtes ou du moins à têtes très-petites.

### 3° *Parquets divers.*

Le nombre de systèmes de parquets qu'on a inventés est très-considérable. Nous nous bornerons à en décrire quelques-uns, en laissant le plus souvent la parole à ceux qui les ont proposés.

#### 1. *Parquet losange* PETIT.

« La combinaison de l'assemblage des bois dans les parquets n'a pas, jusqu'à présent, été faite de manière à opposer le travers du fil du bois. De l'absence de cette disposition résulte souvent un coffinement produit dans la partie du parquet où les clous ne l'assujettissent pas sur les lambourdes, et les parties clouées se fendent quelquefois, attendu que les morceaux qui s'assemblent entre eux, travaillant dans le même sens, ne se prêtent mutuellement aucun appui.

« La main-d'œuvre des parquets en usage jusqu'à présent offre aussi des inconvénients dans la longueur des opérations de taille et de pose. Le système de parquet présenté ici permet de poser en deux jours la même superficie pour laquelle on en emploie quatre ordinairement.

« Enfin, l'on n'a pu jusqu'à présent poser des parquets sur des aires ou sur des carreaux, attendu la nécessité de les assujettir en clouant les feuilles sur des lambourdes. Cet obstacle cesse par l'emploi de ce nouveau parquet.

« Tels sont les principaux avantages que présente le parquet à losanges dont il est question, outre que, malgré les différents dessins qu'on peut obtenir par la combinaison du losange, le prix sera le même que celui d'un parquet en point de Hongrie, et de beaucoup moindre que celui dit à *compartiments*.

« L'invention de ce parquet repose sur une idée à laquelle aboutissent tous les avantages qui viennent d'être signalés. En effet, il ne s'agit ici que de l'unique figure du *losange non encore employé seul dans la confection d'un parquet*.

« L'assemblage de trois morceaux de cette figure représente un hexagone, et c'est en feuilles composées de ces trois morceaux que se posera ce parquet dans beaucoup de cas, afin d'éviter la longueur du travail sur place. Ces trois losanges, assemblées à rainures et à languettes comme les autres parquets, collés ou non, et formant, comme on vient de le dire, un hexagone, donnent toutefois la possibilité de varier les dessins, soit par le sens dans lequel les losanges sont placés, soit par la variété de couleurs des bois. La variété de dessins s'opérera de même par l'emploi des losanges non assemblés en hexagone.

« Il est facile de concevoir que, par l'assemblage des losanges entre eux, le bois de travers étant opposé au bois de fil, il en résulte une solidarité mutuelle qui empêche le travail du bois et diminue le retrait. Cette solidarité, en maintenant le parquet dans une uniformité d'aplomb), permet de le poser, au besoin, sur l'aire ou sur le carreau sans le secours de lambourdes ni de clous. L'avantage de poser ce parquet sur carreau est tout en faveur du locataire qui en ferait les frais et qui pourrait conséquemment l'enlever. Le propriétaire pourra le faire poser sur lambourdes comme les autres parquets. »

### 2. *Parquet* RAYMOND.

« Pour construire ce parquet, on fixe sur lambourdes une coulisse à double rainure, qui reçoit et tient à bois de travers, au moyen de languettes, des panneaux de différentes coupes et dimensions.

« Une fois ce parquet posé, on peut faire glisser de tous côtés les panneaux mis en travers, et par ce moyen on obtient le rapprochement des joints de tout ou partie d'un parquet.

« On peut appliquer le procédé à la fabrication des parquets mosaïques en variant les différents bois employés, puisqu'il suffit, pour que le parquet ait toute la solidité nécessaire, de prendre des morceaux de bois de très-petite dimension et seulement de 2 centimètres d'épaisseur. »

### 3. *Parquet sans lambourdes* MAZEROLLE.

« Ce parquetage est créé par parties carrées ou de toute autre forme, ayant 20 à 30 centim. au moins et 1 mètre au plus. Il est formé en superposant des planches en bois dur ou tendre les unes sur les autres, suivant leur destination; la superposition a lieu en plaçant toujours une pièce en long sur une en travers, et *vice versâ*, jusqu'à ce que l'épaisseur fixée par la demande soit atteinte. Ceux des carreaux destinés à être placés à nu sur l'aire d'un rez-de-chaussée sont revêtus d'une couche en matière combinée et destinée à empêcher l'action de l'humidité. Cette matière est composée suivant le degré apprécié de l'humidité qu'elle doit annuler : pour la plus considérable, un quart de bitume de Seyssel, un quart de plâtre, un quart de son de sciage, et un quart de charbon de forge tamisé. La proportion est d'un huitième de chacune de ces matières indiquées et d'une égale quantité de sable sec et tamisé. Entre ces deux extrémités, les mélanges s'opèrent suivant la destination des lieux du placement. Il est surabondant de dire que la couche anti-humide est adhérente à la première pièce du parquet, et elle y est maintenue et solidifiée à l'aide de barrettes, rappointis, lattages, suivant l'épaisseur de la couche à y adapter.

« Le parquet peut être aussi placé sur les solives à nu et sur l'aire du plancher. Dans l'un et l'autre cas, il est fixé et solidifié par le moyen d'une vis de rappel dont la tête reste invisible, et qui prend son point d'appui et d'attraction dans un morceau de bois carré long, cloué sur le solivage ou fixé dans l'aire sur bardeau ou autrement. Enfin le parquet, dont nous parlons, admet tant de formes dans sa confection et dans sa pose, qu'il peut être loué à temps, et, dans ce cas, être placé avec adhérence complète, sur un carrelage ordinaire, sur de vieux parquets, même sur une simple aire en planches de bois ou de sapin. Ainsi posé, il peut être enlevé et replacé, sans détérioration, en faisant une faible dépense, et comme il peut être confectionné en toute espèce de bois, il est facile d'augmenter à peu de frais le luxe d'un appartement.

« Malgré tous les avantages signalés, le parquet

dont il s'agit peut être placé et mis en place à 25 p. 100 au-dessous des cours actuels. Les parquets mosaïques et de fantaisie peuvent l'être à 48 pour 100 au-dessous des prix de ceux qui s'exécutent en ce genre par les anciens procédés.

« La confection s'exécute par l'emploi du tour ordinaire, des scies mécaniques en usage, et à l'aide de roues droites, employées comme moteurs des scies spéciales, servant à découper et à évider les bois, à creuser les rainures, préparer le placement des vis destinées à joindre et solidifier les carreaux à leur point de réunion. Le superposage des pièces de bois employées a lieu en plaçant une pièce en long sur une en travers, et leur réunion se fixe par l'emploi de la colle-forte des ébénistes, à laquelle on ajoute un sixième d'un acide obtenu par la décomposition de l'ail, qui a l'avantage d'opérer une attraction supérieure à toute pression et de se sécher instantanément. »

4. *Système* LINSTER.

Ce système consiste à établir, par procédés mécaniques, les parquets avec de petits panneaux d'environ $0^m.013$ d'épaisseur, sur à peu près $0^m.11$ de largeur et environ $0^m.15$ de longueur ; mais rien n'empêche de leur donner, si on le désire, de moindres ou de plus grandes dimensions.

« Ces panneaux sont presque toujours taillés ou coupés en losange et portent sur chaque bois debout une languette qui occupe deux moitiés de coulisse, présentant chacune à peu près $0^m.025$ de largeur sur environ $0^m.034$ d'épaisseur. Ainsi, d'après cela, quand la rainure qui reçoit les panneaux est établie, elle laisse en-dessus une joue de $0^m.009$, c'est-à-dire une joue aussi forte que celle de tous les autres parquets, et la joue inférieure, celle qui reste en-dessous, porte $0^m.021$ de hauteur, force notable, nécessaire, qu'il importe d'avoir dans les parquets, et qu'on ne remarque cependant dans aucun de ceux que l'on a faits jusqu'à présent.

« Ces deux moitiés de coulisse se joignent au moyen d'une double languette, c'est-à-dire d'une languette à double but ou emploi qui les embrève ; les fils du bois n'étant pas les mêmes, cela fait l'effet d'un poitrail de maison, que l'on scie en deux pour obtenir plus de force et de résistance.

« Comme chacune de ces demi-coulisses porte une petite feuillure, on conçoit que, étant assemblées, elles forment une rainure dans laquelle il devient facile d'adapter ou d'incruster un filet en bois des îles ou autre, d'une couleur quelconque, destiné à recouvrir le joint et à orner le parquet, soit isolément, soit avec combinaison.

« Si le bois vient à travailler, et que quelques joints bâillent ou s'entr'ouvrent, il suffit de substituer aux premiers filets, dont la largeur est devenue insuffisante, d'autres filets plus larges, ce qui se fait avec une grande facilité en fort peu de temps, et la présence de ceux-ci, disposés comme les précédents, a pour effet immédiat de resserrer convenablement les joints à bois debout des panneaux.

« Les panneaux, n'étant nullement cloués ni rainés sur les bois de fil, empêchent la poussière de s'y introduire, d'y séjourner ; et, à l'aide de cette disposition, on peut, quand le bois a travaillé, s'est retiré, les faire glisser dans leur coulisse, ce qui permet de resserrer promptement, commodément, sans aucune dépose, et, par conséquent à peu de frais, tous les joints qui ont souffert de l'action du retrait du bois.

« On voit que ce nouveau système de parqueterie offre, sur tous ses analogues, divers avantages aussi importants qu'incontestables.

« 1° Il permet de monter, à l'atelier, le parquet par bandes d'environ $0^m.2$ de largeur sur des longueurs égales à toutes celles des divers locaux auxquels on les destine, avantage que l'on obtient en clouant de petites barrettes en dessous d'une moitié de coulisse à l'autre, et par là, tout en augmentant la solidité du parquet, on en facilite et on en accélère la pose ; car il est ensuite extrêmement commode de clouer chaque coulisse sur les lambourdes.

« 2° Il permet d'avoir toujours, sans dépose et sans inconvénient, un parquet bien joint, bien droit, solide, élégant, en un mot dans toutes les meilleures conditions.

« 3° Enfin il est tel, qu'on peut l'établir à un cinquième meilleur marché que le parquet dit à *point de Hongrie*, bien que le prix de celui-ci soit déjà notablement modéré. Les figures 9 et 10 de la planche II donnent une idée de cette construction. »

*Parquet économique* ANIEL.

« Avant de décrire les moyens employés pour obtenir ce parquet, nous croyons nécessaire de faire connaître la manière dont on procède pour le parquet ordinaire que nous nous proposons de remplacer avec avantage et économie.

« Le parquet ordinaire, dit *parquet de Hongrie*, est fait avec des frises ou bandes de chêne qu'on obtient en coupant en deux une planche de $0^m.027$ d'épaisseur, sur $0^m.243$ de large ; laquelle planche a été prise dans un arbre d'un diamètre de $0^m.243$ à $0^m.270$, scié perpendiculairement, c'est-à-dire par tranches parallèles dans toute sa largeur. Ce bois ainsi débité, sans égard à la maille, en raison du petit diamètre de l'arbre, ne présente à sa surface qu'un aspect peu agréable et offre de grandes difficultés pour le travail, à cause de son irrégularité de sciage.

« Pour débiter en planches dites entrevous, on équarrit l'arbre et on scie en planches de $0^m.027$ d'épaisseur, de manière à faire autant d'épaisseurs parallèles qu'il se trouve d'épaisseurs dans le diamètre.

« Par exemple, l'arbre d'un diamètre de $0^m.324$, réduit au sixième, donne $0^m.027$ d'épaisseur sur $0^m.216$ de large.

« Le parquet dont il s'agit procure un sixième de bénéfice et s'obtient de la manière suivante :

« Lorsque l'arbre est équarri, nous le scions en madriers de la largeur des frises que nous voulons avoir : par exemple, si l'arbre tout équarri porte $0^m.216$, et qu'il nous faille des frises de $0^m.107$, nous le coupons en deux, et s'il a $0^m.324$, nous le scions en trois, de manière à avoir toujours des madriers de l'épaisseur de l'arbre.

« Les figures 11, 12 et 13 de la planche II représentent le madrier, qui a $0^m.216$. Nous le divisons en parties inégales ayant toutes $0^m.027$ de haut et $0^m.018$ du bas, de manière à prendre deux épaisseurs dans $0^m.035$.

« Chacune de ces épaisseurs a $0^m.027$ de côté, ce qui nous donne, dans un diamètre de $0^m.216$, dix épaisseurs au lieu de huit, c'est-à-dire dix planches.

« Il en résulte des planches qui ont $0^m.107$ de large,

par conséquent réduites en frises, et qui n'ont plus qu'à être rainées pour former du parquet, dont le travail se fait de la même manière que le parquet ordinaire, avec 0^m.009 de rainure et languette, et autant de joue, laquelle vient s'appuyer sur la partie de 0^m.027 que porte la lambourde.

« Ainsi que nous l'avons dit plus haut, ce parquet, plus économique que l'autre, et d'un bois beaucoup plus beau, a autant de solidité que celui fait en toute épaisseur, auquel on enlève souvent, à coups de hache, une partie pour hâter le travail, cette partie n'étant utile à rien, puisqu'à côté se trouve un point d'appui plus que suffisant pour résister à la force qu'on peut faire peser sur la surface du parquet. »

### 6. *Parquet* HAUMONT.

« M. Haumont est parvenu à éloigner ou à rapprocher les feuilles de parquet entre elles, alors que les variations atmosphériques les font se dilater ou se resserrer, par un moyen mécanique qui supplée à la main de l'homme pour effectuer cet éloignement ou ce rapprochement.

« Ce moyen consiste dans l'emploi de ressorts interposés entre le mur et le parquet, lesquels tendent à serrer constamment les feuilles ou les plats-bords, comme aussi à permettre la dilatation du bois sans boursoufflure, puisque ces ressorts prêtent sous l'action d'extension de surface, pour ainsi dire; de même que, en rapprochant les unes des autres toutes les joues que la sécheresse fait retirer, ils évitent l'écartement ou la disjonction sans qu'il soit besoin, dans l'un ou l'autre cas, de la main de l'homme pour les éloigner ou les rapprocher.

« Nous allons présenter et décrire un mode d'exécution de ces perfectionnements joints à d'autres exemples qui ont rapport au système de mobilité. Les mêmes lettres indiquent les mêmes pièces dans toutes les figures (pl. 11).

« Fig. 29, vue, en plan, d'un parquet. Cette figure laisse voir les ressorts de pression destinés à remplacer la main de l'ouvrier pour le rapprochement des feuilles ou planches. Ces ressorts doivent être cachés par la pierre dite *antibois*.

« Fig. 30, coupe du parquet avec l'antibois P cachant les ressorts M, ainsi que l'extrémité des feuilles du parquet.

« Fig. 22, armature liant les feuilles aux lambourdes pour la partie du parquet formant milieu, c'est-à-dire dont le mouvement n'est que dans un sens.

« Fig. 24, armature semblable, quant à son effet, mais différente d'exécution.

« Fig. 25, armature liant le parquet aux lambourdes pour les parties autres que celles du milieu, et qui doivent se mouvoir horizontalement dans tous les sens.

« Ce sont ces armatures que l'on voit en $x\,x$, fig. 29.

« Fig. 31, M, ressorts de tension ou de rapprochement des feuilles, que l'on place à l'entour et cachés par l'antibois. Ces ressorts sont établis selon la dimension du parquet, à l'égard de leur force ou de leur nature comme ressorts, de même qu'on pourrait les placer dans d'autres positions, soit, par exemple, sous le parquet, avec un mode convenable d'ajustement et d'action sur les feuilles du parquet, et même les multiplier au besoin.

« A (fig. 22, 24, 25), parquet dont les feuilles sont

mobiles horizontalement dans tous les sens. Par leur assemblage et leur mode de liaison aux lambourdes, la partie formant milieu d'A B à A D est seule susceptible de se mouvoir d'A E à A K, et *vice versâ*, mais non dans l'autre sens où elle est fixe et sert de point de centre à toutes les autres feuilles, qui s'en écartent par le gonflement du bois, et s'en approchent par le retrait au moyen des ressorts *a* et de la languette de liaison entre elles.

« B, lambourdes posées en travers sur les solives, auxquelles elles sont fixées avec des vis remplaçant le scellement en plâtre.

« *c c* (fig. 22, 26), platine dont une partie est entaillée dans la lambourde à laquelle elle est fixée avec une vis; à l'autre partie est pratiquée une entaille destinée à servir au mode de réunion et de coulisse de la lambourde, par rapport à la feuille.

« En *s* est une partie saillante en dehors de l'épaisseur de la lambourde, et dont l'entaille est destinée à servir de repère pour faciliter la pose de la feuille sur la lambourde, par rapport à la jonction des pièces composant l'armature.

« D (fig. 22), broche dont la partie *z* est en vis à bois entrant dans la feuille du parquet, et celle *d* en vis à boulon, pour recevoir l'écrou de serrage E de la platine contre la feuille.

« Cette broche qui traverse l'entaille de la platine *c c*, sert de conducteur de la feuille sur la lambourde, laquelle glisse pour ainsi dire sur elle lorsqu'elle reçoit les diverses influences atmosphériques.

« E, écrou à oreille vissé à la partie *d* de la broche D, et servant à relier et fixer verticalement la feuille à la lambourde.

« F (fig. 24), platine fixée avec vis à la feuille du parquet, et portant un boulon *e* devant servir de guide à la feuille mobile.

G, équerre de réunion de la feuille à la lambourde. La branche *g* est fixée, avec vis, à la lambourde, et présente un évidement allongé *f* (fig. 23) où vient se placer le boulon *e* qui s'appuie sur la platine contre laquelle elle est fortement retenue verticalement par l'écrou à oreille *g'*, semblable au précédent et qui se visse au taraud du boulon *e*, tandis que, dans le sens horizontal, le boulon que porte la platine, fixé à la feuille et qui manœuvre dans le trou allongé, permet à la feuille d'avancer ou de reculer, selon la variation atmosphérique, par le moyen de cet ajustement mobile dans le sens horizontal.

« H (fig. 25), broche semblable à celle D, quant à ses deux parties *d d'*, et portant au milieu de sa longueur un carré *h* servant à maintenir l'écartement convenable de la rondelle que porte cette broche, laquelle rondelle sert de conducteur et de moyen de liaison verticale de la feuille à la lambourde, conjointement avec la pièce qui porte cette dernière.

« J (fig. 25, 28), rondelle allongée en cuivre, percée partie par la broche H qui traverse le trou *i*, et maintenue contre la partie *h* par l'écrou à oreille K.

« L (fig. 25), triangle incrusté à fleur dans la lambourde, présentant une saillie sur laquelle vient s'appuyer la rondelle J qui glisse sur lui, soit dans un sens, soit dans un autre; il en résulte que ce mode de réunion ou d'assemblage mobile de la feuille du parquet à la lambourde présente, outre la condition d'assemblage fixe dans le sens vertical, la double condition d'assemblage mobile horizontal dans les deux sens.

« M (fig. 31), ressort bandé par une vis qui le traverse au centre par un trou taraudé, et dont les extrémités E s'appuient contre l'épaisseur des feuilles de parquet ou de la frise.

N, vis au moyen de laquelle on tend ou détend, au besoin, le ressort M, en tournant avec une clef la tête de la vis qui fait pression contre les murs de l'appartement, et dont une partie manœuvre dans une crapaudine placée dans le mur ou dans une partie rapportée en fer.

P (fig. 30), antibois ou frise saillante sur le parquet à l'entour duquel elle est placée pour cacher les ressorts M et le vide laissé par la non-jonction des feuilles contre le mur pour leur laisser le jeu libre.

« La description qui précède fait assez comprendre et le but et l'effet de ces procédés, comme aussi la possibilité de varier à l'infini leur application par des moyens différents, comme construction, mais semblables en principe. Nous terminerons par le résumé des bases et de l'essence de cette invention, l'idée nouvelle, enfin, qui y a donné naissance.

« Fixer aux solives les lambourdes au moyen de vis en remplacement des scellements ou augets en plâtre, ce qui, en évitant l'humidité provenant de l'emploi du plâtre, fait disparaître une des causes de la disjonction des feuilles des parquets, des planchers ou des plats-bords.

« Remplacer la fixité ou le clouage des feuilles entre elles, et de celles-ci aux lambourdes, par un assemblage mobile dans le sens horizontal, au moyen d'une liaison à coulisse ou à conducteur de ces feuilles aux lambourdes, par l'emploi d'agents qui, tout en les reliant et les maintenant dans le sens vertical, permettent et facilitent même le jeu horizontal des feuilles sur ces lambourdes, pour leur bien donner la possibilité de se dilater sans occasionner des boursouf- flures, et de se rapprocher en cas de rétraction du bois, résultat obtenu par le jeu libre des agents de réunion dans le sens horizontal.

« Employés pour maintenir le rapprochement des feuilles, les ressorts tendent constamment à effectuer ce rapprochement, et évitent les disjonctions sans que la main de l'homme soit nécessaire pour obtenir ce résultat, et, par contre, permettent au bois qui se dilate par l'humidité d'augmenter de surface sans oc- casionner de boursoufflures; ils cèdent à cette action d'extension sur laquelle leur force proportionnelle est calculée.

« Frise autour du parquet et en saillie sur lui-même qui sert, d'une part, à masquer les ressorts de ten- sion, et, d'autre part, à cacher le vide nécessaire au jeu des feuilles, dont les extrémités glissent sous cette pièce. »

### 7. *Outil de menuisier appliqué aux parquets,* par M. KLATZ.

« La principale difficulté à résoudre, en menuiserie, par les moyens connus jusqu'à ce jour est, sans con- tredit, de pouvoir faire un certain nombre de figures rectilignes parfaitement égales. Cette difficulté se fai- sait surtout sentir dans l'assemblage de petites figures qui, n'étant pas entièrement régulières, produisaient un ensemble qui l'était encore moins, en ce que, si une feuille de parquet, panneaux ou lambrissage, est

composée, par exemple, de trente-deux triangles rectangles, et que les angles de tous ces triangles ne
soient pas parfaitement droits et les côtés parfaitement égaux, la figure totale ne pourra former un
carré parfait. De là des tâtonnements, des pertes de
temps et un travail imparfait.

«Par ce nouveau procédé, quel que soit le nombre
des compartiments d'une figure, soit panneaux, parquets, etc., chaque compartiment étant parfaitement
égal aux autres, tant pour les angles que pour les
côtés, on arrive à un tout également régulier avec
une exécution facile, parfaite, solide, moins dispendieuse, en même temps que les languettes restent at-
tenantes à la pièce de bois et n'ont pas besoin d'être
rapportées selon l'ancien mode.

« Ce procédé donne une économie de temps sur la
main d'œuvre d'un quart sur les moyens ordinaires,
et est applicable à toutes les natures de bois sans exception.

« L'appareil mécanique se compose d'un chevalet
formé, d'un côté, par un bâti en bois contre lequel
viennent s'appuyer des châssis de rechange, posés sur
un support et dans une rainure, et maintenus dans
le sens de la longueur et de l'épaisseur par des vis.

« On parvient ainsi à subdiviser un carré en autant
de compartiments que l'on voudra, sans avoir la
moindre altération dans l'exactitude de la figure principale après son assemblage. Les angles et les côtés
restant toujours égaux, on est dispensé de revenir
après coup pour corriger l'assemblage total.

« Les châssis sont entaillés, dans leur partie supérieure, suivant les figures qu'on veut exécuter, quels
que soient leurs angles et leurs côtés; ils sont ainsi

des régulateurs, parce que tous les compartiments sont faits dans les mêmes entailles. Il est bien entendu que les châssis reçoivent les compartiments, les bois étant grossièrement débités.

« Les rabots marchent sur des guides en fer et sont garnis, dans toute la partie où s'appuient les frottements, de bandes en cuivre fixées par des vis. L'un des rabots, marchant dans le sens contraire, permet de travailler suivant le fil du bois, et ne laisse rien à désirer quant à la finesse des angles les plus aigus.

« Ces rabots diffèrent essentiellement des anciens en usage jusqu'à ce jour en ce qu'ils sont à double fer et déterminent tout de suite la hauteur de la languette.

« Cette machine, imaginée seulement dans le but d'une application aux travaux ordinaires de parquets et panneaux, sert également à faire des plateaux de précision, instruments de dessin, parquets de billard, lambrissage uni pour la peinture, etc., etc., le tout avec une extrême facilité et la plus rigoureuse exactitude. »

## § 3.   OBSERVATIONS.

1. Quelle que soit la méthode employée pour construire les planchers et les parquets, on commet généralement la faute de donner la même dimension aux soliveaux dans toute la longueur.

Cependant, il est incontestable, d'après l'expérience, que la plus grande charge pèse dans leur point milieu. Aussi, voit-on toujours les planchers se déprimer plus ou moins au-dessous de leur niveau, dans cet endroit, où leur longue portée les rend nécessairement plus faibles qu'auprès des murs.

Une idée naturelle se présente donc, celle d'augmenter la force des soliveaux dans le point où ils ont à porter une charge plus pesante ; et le moyen est simple, car il suffit de leur donner plus de largeur ou plus d'épaisseur dans cette partie.

Ce qui conviendrait le mieux serait certainement d'augmenter leur épaisseur et de leur donner une courbure en arc au milieu qui, agissant alors comme voûte, reporterait toute la charge sur les murs ; mais, quelque obtus qu'on fît l'angle, il formerait toujours le dos d'âne, et le plancher ne serait plus de niveau ni en-dessus ni en-dessous.

Il faut donc augmenter la force des soliveaux dans leur largeur.

Un faible renflement de 0$^m$.054 de chaque côté quadruple la force du plancher. Nous parlons d'après l'expérience. Chacun pourra la répéter pour vérifier l'assertion.

L'épreuve pouvant se faire en petit ne sera pas coûteuse.

On trouvera aussi la proportion de force que nous indiquons, bien qu'elle paraisse excessive en raison du peu de bois ajouté aux soliveaux.

Nous ferons remarquer que les lambourdes peuvent être de plusieurs morceaux et qu'on les établit sur les soliveaux de la même manière qu'on applique des pièces semblables à la partie inférieure des mâts des navires.

2. Pour terminer ce que nous avons à dire des planchers, nous emprunterons à M. Daniel Ramée, un des collaborateurs de l'*Encyclopédie-Roret*, quelques recommandations très-utiles, dont le parqueteur devra également faire son profit.

« Pour avoir de bons planchers et de bons parquets, il faut d'abord avoir un grand soin dans la pose des lambourdes. Il faut faire en sorte que leurs superficies supérieures, celles qui sont destinées à recevoir le plancher ou le parquet, soient bien de même niveau. Il faut, autant que possible, éviter l'emploi des *fourrures*, petites pièces de bois plus ou moins épaisses qu'on met sur les lambourdes pour racheter un défaut de niveau.

« Il faut ensuite choisir du bois sain, autant que possible sans nœuds, et surtout ne jamais souffrir d'aubier; il faut que le bois soit sans fentes ni gerçures.

« Les planches ou frises doivent être bien dressées, leurs arêtes franches et vives, leurs faces bien d'équerre entre elles, et les bouts bien à angle droit dans la longueur de la frise. Il faut aussi que les onglets soient taillés avec précision à 45 degrés, afin qu'il n'y ait point d'intervalle entre les pièces juxtaposées.

« Enfin, pour avoir de beaux planchers, on choisira d'excellentes qualités de bois.

« On ne doit poser les planchers et les parquets dans les bâtiments neufs que lorsqu'ils sont déjà pourvus de volets ou de persiennes. Mieux vaudrait encore ne poser les planchers qu'après la mise en place des fenêtres, afin d'éviter l'influence des courants d'air, ainsi que les mauvais effets des variations de la température.

« Autant que possible, on ne placera les planchers ou parquets qu'en été, ou dans un temps sec. Pendant l'hiver, les molécules du bois se ramollissent, absorbent l'humidité, et donnent à la matière un développement qui est détruit ensuite par l'action de la sécheresse au printemps et en été.

« Quand un plancher est posé, on devra le couvrir

également d'une couche de copeaux ou de toute autre matière qui l'empêchera d'être trop subitement exposé au contact de l'air, toujours très-actif dans les bâtiments neufs. On comprend aussi qu'il est bon d'éviter, dans les premiers temps, que les rayous du soleil tombent sur un plancher neuf.

« Si l'on pose des planchers dans un rez-de-chaussée peu élevé au-dessus du sol naturel, pour empêcher le bois de pourrir, on peut faire de petites ouvertures aux murs de façade, afin d'établir des courants d'air en-dessous du plancher.

« Dans le cas où l'on aurait à poser des planchers au nord, dans des lieux humides, on peut encore avoir recours à des moyens artificiels de conservation. »

Enfin, quand, par économie ou pour toute autre raison, on est obligé de se servir de bois tendres pour faire les planchers, on peut en augmenter la durée en recourant à des moyens semblables. On trouvera l'exposition des procédés qui permettent de durcir et de conserver le bois dans le *Manuel du Charpentier*, qui fait partie de cette collection.

# CHAPITRE II.

### Lambris.

On appelle LAMBRIS des ouvrages de menuiserie dont on revêt les parois intérieures des murs. On en distingue deux sortes :

1° Les *lambris d'appui*, qui sont destinés aux lieux qu'on veut peindre ou tapisser. On ne leur donne généralement que 0<sup>m</sup>.80 à 0<sup>m</sup>.90 de hauteur, qui est à peu près la hauteur de l'appui des croisées;

2° Les *lambris de hauteur*, qui s'élèvent beaucoup plus haut et même couvrent complétement les murs.

Toutes les ressources de l'art du décorateur étaient employées autrefois pour les ouvrages de ce dernier genre, qui, dans des temps encore peu anciens, étaient souvent surchargés de délicates sculptures. Maintenant, on ne fait plus guère que des lambris d'appui. Dès qu'on a commencé à recouvrir de couleurs ou à vernir les lambris de hauteur, on les a moins soignés, et bientôt on a fini par leur substituer, presque partout, des papiers de tenture ou papiers peints, moins dispendieux et beaucoup plus élégants.

Les lambris de hauteur sont composés de deux pièces, savoir : 1° l'une qui s'élève jusqu'à 65 ou 81 centimètres, qu'on appelle *appui*, et qui maintenant est souvent la seule qu'on fasse; 2° l'autre qui s'élève au-dessus, et qui est, à proprement parler, le *lambris de hauteur.*

Ces deux parties sont séparées l'une de l'autre par une pièce horizontale et saillante, chargée de moulures, et qu'on appelle *cymaise.* Les deux lambris s'assemblent dans cette pièce à rainures et à languettes, ou bien les lambris sont joints ensemble, et la cymaise est rapportée de manière à recouvrir leur jonction. On préfère toujours ce dernier moyen quand le peu de hauteur de l'ouvrage ne permet pas de donner une grande épaisseur à la cymaise, qui, quelquefois, n'est qu'une mince traverse horizontale.

Quant à la forme générale des lambris, tout ce qu'il nous est possible d'en dire, c'est que le bas est ordinairement orné par une plinthe ou par un socle, et que le haut est surmonté d'une corniche, l'un et l'autre rapportés. Pour tout le reste, le goût est l'essentiel. Ici même, le rôle du menuisier est secondaire, le principal appartenant à l'architecte ou au décorateur.

Les corniches sont ordinairement *volantes*, c'est-à-dire qu'au lieu de les tailler dans une seule pièce de bois, on les compose de plusieurs planches superposées, plus ou moins saillantes, mises comme il convient, de plat ou de champ, ornées sur leur tranche des moulures nécessaires, disposées, en un mot, de manière à imiter une corniche d'une seule pièce. Outre que les corniches volantes sont d'une exécution plus facile, elles méritent encore la préférence parce qu'elles sont plus légères. Quelques-unes des parties qui les composent s'assemblent à rainure et à languette, mais plus fréquemment on se contente de les clouer tout simplement ensemble.

A l'égard des parties comprises entre la corniche et la cymaise ou entre la cymaise et la base, elles sont fréquemment divisées par des pilastres et composées de panneaux et de traverses ou formées de bâtis et de panneaux.

Les panneaux sont faits avec des planches jointes ensemble, à rainure et à languette, ayant depuis $0^m.014$ jusqu'à $0^m.041$ d'épaisseur. On choisit, pour les faire, des planches très-étroites, ayant au plus $0^m.162$ ou $0^m.217$ de large, sans quoi elles pourraient se retirer ou se fendre. Ordinairement, ils sont tout autour ornés de plates-bandes. Tout autour aussi ils portent une languette logée dans des rainures creusées de $0^m.014$ au moins dans les montants qui reçoivent deux des côtés des panneaux. Les deux autres côtés, c'est-à-dire ceux qui sont parallèles à l'horizon, entrent dans des rainures semblables pratiquées dans les traverses. Ces traverses, ordinairement moins larges que les montants, s'assemblent avec eux à tenons et à mortaises, en observant de couper les moulures d'onglet quand ils en sont ornés ; c'est une observation que nous avons déjà faite. L'encadrement des panneaux est souvent orné de moulures.

Les lambris se fixent sur les murs des appartements, tantôt avec des vis, tantôt avec de longs clous appelés *broches*. Ce dernier mode d'opérer est le plus simple et le moins coûteux, mais il est le moins propre. Il vaut mieux, toutes les fois que rien ne s'y oppose absolument, employer le premier, bien qu'il soit un peu plus long. Il faut d'abord sceller des morceaux de bois dans les murs, un à la rencontre de chaque vis, et pour qu'ils ne puissent être arrachés, il est prudent de les tailler à queue d'aronde sur leur épaisseur. Au reste, qu'on se serve de broches ou de vis, il faut toujours avoir soin d'en enterrer les têtes et de les recouvrir par un tampon de bois de fil, sans quoi elles produiraient un mauvais effet et, en se rouillant, détérioreraient plus ou moins l'ouvrage. Enfin, il faut éviter d'en mettre un trop grand nombre ; car, pour qu'un lambris soit solide, il suffit que les rainures et les languettes des angles et des ressauts soient bien justes, et qu'il soit bien calé par derrière afin qu'il porte également partout et qu'il ne puisse ployer ou fléchir.

Pour mettre un lambris en place, on commence par fixer sur la muraille l'un des pilastres ou montants du lambris d'appui. Cela fait, on pose les traverses et on les arrête avec des chevilles de bois. Enfin, on fait glisser les panneaux dans les rainures des traverses comme dans des coulisses, et quand ils sont logés, on fait entrer leur languette latérale et les tenons encore libres des traverses dans les mortaises et les rainures d'un autre pilastre que l'on cloue à son tour.

Quand le lambris d'appui est terminé, on s'occupe du lambris de hauteur, puis on pose la cymaise ou la corniche dans le cas où elles ne sont que superposées.

On fait, dans ces ouvrages, les languettes très-longues et on s'abstient d'employer la colle-forte, afin que l'augmentation ou la diminution que les pièces éprouvent en longueur ou en largeur, par suite de l'humidité, ne les fasse pas fendre. On n'a pas à le craindre de cette manière, puisqu'elles ont du jeu en tous sens, et que n'étant pas invariablement fixées par leurs extrémités, elles peuvent se resserrer ou se dilater sans inconvénients.

Aujourd'hui, au lieu de faire des lambris d'appui, on se contente de fixer tout autour de l'appartement une simple cymaise, et de faire un socle avec des planches étroites posées de champ. La cymaise est ornée d'une moulure et attachée par dessous avec des pattes. Ces deux ornements de menuiserie et la portion de mur qui les sépare sont revêtus ensuite d'une couleur.

La figure 14, pl. III, donne l'idée d'une boiserie d'appartement à lignes droites, et la figure 18, même planche, offre le dessin d'une boiserie à formes cintrées.

Qu'il s'agisse de lambris de hauteur ou de lambris d'appui, il faut se garder de les mettre en place avant que les murs ne soient parfaitement secs. Autrement, ils empêcheraient l'humidité de s'échapper, ce qui ferait gonfler, fendre et éclater les panneaux. Comme il n'est pas toujours possible d'attendre que les murs soient tout à fait secs, il est bon de laisser entre eux et la boiserie un espace vide de 0<sup>m</sup>.025 à 0<sup>m</sup>.050 dans lequel l'air puisse librement circuler, et, au besoin, on pratique de petites ouvertures ou ventouses dans la maçonnerie. En outre, si le bois est précieux, il est bon de revêtir les murs d'un enduit imperméable ou d'appliquer sur le derrière des panneaux, soit du papier goudronné, soit une couche d'étoupe trempée dans du goudron bouillant.

# CHAPITRE III.

### Dessus de cheminée et parquets de glaces.

Quand les dessus de cheminée sont simplement ornés de menuiserie, on procède comme pour le reste de l'appartement, et alors il n'y a rien de spécial à en dire, si ce n'est que cet ornement a peut-être encore plus vieilli que les lambris. Mais quelquefois on ménage dans la boiserie de la cheminée la place d'une glace, et cette portion de lambris mérite quelque attention. On lui donne le nom de PARQUET DE GLACE.

Au-dessus de la cheminée s'élève un encadrement assez grand pour contenir la glace, formé de deux montants et de deux traverses assemblées à bois de fil et d'une épaisseur de 0<sup>m</sup>.023 à 0<sup>m</sup>.027 environ. Leur largeur doit être proportionnée à la différence qui existe entre la largeur de la cheminée et la largeur de la glace. Leur destination est de couvrir ce que ne couvre pas cette dernière. Si leur largeur était trop grande, il faudrait la masquer en partie en y rapportant un pilastre de chaque côté.

Le *parquet proprement dit*, ou la boiserie qui sépare la glace de la muraille, s'assemble dans cet encadrement. Ce parquet est composé de traverses, de montants et de panneaux épais, ayant environ $0^m.32$ de largeur sur $0^m.41$ de hauteur environ. Toutes ces pièces entrent à tenon ou à languette dans l'encadrement, et sont unies entre elles de la même manière; mais, au lieu d'être de niveau avec lui, elles sont enfoncées de quelques millimètres, de façon que la surface de la glace, quand elle est placée, soit de niveau avec la surface antérieure de l'encadrement.

On fait, au pourtour intérieur de cet encadrement, des feuillures de $0^m.014$ à $0^m.018$ de largeur sur une profondeur égale à l'enfoncement du parquet.

Cela fait, on peut mettre la glace sur le parquet, et on l'y retient dans la position verticale en y clouant des baguettes. Ce sont des planchettes dorées et sculptées. On coupe leurs extrémités d'onglet pour en faire un cadre étroit qu'on fixe par-dessus l'encadrement. Le bord des baguettes avance un peu sur la glace, afin de la maintenir solidement.

Si les glaces remplissent assez bien la hauteur de la cheminée pour qu'on n'ait pas besoin de mettre de panneau au-dessus, on termine le parquet par un champ dont la largeur concorde avec ceux des lambris de l'appartement ou par une corniche (fig. 10 et 11, pl. III).

S'il y a plus de place, on surmonte le parquet d'un fronton ou d'un entablement, pourvu que l'encadrement soit orné de pilastres. Dans le cas contraire, on met un panneau conforme à ceux du reste de l'appartement (fig. 9, pl. III, moitié d'un fronton).

Les parquets de glaces ne se fixent pas sur le mur

de la même manière que les lambris ordinaires, parce qu'on ne peut enfoncer de broches ni de vis, ni sceller des tampons de bois dans les tuyaux de cheminée. On emploie des vis à écrou, dites *vis à parquets de glaces*, qui se placent dans les traverses du parquet, et dont la tête est suffisamment noyée dans le bois de celles-ci pour qu'elle ne puisse pas toucher le tain de la glace.

Quelquefois, le parquet est mobile et se pose ensuite à volonté sur des cheminées revêtues d'un lambris tout uni. La manière de faire ces parquets est la même, sauf que la baguette dorée doit recouvrir tout l'encadrement. Pour obtenir cet effet sans avoir besoin d'employer une baguette trop large, on augmente la largeur de la feuillure.

Les parquets de ce dernier genre appartiennent à la menuiserie en meubles plutôt qu'à la menuiserie en bâtiments; ils se fixent en place de deux manières.

Tantôt ils sont supportés par de petites pattes à tête recourbée et dorée, à laquelle on donne diverses formes et qu'on enveloppe de plusieurs doubles de papier, afin de ne pas endommager la dorure en frappant. On en met ordinairement deux en haut et deux en bas.

Tantôt on se sert de pattes ordinaires à tête droite et percée de trous. Avec un repoussoir qui porte sur le collet et un marteau, on les enfonce sous le parquet jusqu'à ce que la tête soit entièrement sous l'encadrement, et on enfonce deux petites pointes dans les trous. On en fait autant par-dessus; la glace est solidement fixée et les pattes sont inaperçues. Si le parquet peut poser sur le marbre de la cheminée, on ne pose des pattes qu'en haut.

# CHAPITRE IV.

**Placards, buffets, alcôves, cloisons, rayons, plafonds, siéges de cabinets d'aisances.**

---

### § 1. PLACARDS ET BUFFETS FAISANT CORPS AVEC LE LAMBRIS.

La seule chose que nous ayons à dire des PLACARDS et des BUFFETS, soit qu'on les ait creusés dans la muraille, soit qu'on les construise en saillie, c'est que la forme de leurs panneaux et les proportions de leurs montants doivent être en parfaite harmonie avec le lambris dont ils font partie. On met toujours au bas une plinthe semblable à celle des lambris d'appui. Les pièces qui les composent doivent être fortes et épaisses, assemblées à mortaise et à tenon.

### § 2. ALCÔVES.

Les ALCÔVES sont des espèces de niches rectangulaires destinées à recevoir un ou deux lits. Leur largeur et leur hauteur sont presque toujours déterminées par la grandeur de la pièce ; mais elles ne peuvent pas avoir moins de 1 mètre de profondeur et 2 mètres de longueur, puisque, sans cela, les lits les plus petits ne pourraient pas y entrer commodément.

Le devant de l'alcôve est orné de pilastres ou de colonnes couronnées de chapiteaux et de corniches élégantes ; c'est l'ouvrage de menuiserie dormante le plus susceptible de recevoir des ornements de bon goût.

Souvent, aux deux côtés de l'alcôve, sont deux cabinets formés par des cloisons en menuiserie. Ces cloisons sont composées de planches jointes à rainure et à languette.

Quelquefois, indépendamment de la porte qui conduit de l'appartement dans ces cabinets, on est bien aise d'en ouvrir une autre qui communique directement avec l'alcôve. Cela est possible quand même il n'y aurait que très-peu de place ; car, dans ce cas, on fait la porte à coulisse, et si l'on veut, il est facile de la rendre tout à fait inaperçue, en lui donnant la forme d'un panneau. Une moulure saillante sert à la faire mouvoir, et s'il y a dans l'alcôve d'autres panneaux semblables, il est impossible de deviner le secret. Il faut néanmoins, en ce cas, avoir soin de ne pas vernisser la boiserie, car la couleur ne tarderait pas à se rayer transversalement, et cet indice découvrirait tout.

### § 3.  CLOISONS.

Les CLOISONS sont destinées à former les distributions des appartements. Elles se composent tout simplement de planches assemblées à rainure et à languette (fig. CXL), et soutenues d'espace en espace par

Fig. CXL.

quelques montants plus épais, figurant des espèces de pilastres. Si l'on veut encore plus de solidité, par le

haut et par le bas, on assemble toutes les planches à
emboîtage (fig. CXLI); mais ce serait prendre plus de

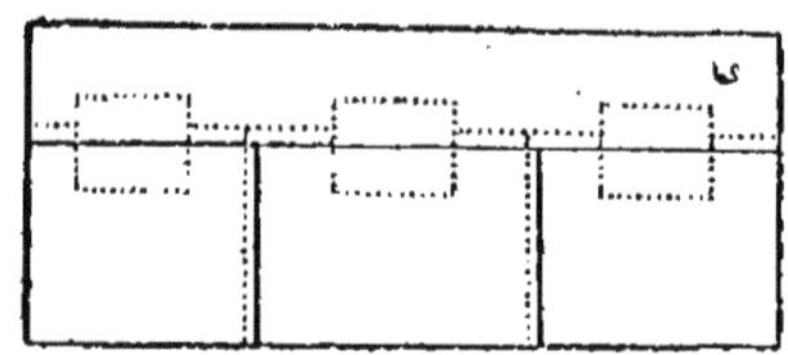

Fig. CXLI.

soin que ne le mérite un ouvrage aussi commun, et
le plus souvent on se contente d'y clouer une traverse
haute de 41 millimètres. Il est bon néanmoins d'a-
battre, antérieurement à celle du bas, l'angle supérieur, afin que la saillie soit moins apparente.

### § 4.   PLAFONDS EN BOIS.

C'est une espèce de double plancher assez grossier
et qu'on ne doit employer que dans les endroits où
l'on n'a pas de bon plâtre pour faire des plafonds. Il
se fait avec des planches corroyées, bien dressées sur
la tranche, et qu'on cloue sur la face inférieure des
solives. Tout le long des parois on cloue ensuite sur
le plafond une espèce de liteau formant un encadrement et orné d'une moulure inclinée un peu en biseau par le bas. Ce plafond ne laisse pas que d'être
encore assez propre, quand on l'a masqué d'une couleur.

### § 5.   RAYONS.

Pour poser les RAYONS on emploie différents moyens,
suivant la disposition des lieux.

Si les deux parois de la muraille ne sont pas trop
éloignées l'une de l'autre, on y cloue des tasseaux ou

traverses aussi longues que les rayons ont de largeur, et de 0$^m$.027 d'équarrissage à peu près, en prenant la précaution d'abattre l'angle inférieur du tasseau, de sorte qu'il finisse un peu en biseau par le bas. On emploie des clous très-forts pour cette opération. Quand les tasseaux ont été fixés bien solidement en face l'un de l'autre et à une égale hauteur, on place les planches qui forment les rayons, de façon qu'elles reposent sur un tasseau par chacune de leurs extrémités. Dans cette position, on les cloue sur le tasseau,

Quand on ne veut placer qu'un ou deux rayons un peu élevés au-dessus de terre, et que les murailles opposées sont trop éloignées l'une de l'autre pour servir de points d'appui, on fixe contre le mur deux bouts de planches ou supports d'une forme particulière (A, B, fig. CXLII). Ces planches sont attachées, la

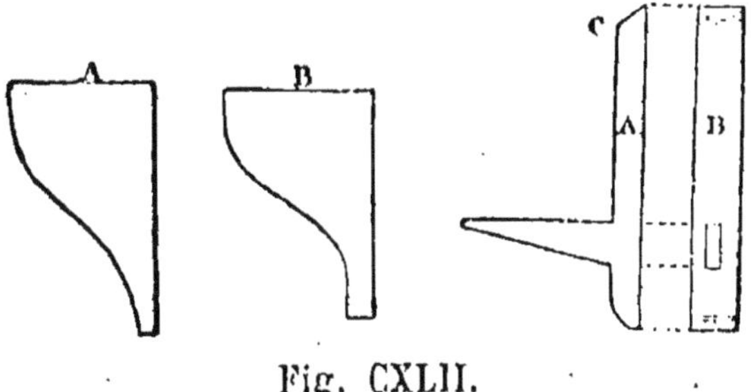

Fig. CXLII.

courbure en avant et la queue en bas, avec quelques pattes à tête plate et percée de trous dans lesquels on enfonce des pointes. C'est sur la tranche supérieure de ces pièces de bois qu'on cloue les rayons.

Dans les magasins, où il faut, au contraire, des rayons en grand nombre, on fixe perpendiculairement des planches dont la tranche colle contre le mur (C, même figure). Ces planches sont espacées entre elles de la longueur des rayons. On y a préalablement cloué des tasseaux sur lesquels les rayons sont fixés.

Quand le magasin est voûté, on fait en sorte que chacune de ces planches perpendiculaires semble soutenir un côté de l'un des arceaux de la voûte, et, pour perdre le moins de place possible, on place ensuite d'autres rayons entre les arceaux. La longueur de ces rayons allant en diminuant à chaque rang, on est forcé de placer, pour chaque rayon, deux petites planches perpendiculaires, d'une hauteur égale à l'intervalle des cases et qui reposent sur le rayon inférieur. A chaque rang on approche un peu plus ces planches, suivant que le commande la courbure de l'arceau. Si le mur se recourbe aussi en avant, on chantourne aussi par derrière les planches d'appui de la manière convenable. Les rayons deviennent ainsi de moins en moins larges, de moins en moins profonds; mais du moins on ne perd pas de place, et l'on utilise les plus petits recoins. Cette manière de placer des rayons a même cet avantage, qu'elle permet de masquer et de faire disparaître des parties rentrantes ou saillantes, et de rendre réguliers les magasins qui ne le seraient pas.

Si l'on veut faire des rayons inclinés, ce qui est quelquefois nécessaire, il suffit d'incliner parallèlement les uns aux autres les tasseaux sur lesquels on les cloue. Dans ce cas, il est nécessaire de faire aux rayons un rebord antérieur, en y clouant un petit liteau de $0^m.014$ à $0^m.021$ de largeur.

Quand on a besoin de rayons plus profonds les uns que les autres, on fait un peu plus saillants ceux du bas jusqu'à la hauteur de $0^m.81$ ou 1 mètre, de telle sorte qu'ils forment une espèce de piédestal. On peut, si l'on veut, recouvrir antérieurement les planches d'appui par d'autres planches minces taillées en pilastres, et même, au-dessus de ces pilastres, faire régner tout autour du magasin une corniche quand la localité le permet. Mais il est bien plus essentiel de tenir les rayons d'autant plus épais qu'ils sont plus longs et doivent être plus chargés.

On place maintenant dans les appartements les plus soignés un assemblage de plusieurs rayons réunis avec grâce et légèreté. Ce petit meuble se nomme *étagère*.

### § 6.  SIÉGES DES CABINETS D'AISANCES A L'ANGLAISE.

On sait que les CABINETS D'AISANCES A L'ANGLAISE se distinguent des cabinets ordinaires par une cuvette munie d'une soupape qui bouche exactement le tuyau qui conduit à la fosse. Cette cuvette est placée dans un siége en menuiserie sur lequel il ne sera pas inutile de dire quelques mots, puisque la manière de le construire n'est pas encore bien connue dans toutes les villes de province.

Le siége qui renferme les cuvettes a la forme d'un coffre de $0^m.38$ à $0^m.40$ de hauteur, y compris le dessus, lequel est taillé antérieurement en forme de cymaise, et a $0^m.034$ d'épaisseur sur $1^m.30$ de largeur et $0^m.43$ à $0^m.48$ de profondeur.

Le dessus porte trois ouvertures, ou *trappes*, savoir : une au milieu, d'environ $0^m.55$ de largeur et de $0^m.38$ à $0^m.43$ de profondeur. Sous cette trappe, on place une autre planche dans laquelle est percée la lunette.

Les deux autres trappes doivent avoir $0^m.32$ de long sur $0^m.135$ ou $0^m.162$ de large ; elles sont percées de plusieurs trous pour donner passage aux tiges de la soupape et à celles des autres robinets : elles se soulèvent quelquefois de côté.

La trappe du milieu se prolonge jusqu'au bord ; elle fait corps avec la cymaise, dont la saillie sert à la soulever, ce qui a toujours lieu de face.

La lunette placée au-dessous de cette trappe doit être formée de quatre pièces assemblées à bois de fil, et percée d'un trou rond d'environ $0^m.189$ à $0^m.217$ de diamètre. Elle entre à feuillure de toute son épaisseur dans la pièce de bois qui forme le devant du siége. Cette pièce de bois doit même s'élever de $0^m.005$ environ au-dessus de la lunette, afin de supporter aussi la trappe.

A l'égard des siéges ordinaires, il est inutile d'en parler. Tout le monde sait que le menuisier n'a à faire qu'une planche percée d'un trou. Cette planche, qui repose sur un massif de maçonnerie, doit avoir tous ses angles arrondis à la Râpe ou au Bouvet creux.

Il y a encore une sorte de siége qui tient à la fois des cabinets ordinaires et des cabinets à l'anglaise. Le menuisier prépare d'abord la planche comme à l'ordinaire ; mais, au-dessous du trou, il adapte quatre tenons descendant perpendiculairement, et soutenant quatre autres tenons assemblés carrément et posés horizontalement. Ces huit tenons reçoivent et soutiennent un large pot de faïence fixé à demeure, et ayant au fond une soupape qu'on lève avec un crochet de fer.

# CHAPITRE V.

## Escaliers.

---

§ 1. OBSERVATIONS GÉNÉRALES ET DÉFINITIONS.

L'ESCALIER est la partie d'un édifice qui sert à monter et descendre pour communiquer entre les différents étages. Il est formé de parties qu'on nomme *marches* ou *degrés*, sur lesquelles on pose le pied. La surface sur laquelle le pied pose est le *giron* de la marche.

On a trouvé, par expérience, que la montée d'un escalier n'était commode que lorsqu'on s'assujettissait à certaines conditions que nous allons faire connaître; et, bien qu'il arrive souvent qu'on s'écarte de ces règles pour obéir à d'autres convenances, qu'on regarde alors comme plus importantes, cependant il ne faut pas négliger ces principes lorsqu'on le peut.

1° La somme de la hauteur d'une marche et de la largeur du giron doit être d'environ 1/2 mètre : si l'on fait une marche de $0^m.108$ d'élévation, le giron devra avoir $0^m.32$ de large; si la hauteur est $0^m.162$, le giron a $0^m.325$, et ainsi de suite. Cette dernière proportion est la plus usitée.

2° On ne donne pas moins de $0^m.108$ de hauteur aux marches pour qu'elles conservent une suffisante solidité, et jamais plus de $0^m.189$, parce qu'elles seraient alors trop difficiles à monter. Le giron ne doit pas avoir moins de $0^m.271$; on le mesure au milieu de la longueur de la marche.

3° Toutes les marches ont même hauteur, surtout pour un même étage.

Les *contre-marches* sont des pièces de bois posées verticalement et qui forment le devant des marches.

Le *palier* est un giron plus étendu, ayant en longueur un, deux, trois pas, ou davantage; il interrompt l'escalier et forme repos. C'est un repos placé à chaque révolution d'escalier. La première marche, qu'on appelle *palière*, doit avoir un giron plus large que les autres.

La *rampe* ou *volée d'escalier* est une suite non interrompue de marches d'un palier au suivant; il est bon de la faire d'un nombre impair de degrés. Elle doit en avoir trois au moins, vingt-un au plus, pour que l'escalier soit d'un usage facile et plaise à l'œil.

Le *limon* est une pièce de bois portée par le bout isolé des marches, qui soutient la rampe en fer ou en bois sur laquelle on peut s'appuyer lorsqu'on monte ou descend.

Il y a quelquefois un *faux limon*, pièce de bois rampante posée contre le mur et qui est découpée pour porter les marches en dessous.

L'enceinte dans laquelle l'escalier est contenu et où aboutissent les portes des différents étages, se nomme *cage de l'escalier*.

La construction des escaliers est une des opérations les plus importantes et les plus difficiles de la menuiserie en bâtiments, ou plutôt de l'art du charpentier. Non-seulement, les voûtes des rampes, les péristyles doivent être disposés avec élégance et solidité; il faut encore que chaque pièce soit taillée de manière à pouvoir se loger parfaitement dans l'emplacement qui lui est destiné et à contribuer à la solidité générale de l'ensemble. La grâce des courbes, la sûreté et la facilité des communications, la solidité de l'ouvrage, tout se réunit pour augmenter les embarras de l'ouvrier, et l'on peut affirmer que l'établissement d'un bel et commode escalier est une des choses les plus difficiles de l'art de bâtir.

Il résulte de ce que nous venons de dire, que la construction des escaliers doit être soumise à des règles nombreuses et compliquées, dans l'exposition desquelles la nature de notre livre ne nous permet pas d'entrer. Nous devons nous borner à des notions générales, et renvoyer, pour les détails, aux ouvrages spéciaux, surtout à celui de **M. Boutereau**, qui fait partie de cette Encyclopédie (1).

Outre l'outillage ordinaire du menuisier, la construction des escaliers nécessite l'emploi de quelques outils à fût spéciaux, qui diffèrent surtout des autres par la forme des fers. Nous citerons le NEZ DE MARCHE

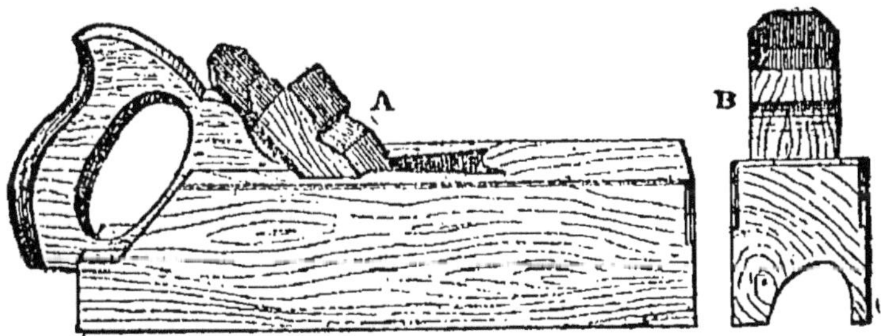

Fig. CXLIII.

(fig. CXLIII) qui sert à arrondir le devant, ou *nez*,

(1) *Manuel complet de la Construction des Escaliers de bois*, par M. Boutereau. 1 vol. in-18 et 1 Atlas in-8. Prix : 5 fr.

des marches, et le BOUVET DE MARCHE (fig. CXLIV),

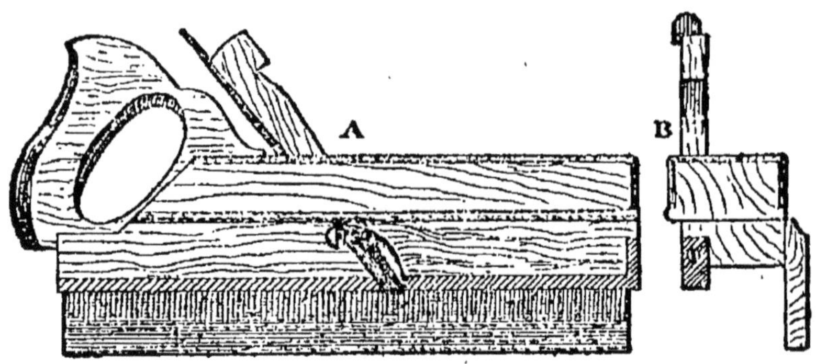

Fig. CXLIV.

dont il y a une variété pour travailler la marche et une autre pour la contre-marche.

### § 2.    DIFFÉRENTES SORTES D'ESCALIERS.

Il faut d'abord distinguer les escaliers *à rampe droite*, les escaliers *à rampe circulaire*, les escaliers *à deux rampes contraires* et les escaliers *à deux rampes contraires et à marches tournantes*.

Dans les ESCALIERS A RAMPE DROITE, les marches sont parallèles, et l'on monte droit devant soi, sans se détourner ni à droite ni à gauche. Ces escaliers sont peu gracieux ; aussi, ne les emploie-t-on guère que dans les dépendances, telles que les écuries, les greniers à fourrages, etc., et si la hauteur à franchir est un peu considérable, on établit, vers le milieu, un palier carré, c'est-à-dire aussi long que la largeur de l'escalier.

Dans les ESCALIERS A RAMPE CIRCULAIRE, les marches sont obliques les unes par rapport aux autres, ce qui les oblige à pivoter sur l'une de leurs extrémités, et l'on monte en se détournant soit à droite, soit à gauche. Ces escaliers sont ceux qui occupent le moins de place.

Les ESCALIERS A DEUX RAMPES CONTRAIRES sont ceux qui commencent par un palier, tournent à droite ou à gauche et s'élèvent jusqu'à la rencontre d'un nouveau palier, à partir duquel ils tournent de nouveau et continuent à monter. Les escaliers de ce genre sont d'un effet magnifique, lorsque, ainsi que cela a lieu dans les grandes maisons de ville ou de campagne, ils se composent de rampes droites et parallèles, formant entre elles des angles droits, et se terminant par de spacieux paliers carrés.

Les ESCALIERS A DEUX RAMPES CONTRAIRES ET A MARCHES TOURNANTES ont également deux rampes comme les précédents; mais, au lieu d'être interrompues par des paliers, les marches tournent en se continuant, et les marches qui se trouvent sur les points où a lieu ce mouvement tournant tiennent lieu des paliers.

Sous d'autres points de vue tirés également de leur mode de construction, les escaliers portent encore d'autres noms particuliers.

Les ESCALIERS A NOYAU sont ceux dont les marches portent par un bout sur le mur de la cage et par le bout opposé sur une pièce centrale qu'on appelle *noyau*. Il en existe deux variétés :

1° Les *escaliers à vis de Saint-Gilles*, dont le pilier central, ou noyau, est formé de plusieurs morceaux arrondis, ayant un diamètre d'environ 0$^m$.325 à 0$^m$.406, et entés l'un sur l'autre à tenon et à mortaise. Les marches tournent en hélice autour de ce pilier, dans lequel elles s'assemblent également à tenon et à mortaise.

2° Les *escaliers à noyau carré* qui ne diffèrent des précédents que par la forme de leur noyau, laquelle est carrée.

Les vis de Saint-Gilles se placent dans des cages circulaires ou ovales, tandis que les escaliers à noyau carré se construisent dans des cages carrées ou rectangulaires.

Ces deux sortes d'escaliers ont un grave inconvénient. Comme leurs marches sont à peu près triangulaires, ils ont le giron très-étroit au milieu. Il en résulte qu'il y a très-peu de place pour le pied, et qu'ils peuvent occasionner des accidents d'autant plus graves qu'on n'a point de rampe pour se soutenir.

Les figures 21 et 22, pl. 1, représentent un escalier à noyau : en élévation dans la première; en plan dans la seconde :

Les ESCALIERS SUSPENDUS sont ceux dont le limon du centre, en tournant sur lui-même, forme au centre un vide, ou *puits*, qui laisse apercevoir une partie de la cage. Il en existe quatre sortes :

1° Les *escaliers en limaçon circulaires*, dans lesquels le limon rampant, haut d'environ $0^m.271$ à $0^m.325$, large de $0^m.162$ à $0^m.217$, et formant un cercle par son plan, vient s'arrondir par en bas en forme de limaçon. Les marches, débardées en dessous, sont assemblées par un bout, à tenon et mortaise, avec le limon rampant, et assujetties dans le mur par le bout opposé (fig. 24, pl. 1);

Les *escaliers en limaçon*, ou *escaliers ovales*, dans lesquels le limon rampant, au lieu d'être circulaire, est ovale ;

Les *escaliers à limon carré*, dans lesquels le limon rampant est carré ;

Les *escaliers à limon rectangulaire*, dans lesquels le limon rampant est de forme rectangulaire.

On appelle ESCALIERS A PÉRISTYLE ceux dont le limon rampant est soutenu à chaque bout par un pilier qui monte de fond.

Les ESCALIERS A ÉCHIFFRE sont ceux dans lesquels les limons qui portent les marches sont posés à plomb les uns sur les autres.

Les ESCALIERS BIAIS sont ceux qui n'ont point d'ouverture ou de puits, et dont les rampes, la balustrade et l'élévation progressive, ainsi que les contours, retombent dans les mêmes plans verticaux. Les marches sont assujetties à des appuis avec des noyaux et des supports, et les bouts de celles de la base se terminent par un côté de l'appui, sans aucun intermédiaire.

On appelle encore :

ESCALIERS A NOYAU RECREUSÉ OU A COLLET RAMPANT, ceux qui laissent un jour au milieu des deux limons;

ESCALIERS A UN NOYAU, ceux qui sont en forme de vis et ne laissent aucun jour au milieu;

ESCALIERS A DEUX NOYAUX, ceux qui ont un limon entre les deux noyaux, mais sans aucun jour;

ESCALIERS A QUATRE NOYAUX, ceux qui présentent un jour carré au centre;

ESCALIERS GÉOMÉTRIQUES, ceux qui ont l'une de leurs extrémités appuyée contre un mur, et dont chaque marche, dans la montée, tire son support de celle qui est immédiatement au-dessous, ou de la marche la plus basse, ou qui se trouve au bas de l'étage;

ESCALIERS A TASSEAUX, ceux qui ont une ouverture ou un puits avec des limons, et des noyaux qui sont soutenus par des paliers ou des supports : les tasseaux sont à onglet au bout de chaque degré, et fixés au limon, qui est façonné au-dessous comme une architrave.

## § 3. RELEVÉ DES DIMENSIONS, DU PLAN ET DE LA SECTION DES ESCALIERS ; CONSTRUCTION : ESCALIERS EN BIAIS.

Pour prendre les dimensions et faire le relevé du plan et de la section d'un escalier, prenez une longue perche divisée en mètres et fractions de mètre, et, après avoir trouvé le nombre des marches, marquez la hauteur de l'étage en plaçant la perche sur le palier inférieur ; divisez la perche en autant de parties qu'il doit y avoir de degrés ; alors, si vous avez une surface unie sur laquelle vous deviez opérer en bas de l'escalier, mesurez chacun des degrés en avançant : par là vous empêcherez qu'il y ait erreur en plus ou en moins, car, lorsqu'il se trouve un genre d'erreur quelconque, elle devient par la suite très-considérable par l'accroissement successif qu'elle prend, et une différence de $0^m.027$ seulement dans le dernier degré, non seulement fera un mauvais effet à l'œil, mais pourra même troubler et faire chanceler les personnes qui ne réfléchiront pas à une semblable irrégularité.

Afin de mesurer les degrés exactement au moyen de la perche ci-dessus, si vous n'avez pas une surface unie sur laquelle vous puissiez opérer, le mieux sera de placer deux perches sur les planches et d'égaliser leur surface avec celle du plafond. Placez une de ces perches un peu plus en dedans du limon, et l'autre près du mur, de manière qu'elle soit à angle droit avec la ligne saillante du premier degré, ou, ce qui est la même chose, parallèle au plan du limon du premier degré. Marquez la largeur des marches sur ces perches et comptez les degrés; non-seulement vous pouvez marquer la largeur des paliers, mais celle des contours. Afin de proportionner la perche de l'étage et sa position verticale, faites la distance des degrés par le haut égale à celle de la rampe, et des perches l'une de l'autre.

Dans les *degrés à tasseaux*, comme l'angle intérieur est ouvert au bout et n'est pas fermé par la rampe, comme dans les marches ordinaires en biais, et que l'on fait attention à la netteté de l'ouvrage dans ces sortes d'escaliers, comme dans ceux qui sont géométriques, il faut que la balustrade se termine en queue d'aronde sur les bouts des degrés, et qu'il y en ait deux pour chaque degré.

La face de chaque balustrade doit être parallèle à la face du degré, et, comme toutes les balustrades doivent être divisées en parties égales, la face de la balustrade moyenne doit se trouver au milieu de la face du degré qui précède et de celui qui lui succède.

Les degrés et le haut de la montée sont bloqués et mis ensemble, et, après qu'on les a placés sous la partie inférieure de la marche, on les cloue et on les visse dans le rebord inférieur du degré, et l'on ajuste les tasseaux aux limons, attendu que, dans les escaliers en biais, les pièces d'arrêt et celles de l'escalier sont semblables. La meilleure méthode d'unir ensemble les marches, c'est d'ajuster une barre qui rende l'angle extérieur de la marche égal à sa surface.

Les marches des *escaliers géométriques* doivent être construites de manière à avoir une apparence de légèreté et de propreté dans leur dessin. A cet effet, et pour assurer la solidité de la bâtisse, les marches et les montants, quand ils sont aplanis, ne doivent pas avoir moins de 0m.003, en supposant que la largeur de la marche soit de 1m.30, et on peut l'augmenter de 0m.003 par chaque 0m.162 de plus de longueur.

Les montants doivent être placés en queue d'aronde dans les couvertures, et quand on veut placer les marches, on les visse par-dessous au bord intérieur des montants. Les tenons dans lesquels on enfonce les vis doivent être faits avec une mèche à pointe, puis ajustés avec du bois, de manière à cacher entièrement les vis et à donner à l'ouvrage l'apparence d'une surface uniforme. Les tasseaux sont à onglet sur le montant et les bouts en sont arrondis. Il y a cependant dans cette méthode un défaut apparent, car ces tasseaux, au lieu de servir de support, sont eux-mêmes non supportés et reposent sur les degrés, n'ayant aucun autre usage, quant à la force, que celui de lier les montants et les marches des angles intérieurs formant un creux ou un angle rentrant, excepté aux bouts qui terminent par le mur d'un côté, et par les tasseaux de l'autre, en sorte qu'il n'y a pas ici de régularité. La cavité est conduite autour de la face du montant, revient au bout et est rentrée autour du tasseau; s'il y a un limon ouvert, c'est-à-dire si le dessous des escaliers est ouvert à la vue, on continue la cavité le long de l'angle de la marche et du montant. La meilleure méthode de construire des escaliers géométriques est pourtant de placer des limons et de mettre les tasseaux à onglet avec les montants, comme d'ordinaire, et enfin de clore le tout avec des lattes et du plâtre, ce qui formera un plan incliné sous chaque escalier et une surface tournante à chaque contour.

Pour construire un étage d'escalier géométrique, il faut que les supports soient fabriqués ensemble, en sorte qu'en les plaçant, ils formeront un escalier parfait. Chaque pièce de l'ouvrage qui forme un montant doit être bien enclavée par les bouts. Cette méthode est toujours recommandable lorsqu'il s'agit de réunir la force à la solidité, attendu que les marches et les montants sont entièrement assujettis aux supports, et que, si on les joint bien ensemble, ils ne céderont jamais, même au poids le plus excessif.

La figure 7, pl. II, fait voir la coupe d'un ouvrage de ce genre ajusté ensemble, et enclavé dans ses parties de la manière dont nous venons de donner la description. La figure 8, même planche, en représente le plan.

Lorsqu'on prépare le limon pour la partie de la guirlande, il faut faire un cylindre de la dimension de l'ouverture du puits de l'escalier, ce qui peut avoir lieu avec peu de frais. Ensuite on place la dernière marche et le montant des paliers d'un côté, et la première marche et le montant de l'étage qui retourne, sur le côté opposé à leurs hauteurs respectives. Enfin, sur le centre de la surface courbe de ce cylindre, marquez le milieu entre les deux, et avec un morceau de bois mince arrondi avec le ciseau et le rabot, coupez les deux bouts de ces étages, et, en passant par la hauteur marquée sur le cylindre, tirez une ligne qui donnera la guirlande formée par les bouts des tournants, puis tirez tous les tournants sur cette ligne, en la divisant en autant de parties que vous avez de montants : chaque point de division sera le bout de ce tournant.

Après avoir ainsi procédé et soigneusement examiné

vos largeurs et vos hauteurs, en sorte qu'il ne se présente pas d'erreur, préparez un revêtement de la largeur que vous voulez donner à votre limon, et de la longueur indiquée par votre cylindre; puis, après l'avoir mis en place sur le cylindre, continuez à unir un nombre de blocs d'environ 0<sup>m</sup>.027 de large, derrière le revêtement, avec leurs fibres parallèles à l'axe du cylindre. Quand ils seront secs, cela formera le support pour la partie de la guirlande de l'escalier qui devra être ajustée aux limons en ligne droite. Il est nécessaire d'observer ici qu'environ 0<sup>m</sup>.135 à 0<sup>m</sup>.162 du limon direct doivent se trouver dans le même morceau que le limon circulaire, de manière que les joints tombent vers le milieu du premier et du dernier étage, ce qui empêchera qu'il n'y ait de courbure irrégulière; on ne pourrait autrement y obvier.

La figure 6, pl. 11, est le plan d'un escalier en biais, *b* est le centre des noyaux, A, celui du noyau supérieur. La figure 5 est l'élévation du même escalier.

A *b*, les noyaux; la partie A C est tournée. L *l* est le noyau supérieur. On distingue très-bien dans la figure la pièce de support, un limon supérieur ajusté dans le noyau, et la solive ajustée sur les chevêtres.

La perche à étage est une chose essentielle pour pouvoir attacher les marches, car si l'on se sert à cet effet de l'usage ordinaire, l'ouvrier sera très-exposé à se tromper et à rendre l'escalier défectueux, ce qui ne peut avoir lieu, si l'on se sert de la perche d'étage pour mesurer chaque montant et pour régler aussi successivement tous les autres.

Dans la construction des escaliers en biais, la principale chose est de prendre les dimensions sur une surface unie, de représenter tous les noyaux et toutes les marches, puis la situation des supports, les morceaux à rajuster, les montants et les trous, comme aussi les limons. Les limons, les rampes et les noyaux, après avoir été ajustés ensemble, doivent être fixés sur des supports provisoires. Le limon indiquera la position des morceaux à rajuster, ce que l'on mettra en ordre en enclavant fermement un bout dans le mur, et attachant l'autre au limon. Après quoi vous placerez les autres attachées, et vous terminerez la partie du support des montants. Après ce procédé, on place les marches en commençant par le bas, et en continuant à travailler vers le haut. Il faut que les marches soient fermement clouées aux montants.

Dans le meilleur genre d'escalier en bois, on retourne les bouts ; quelquefois les montants sont cintrés aux tasseaux et quelquefois attachés avec des liens. Dans ce dernier cas, on cintre un creux autour de l'angle intérieur, du côté supérieur de la marche et la face du montant. Souvent ce limon est ajusté dans le noyau et il a une entaille pour recevoir les bouts des marches ; l'autre bout a une planche à entaille correspondante, et toute la montée a la forme d'une *échelle à marches*.

### § 4. PETITS ESCALIERS.

Ce sont ordinairement de légers escaliers qu'on établit dans les magasins, dans les cafés, pour aller, sans sortir, d'une salle basse à une salle supérieure, qu'on pratique dans l'intérieur des appartements pour servir de dégagement à des pièces situées l'une au-dessus de l'autre. Comme la place est souvent très-bornée et que les points de départ et d'arrivée sont fixés, on est quelquefois obligé de leur donner des formes contournées afin d'avoir de l'échappée, c'est-à-dire la facilité de pouvoir monter et descendre sans risquer de se heurter la tête contre le dessous des marches supérieures lorsque l'escalier fait plus d'une révolution. Il y a un certain mérite à bien tourner un escalier commode dans un petit espace.

Les figures 11 , 12, 13, 14, 15, 16, 17, 18, 19, 20, pl. 1, représentent le plan et.les détails d'un escalier de ce genre.

« Cet escalier, dont le plan est circulaire, avec limon courbe et noyau évidé, commence par une rampe droite, et après avoir parcouru environ les trois quarts de la circonférence du cercle, il finit au moyen d'une partie de limon courbe, précisément au-dessus du point où il a commencé.

« Chaque marche, excepté la première, est composée de deux planches assemblées à rainure et à languette, dont l'une forme le dessus et l'autre le devant. Par les bouts, les marches sont fixées dans les limons par des entailles, et maintenues par des boulons à tête avec vis et écrous.

« On a placé autour du plan le développement des parties de limon qui y correspondent, avec leur débillardement et les entailles des marches. Chaque partie est indiquée par des lettres et des chiffres correspondant à ceux du plan pour en faciliter l'intelligence.

« Les figures 23, 24, 25 et 26 de la même planche représentent les plans et détails d'un escalier en vis à jour sur un plan circulaire, avec marches profilées par les bouts, sans limon et isolé, en sorte qu'il n'est soutenu qu'au point où il commence et à celui où il finit. On donne aussi à ces escaliers le nom d'*impré-*

*vus*, parce qu'ils peuvent facilement s'établir après coup à l'intérieur même des appartements. Au reste, la hardiesse et l'élégance de leur construction peuvent, dans certains cas, les faire regarder comme un objet d'ameublement. Chaque marche est en bois plein avec coupe et recouvrement comme les marches en pierre ou en charpente. Ces marches sont fortement réunies entre elles à leurs extrémités par des doubles boulons à vis et écrous qui les retiennent successivement avec les marches du bas et celles du haut, en les traversant obliquement sur leur largeur, comme l'indiquent les figures 25 et 26.

« Pour éviter les fentes et gerçures auxquelles le bois est sujet, on pourrait faire la masse en charpente, revêtue de menuiserie. Par ce moyen, on réunirait la beauté avec la solidité. »

### § 5. MARCHES EN MENUISERIE.

Les marches en menuiserie se font d'une, deux ou trois planches. Dans les escaliers droits, appelés *échelles de meuniers*, et les *marche-pieds* ou *escaliers de bibliothèques*, chaque marche n'est formée que d'une seule planche assemblée dans les limons à tenon et à queue d'aronde avec entaille, comme l'indiquent les figures 27, 28, 29 et 30 de la planche 1.

Pour les escaliers de dégagement, les marches sont ordinairement composées de deux planches. L'une, qui forme le dessus, a $0^m.044$ à $0^m.045$ d'épaisseur et est ornée sur le devant d'un profil en forme d'astragale. De plus, elle est assemblée dans des entailles pratiquées dans les limons, quelquefois avec des tenons, comme l'indiquent les figures 29 et 30, pl. 1. L'autre planche formant le devant peut avoir $0^m.022$

à 0^m.027 d'épaisseur ; elle s'assemble avec celle de dessus à rainure et languette (fig. 28, même pl.).

Lorsqu'on veut former un plafond en dessous, on ajoute d'autres planches qui s'assemblent entre elles et dans les limons à rainures et languettes. Pour empêcher que les joints ne s'ouvrent d'une manière désagréable, par la retraite à laquelle tous les bois sont sujets, on peut les assembler à recouvrement comme l'indique la figure 29, pl. l.

Lorsque ces planches ou revêtements se posent sous des marches dont la largeur est plus grande à une des extrémités qu'à l'autre, comme dans les rampes tournantes, le dessous doit former un gauche produit par la différence de giron, comme c'est indiqué par les figures 33, 34, pl. I.

Les rectangles A B E D, F H I G (fig. 33), indiquent l'épaisseur que doit avoir la pièce de bois pour contenir le gauche, et le trapèze D F G E (fig. 34) se forme développé.

En faisant ce revêtement de deux pièces, les épaisseurs seront indiquées par les rectangles F O N L et M R I P. Il est aisé de voir que l'épaisseur diminue à mesure que la largeur devient moindre.

Lorsque le dessous des escaliers doit être décoré de compartiments avec panneaux, l'épaisseur des limons et des battants de rives doivent être développés. Quant aux traverses et aux panneaux, les bois qui les forment doivent être élégis comme les dessous dont nous venons de parler.

§ 6.   LIMONS DROITS ET NOYAUX D'ESCALIER.

Les limons droits, dits *crémaillères*, ne présentent point de difficultés dans leur exécution. Il ne s'agit que de tracer sur leurs surfaces intérieures le profil des marches pour y creuser les entailles qui doivent les recevoir. Il faut seulement remarquer que si les girons des marches ne sont pas égaux, le dessus du limon doit être une surface gauche déterminée par des lignes, selon le prolongement des marches, qui doivent être de niveau lorsque le limon est en place, et par conséquent former un angle droit avec les aplombs des devants des marches (fig. 35, pl. I).

### § 7.  LIMONS COURBES.

Ces limons doivent être considérés comme des parties de cylindres creux dont la base est exprimée par la projection en plan et qui sont coupés obliquement. Il faut remarquer à ce sujet qu'un cylindre creux formé par des courbes concentriques (fig. 35 et 36, pl. I, en E et en F), étant coupé parallèlement à sa base par un plan droit, donne partout une épaisseur égale ; mais, si l'on suppose que ce plan devienne oblique, il est évident qu'il n'y aura que la ligne autour de laquelle le plan a tourné. C'est pour cette raison que les cerces rallongées qui forment les calibres des parties obliques de cylindre, dans lesquelles les limons doivent être pris, ne sont pas d'égale largeur ; mais comme le dessus et le dessous de ces limons doivent être de niveau dans le sens des perpendiculaires à la courbe en plan, ou, selon la direction du prolongement des marches, les élégissements que l'on fait pour cela redonnent aux surfaces de dessus et de dessous des limons une largeur partout égale comme dans le plan de projection, auquel ces lignes de niveau deviennent parallèles.

La figure 36, pl. I, indique la manière de former

les courbes rallongées pour un limon dont la projection en plan est une ellipse. On a considéré ce limon comme une tranche oblique d'un cylindre à base elliptique. Pour trouver la largeur et l'inclinaison de la bande dans laquelle le limon peut être compris, on a commencé par faire au-dessus du plan (fig. 35) le profil des marches auprès du limon, par le moyen des hauteurs et des largeurs des marches élevées de dessus le plan. Ce profil fait, on a tracé une courbe qui passe par les angles des marches; on a ensuite mené des parallèles à cette courbe pour marquer les arêtes de dessus et de dessous du limon du côté des marches.

Pour l'extérieur du limon, on a divisé son contour en un même nombre de parties que l'intérieur, et après avoir élevé des perpendiculaires de ces points de division, on les a réunies aux divisions intérieures par des horizontales tirées des points où ces dernières rencontrent les courbes du dessus et du dessous, et par ces intersections on a tracé les arêtes extérieures du limon.

Cette projection verticale étant faite, on a mené des points extrêmes des parallèles pour indiquer la tranche de cylindre dans laquelle le limon doit se trouver, en ménageant l'épaisseur du bois le plus possible.

Pour exécuter cette tranche oblique, il faut avoir un calibre (fig. 36, F) qui donne les courbes de dessus et de dessous.

Pour former ces calibres, on a abaissé des perpendiculaires de tous les points où les verticales élevées de dessus le plan rencontrent la ligne droite du dessus de la tranche oblique; on a porté ensuite sur ces lignes les grandeurs des ordonnées correspondantes tracées sur le plan, et par les points donnés on a tracé les courbes rallongées qui doivent former les arêtes du calibre. On se servira de ce calibre pour tracer les pièces de bois dont on doit former le limon, en ne prenant que la partie qui peut être comprise dans chacune de ces pièces, et on les formera en abattant le bois en dehors des parties tracées. Les faces courbes étant faites, on tracera sur celles du côté des marches, leur profil pour les entailles qui doivent les recevoir, et les lignes du dessus et du dessous qui doivent être tangentes aux angles des marches ; les lignes tracées sur le calibre serviront à marquer les points correspondants des lignes de niveau pour former le dessus et le dessous. On a marqué un assemblage sur le calibre dont on peut se servir ; c'est une espèce de trait de Jupiter qui se serre avec une clef. Toutes ces opérations sont indiquées par les mêmes lettres et les mêmes chiffres pour les points correspondants (fig. 35 et 36, en E et en F).

Lorsque le plan de projection des limons d'un escalier est un cercle ou une ellipse, les courbes de rallongement sont toujours des ellipses dont il suffit de connaître les deux axes pour les tracer d'une manière exacte, en se servant de la méthode indiquée dans cet ouvrage, chapitre *Géométrie*.

Mais si la courbe en plan n'est ni une ellipse, ni un cercle, son rallongement peut se faire par les ordonnées comme nous venons de l'indiquer. Le moyen est général pour toutes sortes de rallongements, quelle que soit la courbe, en prenant pour ordonnées des lignes qui ne changent pas de grandeur dans la projection en plan, ou dans une projection faite exprès.

### § 8. ESCALIERS EN S.

La disposition des marches dans les escaliers dont le plan présente la figure d'un S, mérite une attention particulière. En effet, si, pour procurer aux limons une forme régulière, on divisait sur chacun d'eux les marches en parties égales, il en résulterait deux inconvénients assez graves. En premier lieu, les arêtes des marches ne se présenteraient pas perpendiculairement à la direction que suit naturellement une personne qui monte. En second lieu, vers le milieu de l'escalier, les marches deviendraient plus étroites que vers les extrémités, quoiqu'elles fussent toutes d'égale largeur au collet. Disposé de la sorte, un escalier ne saurait être ni commode, ni agréable.

Voici par quel moyen on pourrait éviter ces inconvénients. Le plan de l'escalier étant tracé (fig. 31, pl. 1), on divisera sa largeur en deux parties égales pour avoir la ligne des girons G G ; puis le nombre des marches et leur largeur de giron ayant été déterminés, on portera cette dernière sur la ligne de giron, ce qui donnera les points 1, 2 et 3, etc., par où doivent passer les devants des marches.

Cette opération terminée, on prendra sur le plan la longueur intérieure de l'un des limons (les deux étant parfaitement semblables dans le cas dont il est question) que l'on développera sur la ligne $a\,k$ (fig. 32, même planche).

On divisera ensuite cette ligne en autant de parties égales que l'on a de marches, puis, sur une ligne d'une longueur quelconque $q\,c$, on élèvera deux perpendiculaires dont l'une $p\,q$ aura de longueur la grande largeur de la première et de la dernière marche, et l'autre $x\,v$ celle de leur petite largeur (ces deux dimensions réunies ne doivent jamais excéder en grandeur deux divisions du limon). En réunissant les points $p\,v$ par une ligne droite, on formera un trapèze sur lequel on trouvera toutes les différentes largeurs des autres marches, en les divisant par des perpendiculaires en nombre égal à celui des marches. Au reste, le résultat de cette opération n'est autre chose qu'une progression arithmétique, dans laquelle la somme des extrêmes est égale au double de la somme des moyens.

§ 9. MINIMUM DE GRANDEUR DES ESPACES DANS LESQUELS IL EST POSSIBLE D'ÉTABLIR DES ESCALIERS CIRCULAIRES.

On trouve dans Krafft la solution de trois problèmes de ce genre dont le résultat paraîtra sans doute un complément utile aux détails dans lesquels nous sommes entrés sur cette intéressante partie de la construction.

*Premier problème.*

Quel est le plus petit espace circulaire sur lequel puisse s'établir un escalier commode, c'est-à-dire dont les marches aient 0<sup>m</sup>.16 de pas, 0<sup>m</sup>.32 de giron, et 0<sup>m</sup>.97 de long, et qui ait 1<sup>m</sup>.95 d'échappée? ce qui détermine 13 marches dans une révolution (fig. 7 et 10, pl. 1).

Résultat de la solution, 2<sup>m</sup>.31.

*2° Problème.*

Quel est le plus petit espace circulaire sur lequel on puisse établir un petit escalier praticable, quoique un peu étroit, c'est-à-dire dont les marches aient 0<sup>m</sup>.16

de pas, 0m.21 de giron, qu'il ait 0m.16 de noyau et 1m.95 d'échappée? ce qui réduit à 18 le nombre des marches d'une révolution.

Résultat de la solution, 1m.65.

### 3e *Problème.*

Etant forcé par l'emplacement de réduire le giron de chaque marche à 0m.20, de porter le bas à 0m.17 de hauteur, et de n'en mettre que 12 dans une révolution, quel est le plus petit espace circulaire sur lequel cet escalier puisse être construit, en réduisant son noyau à 0m.13?

Résultat de la solution, 1m.45.

Pour compléter ce traité des escaliers, il ne nous reste plus qu'à dessiner (fig. 2, pl. 11) le plan d'un escalier intéressant à la fois par sa position et par sa forme. La figure 3, même planche, le montre de profil, et la figure 1 en perspective.

Le petit escalier de bibliothèque (fig. 4, pl. 11), est en même temps l'accessoire et l'achèvement de ce traité. Nous nous abstenons de donner les explications de ces dernières figures. Ce qui précède le grand escalier nous en dispense, et le second est tellement simple que tout détail serait superflu.

### § 10.   MANIÈRE DE REVÊTIR EN BOIS LES RAMPES D'ESCALIER.

Dans les grandes villes, le soin de faire ce travail est confié à un menuisier spécial qu'on appelle *menuisier rampiste*, et qui n'est appelé qu'après que la serrurerie est mise en place.

Pour effectuer son travail, cet ouvrier emploie plusieurs outils spéciaux de la famille des outils à moulures et à assembler. Tels sont : le BOUVET A RAINER

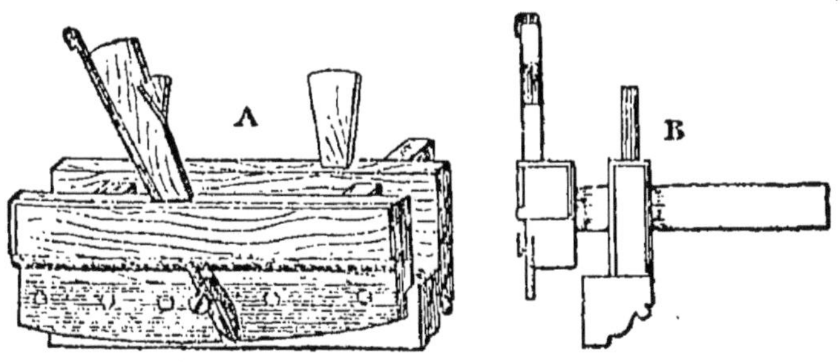

Fig. CXLV.

LES BANDELETTES (fig. CXLV), le BOUVET ROND (fig.

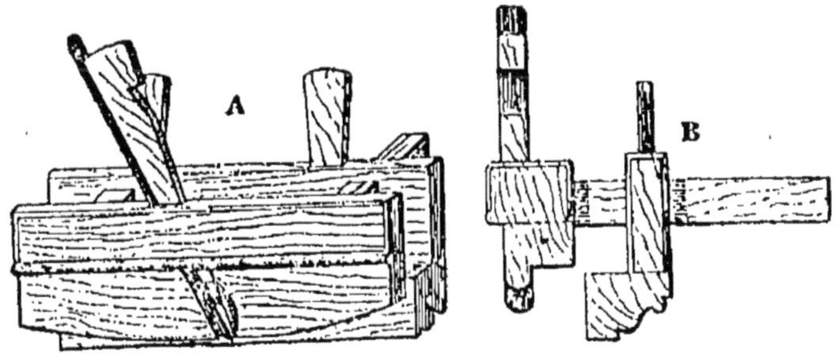

Fig. CXLVI.

CXLVI) pour creuser les rainures, le BOUVET EN SABOT

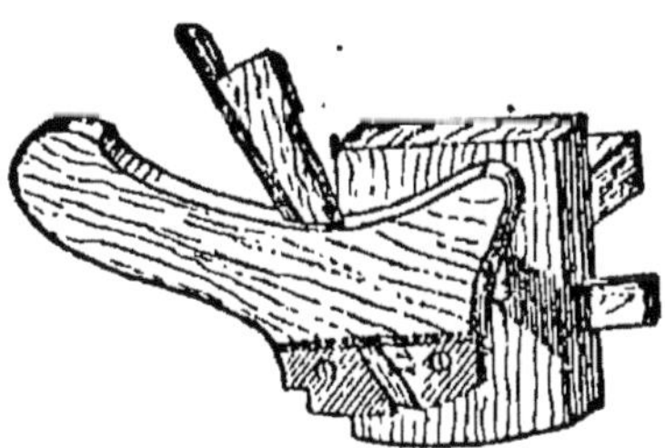

Fig. CXLVII.

(fig. CXLVII) pour poser les filets, la DOUCINE RIFFLARD

(fig. CXLVIII), la DOUCINE EN SABOT (fig. CXLIX), et

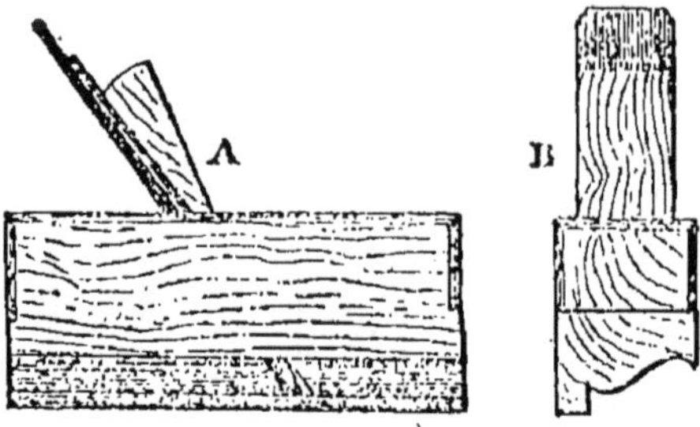

Fig. CXLVIII.

deux GUILLAUMES EN SABOT, l'un *rond* (fig. CL) et

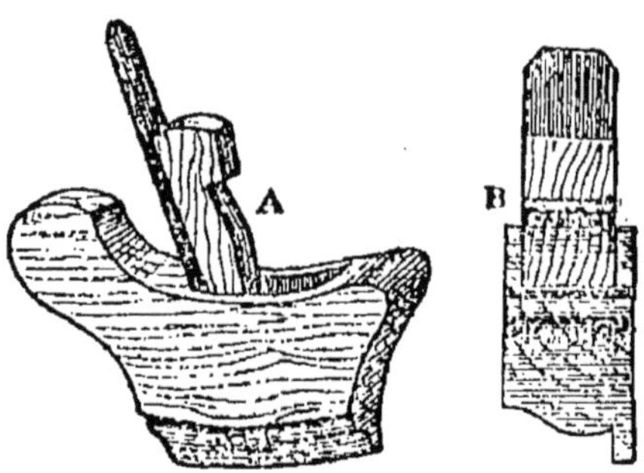

Fig. CXLIX.

l'autre *de côté* (fig. CLI). Les dessins font suffisamment

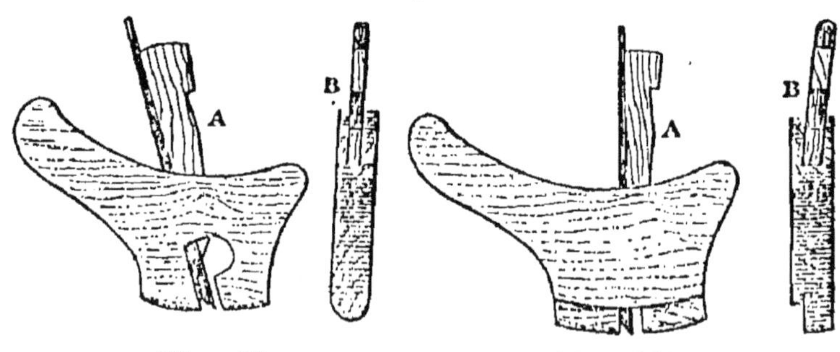

Fig. CL.　　　　　　Fig. CLI.

connaître leur disposition pour que nous jugions inutile de les décrire.

Quand le rampiste est arrivé devant l'escalier d'après lequel son tracé doit être fait, il remarque deux choses différentes : 1° la bandelette qui recouvre les balustres et les réunit; 2° la volute qui couronne le premier pilier et est surmontée elle-même par une pomme en métal. Il doit commencer par prendre le tracé de la volute. Pour cela, il perce au centre une planche mince ou un carton, fait passer par cette ouverture la pointe sur laquelle est fixée la pomme, puis trace en dessous, en dedans et en dehors, le contour de la volute en métal.

Il n'est pas plus difficile de prendre le tracé du reste de la bandelette. Pour cela, on n'a qu'à se servir d'une lame de plomb qui doit avoir à peu près la largeur de la bandelette sur 0$^m$.002 à 0$^m$.005 d'épaisseur. On la pose sur la bandelette dans les parties gauches ou courbes, et on la bat avec le marteau jusqu'à ce qu'elle ait pris la même forme et la même courbure. On s'assure du degré d'inclinaison de la rampe en prenant la différence de niveau entre les deux extrémités de la bande de plomb). On répète cette opération avec des lames semblables à toutes les courbes qui ne sont pas exactement pareilles; car si elles le sont, le même patron peut servir pour toutes. Enfin, on prend la longueur des parties droites avec une règle, et on s'assure du degré d'inclinaison en prenant la différence de niveau des deux extrémités de la règle. Tous les patrons doivent être numérotés, afin que l'on soit bien sûr de les placer dans la position où ils étaient sur la bandelette en fer.

Cette opération, purement mécanique, donne un moyen facile d'avoir le tracé de tout l'ouvrage. On peut cependant arriver au même résultat à l'aide des projections, et recourir à l'art du trait, qui donne même des moyens plus sûrs pour réussir. Quelques-unes des opérations à faire pour cela sont indiquées par les figures 2, 3, 4, 5 et 6 de la planche I. Les exemples qu'elles représentent seront compris du premier coup-d'œil par ceux qui connaissent l'art du trait, et par tous ceux qui ont bien compris le peu de choses qu'il nous a été possible d'en dire. Les mêmes exemples les mettront sur la voie pour exécuter sans peine toute autre opération du même genre.

Quoi qu'il en soit, après s'être ainsi procuré sans peine des patrons indiquant les diverses courbures et inclinaisons des parties de menuiserie qu'on a à exécuter, il reste à en tirer parti et à faire convenablement l'ouvrage.

Occupons-nous d'abord de la volute. On découpe, suivant le tracé, la planche ou le morceau de carton sur lequel on a marqué le contour de la volute en métal. On peut, sur ce patron, faire une autre volute en bois plus forte, et sous laquelle on ménage une rainure de la grandeur de la pièce de carton ou de la planche découpée. Cette rainure est destinée à recevoir la volute en métal. Cette manière d'opérer peut avoir des inconvénients assez graves, parce qu'on n'est pas sûr d'avoir par ce moyen une figure élégante et régulière ; il vaut bien mieux tracer géométriquement la volute sur le morceau de bois qui est destiné à la faire.

La figure 8, pl. I, représente ce tracé qui est extrêmement facile à concevoir. On commence par faire sur la pièce de bois un cercle qui doit servir d'œil à la volute, et qu'il faut proportionner par conséquent à l'œil de la volute en carton qui a été découpée sur la volute en métal. On divise en trois parties le diamètre de ce cercle, et l'on construit sur l'une de ses parties un carré dont chaque côté est égal au tiers du diamètre du cercle. Ce carré est divisé en quatre parties par deux perpendiculaires se croisant entre elles, et abaissées dans l'intérieur du carré du milieu de ses côtés. Le point d'intersection de ces perpendiculaires doit être placé au centre du cercle. Ce carré sert de guide pour tracer la volute.

Occupons-nous d'abord de la spirale extérieure, de celle qui a le plus de longueur. On la décrit en plaçant l'une des pointes du compas au milieu du côté $az$ du carré, et l'autre pointe sur la circonférence du cercle, à l'endroit où aboutit la perpendiculaire abaissée du côté $zx$ du carré. On fait décrire un quart de cercle au compas ainsi placé, puis on porte celle de ses pointes qui était au milieu du côté $az$, sur le milieu du côté $ao$ du carré au point $c$. On décrit alors un autre quart de cercle. On porte la pointe du compas au point $u$ sur le milieu de $ox$, et de ce nouveau centre on trace un troisième quart de cercle. Le quatrième quart de cercle, destiné à compléter le premier tour de la volute, se trace en prenant pour centre le milieu de $xz$. Enfin, on trace un dernier quart de cercle en choisissant pour centre l'angle $a$ du carré, et on prolonge l'extrémité du dernier arc ainsi obtenu par une droite parallèle au diamètre de l'œil de la volute, et ayant une fois et demie la longueur de ce diamètre.

La seconde ligne destinée à tracer la volute doit commencer au point de l'œil le plus éloigné du point carré qui a servi de centre pour tracer le premier quart de cercle de la première volute, et on trace le premier quart de cercle de la seconde en prenant pour centre le milieu de $zx$, en face du point où commence la première volute. Le second quart de cercle est tracé de l'angle $a$, et on le termine par une droite, parallèle à celle qui termine la première spirale.

Ce que nous venons de dire indique suffisamment comment on pourra tracer les autres lignes qui seraient nécessaires pour faire quelques ornements, et qui sont indiquées par les parties ponctuées de la figure.

Une fois ce tracé bien fait, il sera facile de tailler convenablement la pièce de bois, et l'on n'aura pas d'autre précaution à prendre que de creuser par-dessous une rainure de dimension convenable, et dans laquelle puisse être logée la pièce de métal qui doit supporter la pièce de bois.

Les autres pièces qui doivent recevoir la bandelette se font avec des madriers de largeur et d'épaisseur convenables. On leur donne la longueur que prescrit la forme des courbes, en observant, néanmoins, que l'ouvrage a bien plus de mérite quand les pièces sont longues, que quand elles sont courtes.

Les patrons en plomb ou en bois servent à régler la longueur de ces diverses parties; ils servent aussi à régler la courbure.

A l'aide des mêmes patrons, on trace par-dessous la largeur de la bandelette, et l'on creuse une rainure dans laquelle elle puisse être logée bien juste; il est même prudent de donner à cette rainure un excès de profondeur de $0^m.002$ : cela met à couvert de tous les accidents qui pourraient être occasionnés par des erreurs. Par la même raison, en taillant chaque pièce, il est bon de lui donner un excédant de longueur.

Chaque pièce doit être taillée en biseau à son extrémité, afin qu'elles se joignent mieux.

Lorsque ces opérations préliminaires ont été faites, on porte les pièces sur les lieux et on les assujettit en place avec des vis à main. On achève de préparer les joints bien justes, on efface les jarrets, s'il y en a, et l'on trace sur les parois de la rainure le dessous de la bandelette, afin d'enlever bien juste l'excédant qu'on a laissé. On commence cette opération par la volute, et, en la continuant, on numérote au fur et à mesure toutes les pièces qui sont définitivement ajustées ensemble.

Reste à orner les courbes comme elles doivent l'être. On choisit presque toujours une forme arrondie, et il ne peut guère en être autrement, sans quoi on courrait le risque de blesser la main. Le patron, ou calibre, d'après lequel on exécute ces formes, est facile à tracer; car presque toujours il se réduit sur la coupe à un cercle ou à une ellipse, auxquels on ajoute au besoin une espèce de pied d'exhaussement dans le plein duquel on loge la bandelette, et dont on obtient facilement la courbure avec deux arcs de cercle égaux.

On porte (fig. 9, pl. 11) sur une mince volige ou sur un carton un peu fort la coupe verticale de l'un des madriers que l'on veut tailler suivant le patron. Cette coupe est représentée par le dessin, où $dcbc$ sont les angles de la coupe, $a$ est la rainure ménagée pour la bandelette des angles $c$ et $b$. On tire deux lignes obliques qu'on prolonge jusqu'à ce qu'elles se coupent en $a$, milieu de $dc$. Du point $a$, comme centre, on décrit l'arc du cercle supérieur; on porte sur la ligne supérieure $cb$ la largeur de la rainure, moitié à droite, à partir de l'extrémité *b*, moitié à gauche, à partir de l'extrémité *e*. On marque de la sorte deux points sur la ligne *e b*, à partir desquels on trace deux lignes qui vont aboutir aux angles inférieurs *d c*. Enfin, des points *k* et *l*, où ces lignes coupent les lignes *b a, e a*, on trace les deux arcs de cercle latéraux. On fait le bas de la figure en tirant deux lignes parallèles à *d e* et à *b c* que l'on raccorde avec les arcs latéraux, si elles en sont éloignées, par d'autres arcs de cercle tracés en plaçant une pointe du compas sur les lignes *e d, b c*, et l'autre pointe à l'intersection des nouvelles lignes avec les lignes *a b, a e*.

En évidant la feuille de carton ou la volige, conformément au tracé, on obtient un calibre avec lequel on vérifie facilement le travail, qui s'exécute en abattant d'abord les chanfreins que l'on peut faire, et en poussant ensuite les gorges et les moulures à la manière ordinaire.

Cela fait, on met toutes les pièces en place ; on fixe les joints à l'aide de goujons de fer pointus par les deux bouts, et l'on adapte les pièces à la bandelette au moyen de vis à tête fraisée mises par-dessous. La pression des vis sert à rendre les joints plus parfaits. Il faut avoir bien soin qu'il se trouve une vis de chaque côté des joints, à 81 millimètres de distance de chacun d'eux.

# DEUXIÈME SECTION

## MENUISERIE MOBILE.

---

## CHAPITRE I<sup>er</sup>.

### Portes.

---

### § 1.  DÉFINITIONS ET GÉNÉRALITÉS.

Le mot PORTE a deux acceptions bien différentes.
On donne ordinairement ce nom aux ouvertures pratiquées dans les murailles, et par lesquelles on pénètre ordinairement dans les maisons et dans les appartements; on le donne aussi à la pièce de menuiserie mobile qui bouche à volonté cette ouverture.
C'est dans ce sens que nous prendrons désormais ce mot; nous réserverons le mot *baie* pour désigner spécialement l'ouverture de la muraille, et nous emploierons celui de *tableau* pour indiquer les parois intérieures de la baie, celles qui sont perpendiculaires aux grandes surfaces de la muraille.

On peut distinguer différentes espèces de portes, et les diviser en *portes extérieures* et en *portes intérieures*, suivant qu'elles servent de communication entre les diverses pièces ou avec le dehors du bâtiment; en *portes à un battant* et en *portes à deux battants;* en *grandes, moyennes* et *petites portes.* Mais toutes ces divisions sont plus embarrassantes qu'utiles, et, sans adopter aucune de ces classifications, nous passerons successivement en revue : les *portes charretières*, les *portes cochères*, les *portes bâtardes*, les *portes d'intérieur*, les *portes décorées*.

## § 2.  PORTES CHARRETIÈRES.

Les PORTES CHARRETIÈRES sont très-simples et toujours très-solides : c'est la seule qualité dont elles aient besoin. Ordinairement elles sont à deux battants, ou *vantaux,* c'est-à-dire composées de deux pièces d'égale grandeur, et fermant chacune une moitié de la porte. Chaque battant a ordinairement la forme d'un grand parallélogramme, fixé par un de ses côtés avec des gonds dans un des côtés de la baie (fig. 3, pl. III).

La manière la plus aisée de faire les portes de ce genre, consiste à assembler parallèlement entre elles des planches peu larges et fort épaisses, qu'on unit ainsi en nombre suffisant. Si l'on veut plus de solidité encore, on emboîte, en outre, à tenon et à languette, l'extrémité de toutes ces planches dans deux épaisses traverses placées l'une en haut et l'autre en bas, et dans la tranche desquelles on a creusé des mortaises et une rainure. Indépendamment de cette précaution, avec de forts clous dont la tête large est en dehors et dont la pointe est rivée en dedans, on cloue transversalement sur les planches trois autres bonnes traverses, et quelquefois, pour fortifier davantage le tout, on unit ces trois traverses par deux autres traverses placées diagonalement entre les premières, faisant avec celles-ci une espèce de double Z, et clouées comme elles.

En général, quand on fait une porte à deux battants, on les fait tous deux un peu plus grands qu'ils ne devraient l'être et l'on creuse, dans le bord par

lequel ils se joignent mutuellement, une feuillure
dont la largeur est égale à l'excédant d'épaisseur de
chacun d'eux ; de telle sorte que l'une des feuillures
étant tournée en dedans et l'autre en dehors, la partie
saillante de l'une entre dans l'angle rentrant de l'autre, et que les deux battants sont ainsi mutuellement
arrêtés. Toutefois, cette manière de procéder diminuant de moitié, en ce point, l'épaisseur de chaque
battant, n'est pas employée pour les portes charretières, qui n'ont jamais trop de solidité, et pour lesquelles on atteint le même but d'une façon encore
plus simple.

Pour cela, on prend un montant un peu épais, aussi
haut que la porte, et on le cloue solidement sur la
face intérieure de l'un des montants, de telle sorte
qu'il déborde, sur toute la longueur, d'environ 0$^m$.020
ou 0$^m$.027, et forme, avec la tranche du battant, un
angle droit semblable à une feuillure dont la cavité
est tournée en dehors. C'est une feuillure véritable,
composée de deux pièces, et, comme primitivement
les deux battants étaient d'égale épaisseur, ils se joignent exactement quand on les ferme, la feuillure de
l'un des vantaux recevant la tranche de l'autre, tandis
que l'excédant de la longueur du montant s'appuie
sur la surface intérieure de ce second vantail. Quand
la porte est fermée, ce montant parait être fixé sur le
joint et le recouvre exactement.

### § 3. PORTES BOURGEOISES OU BATARDES.

On appelle PORTES BOURGEOISES OU BATARDES des
portes qui n'ont qu'un battant large de 1$^m$.30 à 1$^m$.95
et de la hauteur ordinaire. Elles servent à fermer les
portes d'allées. Quelquefois, on les fait aussi simples

que les portes charretières; mais habituellement encore on les soigne bien davantage. Dans aucun cas, néanmoins, on n'est obligé de soigner extrêmement leur poli, parce qu'on finit toujours par les recouvrir d'une couche de couleur à l'huile, sans laquelle, exposées souvent à l'humidité et battues par la pluie, elles ne tarderaient pas à pourrir.

Quand on veut soigner ces portes, on les compose ordinairement de sept pièces, savoir : 1° deux montants de la hauteur de la porte; 2° trois traverses d'une largeur égale à celle que doit avoir la porte, moins la largeur des montants; 3° deux panneaux épais. Deux des trois traverses s'assemblent en haut et en bas, à tenon et à mortaise, dans les deux montants, avec lesquels elles forment un parallélogramme à jour, dont les tranches intérieures sont presque toujours ornées de moulures, quelquefois tant en dedans qu'en dehors, d'autres fois seulement du côté de la rue. Par cette raison, les assemblages doivent être à onglet. La troisième traverse s'assemble aussi avec les montants à tenon et à mortaise; elle est ornée de moulures, tant sur sa tranche inférieure que sur sa tranche supérieure. Le point où on la place varie quelquefois. Tantôt, on la met au milieu de la hauteur des montants; dans ce cas, le premier parallélogramme qu'on avait obtenu est divisé en deux parallélogrammes d'égale hauteur. Tantôt, et c'est le plus souvent, on la met un peu plus bas, à 0$^m$.095 environ au-dessus du sol; dans ce cas, des deux parallélogrammes obtenus par cette division, celui qui est supérieur est plus haut que l'inférieur.

Les deux panneaux sont destinés à remplir ces deux parallélogrammes, et les dimensions des uns sont réglées par l'ouverture des autres. Les panneaux s'assemblent à languette dans des rainures creusées dans la tranche des traverses et des montants. Presque toujours ils sont à plate-bande, ornés de moulures sur les côtés et même sur le plat. Ces dernières consistent souvent en une espèce de rainure, plate par le fond, qui divise ordinairement la surface du panneau en plusieurs triangles entre lesquels est un carré dont les angles répondent au milieu des traverses et des montants. Cette rainure se fait avec la Guimbarde ou avec le Guillaume. (Voyez différents modèles, fig. 1 et 2, pl. III.)

Les portes ainsi construites tournent sur des gonds scellés dans l'un des tableaux de la porte, et l'autre montant vient s'appliquer contre une feuillure creusée dans la pierre de taille de l'autre tableau. Cette feuillure est toujours tournée en dedans de la maison. Mais, quand les baies ont plus de 1$^m$.624 de largeur, au lieu de sceller les gonds dans le tableau et de creuser la feuillure dans la pierre de taille, on rétrécit la baie avec une espèce de bâti ou d'encadrement intérieur, en bois épais, et c'est dans cet encadrement qu'on fixe les gonds et qu'on creuse la feuillure.

Quelquefois, on a besoin de donner du jour aux allées par la porte bâtarde. Alors, si la baie est assez élevée, on n'accorde pas toute cette hauteur à la porte. On fait un bâti comme nous venons de le dire. La porte vient jusqu'aux trois quarts de l'élévation de ce bâti, puis on y assemble une traverse. Dans ce cas, le haut du bâti est vide; on y place quelques barres de fer pour qu'on ne puisse pas s'introduire par là dans la maison : c'est ce qu'on nomme une *imposte*.

Quand la porte est trop basse pour qu'on use de ce

moyen, on remplace le panneau supérieur par plusieurs barres de fer croisées en différents sens et travaillées avec plus ou moins de soin (la figure 4, pl. III, en représente un modèle); mais il faut prendre la précaution de faire les montants de la porte très-forts et bien solides. Souvent aussi, les barres de fer sont remplacées par de forts liteaux en losange ou autre dessin. Quelquefois, cette ouverture est refermée par derrière avec une espèce de volet mobile qu'on ouvre à volonté. La manière de construire ce volet est simple : il est fixé sur des gonds, et s'ajuste dans une feuillure creusée au pourtour intérieur de l'ouverture.

### § 4. PORTES COCHÈRES.

Les PORTES COCHÈRES servent d'entrée principale aux hôtels et aux grandes maisons, et se font avec autant de solidité que les portes charretières, mais d'une manière bien moins simple et beaucoup plus ornée. Elles sont composées de deux battants dans l'un desquels est placé un *guichet,* ou petite porte à un seul battant, assez semblable, pour les dimensions et pour la forme, à une porte bâtarde. L'autre battant ou vantail porte bien aussi un guichet, mais comme on n'en a besoin que pour la régularité des formes, il est fixe et ne s'ouvre jamais.

Chaque vantail a la forme de la moitié de la baie. Néanmoins, on fait souvent une imposte, surtout quand la baie est en arceau par le haut. Dans ce cas, chaque vantail n'a de hauteur qu'à partir du dessous de la traverse de l'imposte, et sa forme est toujours celle du parallélogramme.

Chaque vantail est composé d'abord d'un fort bâti

ou encadrement formé de deux montants et de deux traverses solidement assemblés. Une troisième traverse, assemblée de même dans les montants aux deux tiers ou aux trois quarts de leur hauteur, y forme une autre espèce d'imposte dans laquelle on place un panneau saillant qu'on nomme *table d'attente*.

Au-dessous de cette traverse d'imposte est le guichet. Que ce guichet soit mobile ou immobile, battant ou dormant, la régularité veut qu'on le forme de même dans l'un et l'autre cas, et qu'il n'y ait de différence que pour la manière de le fixer.

Chacun de ces guichets se compose des mêmes pièces qu'une porte bâtarde, et la structure est la même. Mais le guichet dormant porte sur tous ses côtés une forte languette, qui doit être du tiers de l'épaisseur du guichet, et qui s'assemble dans des rainures creusées dans la tranche des montants et des traverses du vantail. On rend encore cet assemblage plus solide en mettant, dans les guichets et dans les montants du bâti du vantail, deux clefs d'une largeur et d'une épaisseur suffisantes.

A l'égard du guichet ouvrant, on creuse sur ses tranches une feuillure dont l'angle rentrant est tourné du côté de la rue. Le bord interne du bâti du vantail destiné à recevoir ce guichet est chargé d'une feuillure semblable, mais tournée vers le dedans de la maison, de telle sorte que, lorsqu'on ferme, ces deux feuillures s'appliquent l'une contre l'autre. Ce guichet est d'ailleurs mobile sur des gonds fixés intérieurement sur le battant du vantail le plus voisin du tableau.

Les assemblages des divers bâtis doivent avoir d'épaisseur le tiers au plus de celle des pièces de bois, et comme leur force est en raison de leur largeur et de leur épaisseur combinées, il en résulte clairement qu'il faut employer, pour faire les montants et les traverses de ces bâtis, des pièces de bois d'autant plus larges et plus épaisses que la porte est plus grande.

En général, il faut donner le plus grand soin à l'assemblage des portes cochères, choisir de bon bois et sans défaut, faire les tenons bien justes dans les mortaises, et fortifier toujours, par deux ou trois clefs au moins, chaque panneau.

Chaque montant et chaque traverse doivent être d'une seule pièce; mais on fait toujours les panneaux de plusieurs, et on choisit pour cela des planches aussi étroites que possible, afin qu'elles soient moins sujettes à se tourmenter et à se fendre par suite de leur exposition au grand air.

Les panneaux, les montants, les traverses, les impostes postiches de chaque vantail, l'imposte qui règne au-dessus de toute la porte, sont toujours ornés de diverses moulures d'une largeur et d'une saillie proportionnées au volume de l'ouvrage. Elles ne peuvent être exécutées que par des instruments très-forts, à fer presque droit, et poussés par deux vigoureux ouvriers. Quelquefois, on perce dans l'imposte une ouverture ovale ou circulaire qu'on traverse par une ou deux barres de fer. Les figures 15 et 16, pl. III, représentent des modèles de portes cochères diversement décorées.

Quant à la fermeture des portes cochères, dont les deux vantaux tournent sur de forts gonds scellés dans la muraille, elle a lieu par la jonction des bords des montants opposés aux gonds. Sur ces bords on creuse ordinairement une feuillure. La feuillure tournée à l'intérieur est celle qu'on creuse dans la tranche du vantail à guichet dormant. Mais une *fermeture à noix* est bien préférable. C'est celle qui a lieu quand on creuse une gorge ou rainure cylindrique dans la tranche d'un des vantaux, et quand la tranche de l'autre battant est taillée en demi-cylindre qui s'engage dans la gorge. De cette manière les deux vantaux tiennent bien mieux ensemble, et la fermeture est beaucoup plus exacte.

Quand on fait une fermeture à feuillure, on ne doit jamais négliger d'arrondir les arêtes des angles saillants, sans quoi on ne pourrait pas toujours ouvrir et fermer commodément.

### § 5. PORTES D'INTÉRIEUR.

Les PORTES D'INTÉRIEUR, qui servent de communication entre les différents appartements, sont toujours faites avec plus de soin que les portes extérieures. Elles se divisent en deux ou trois espèces, savoir : les *portes à deux battants*, les *portes à un battant*, les *portes coupées dans la boiserie*. On peut y ajouter les *portes vitrées*, quoiqu'elles ne soient plus guère de mode.

### 1° Observations générales.

On distingue diverses parties dans toutes ces portes, savoir : l'embrasure, le chambranle et les battants. Comme ces deux premières parties sont les mêmes dans toute espèce de porte, c'est par elles que nous commencerons.

Quand les portes sont percées dans de simples cloisons, la baie est naturellement revêtue en bois, puisqu'on y a placé des solives transversalement et verticalement pour régler l'ouverture. Mais il n'en est pas ainsi quand elles sont pratiquées dans un mur de refend, et surtout dans un de ces murs épais de construction ancienne, qui deviennent de plus en plus rares dans les habitations nouvelles. Alors, pour empêcher d'apercevoir le nu de la maçonnerie, on la recouvre intérieurement d'une boiserie, tant par les côtés que par le haut : c'est ce revêtement qu'on appelle *embrasure de porte*.

On ne procède pas autrement pour cette menuiserie que pour les lambris ordinaires; des panneaux, des traverses et des montants sont les seules pièces qui la composent. Souvent même, il arrive que la muraille étant peu épaisse, une seule planche suffit de chaque côté.

Le dessus de l'embrasure est quelquefois posé tout simplement à plat sur les montants de côté; il vaudrait beaucoup mieux les assembler à queue d'aronde. Quand ces pièces sont ornées de moulures, ce qui est indispensable lorsqu'elles sont larges, et quand les appartements que les portes mettent en communication sont lambrissés, il est évident que la décoration de l'embrasure doit être en harmonie avec celle du lambris.

On donne le nom de *chambranle* à une espèce d'encadrement en menuiserie qui borde extérieurement les baies des portes, et reçoit les ferrements destinés à soutenir les battants. Cette menuiserie n'est souvent formée que de deux montants et d'une traverse supérieure, ornés de quelques moulures. Quand on veut plus d'élégance, on donne tout à fait aux montants la forme d'un pilastre, et à la traverse celle d'une corniche; mais, dans tous les cas, il faut se mettre en accord avec le dessin du lambris, s'il y en a un.

Le bas du châssis du chambranle est toujours en forme de plinthe, et par conséquent un peu saillant, tant de face que sur les côtés.

Les pièces qui composent cette menuiserie s'assemblent d'onglet à tenon et mortaise. Les mortaises sont constamment creusées dans la corniche.

L'épaisseur des chambranles varie, et leur saillie doit être réglée par leur largeur et leur hauteur; mais cette saillie doit être plus considérable de quelques millimètres quand il y a un lambris à côté, puisque ce lambris doit s'assembler dans la tranche du chambranle à rainure et à languette.

La tranche du chambranle est toujours creusée d'une feuillure dans laquelle pénètre la porte. Si l'autre côté de la muraille est revêtu d'une menuiserie semblable qui ne doit pas recevoir de porte, c'est un pur ornement qu'on appelle *contre-chambranle;* alors la feuillure, devenue tout à fait inutile, est remplacée par une moulure.

Le premier soin, quand on veut faire une porte dans un appartement, doit être de régler ses dimensions apparentes, qui ne sont pas toujours semblables aux dimensions réelles ou à la baie ouverte dans la muraille. Il se peut que les différences dans la hauteur des pièces aient causé des différences dans la hauteur des baies, qu'elles ne soient pas toutes également larges, que les unes soient percées pour deux battants, les autres pour un seul. Cependant, le goût commande impérieusement de faire symétriques toutes les portes qui s'ouvrent dans un même appartement, de leur donner à toutes la même largeur, la même hauteur, la même forme.

Il y a un moyen facile de parer à tous ces inconvénients en figurant avec une menuiserie dormante, ce qu'on ne peut faire en menuiserie mobile. Par exemple, si de deux portes placées en face l'une de l'autre, on a besoin que la première soit à deux battants, et que le défaut de largeur de la baie de la seconde ne permette pas de la construire de même, on commence par faire la première porte. On fait pour la seconde une menuiserie entièrement semblable; mais, en la posant, on a soin qu'un seul des battants soit placé vis-à-vis de la baie, ce qu'on obtient sans peine en reculant le chambranle soit à droite, soit à gauche, et l'on fixe l'autre battant d'une manière invariable. Un seul de ces deux battants peut s'ouvrir, un seul correspond à l'ouverture de la muraille; mais, quand on est dans l'appartement, on ne peut se douter de rien de tout cela. On aperçoit deux battants : peu importe que l'un d'eux ne soit qu'un ornement; la symétrie est sauvée.

Si l'une des pièces est plus basse que l'autre, si un escalier de quelques marches a été nécessaire, et a forcé d'élever plus une baie que l'autre; si, au contraire, l'appartement voisin est plus bas, et qu'on ait été forcé de faire la baie moins haute, on a une semblable ressource.

Dans le premier cas, on donne aux battants la même hauteur, celle de la porte de la grandeur ordinaire, et on les surmonte par une haute corniche ou imposte en menuiserie, qui, d'un côté, ne recouvre que la muraille, tandis que, de l'autre, elle cache l'excédant d'élévation de la baie irrégulièrement percée.

Dans le second cas, au contraire, lorsqu'une des portes est plus basse qu'il ne convient de les faire, on règle la hauteur des deux portes sur celle de la baie régulière; mais on coupe transversalement l'une d'elles à la hauteur de la petite baie, et la pièce ainsi retranchée par un trait de scie bien fin, est convertie en une imposte qu'on unit d'une manière invariable avec le chambranle.

L'emploi des papiers de tenture a permis de recourir à des procédés encore plus simples pour déguiser tous ces défauts de symétrie. On fait, sans chambranle saillant, la porte irrégulière; par le haut, elle ne porte aucune moulure, est toute unie et parfaitement de niveau avec la paroi de la muraille. Par le bas, on la fait parfaitement conforme au lambris d'appui, afin qu'en ce point encore la porte semble être une partie de la muraille. Pour plus d'exactitude, on continue le lambris comme s'il n'y avait pas de porte, et ensuite on sépare du reste, par un coup de scie, la portion qui se trouve devant la baie. Cependant, il est indispensable d'arrondir l'angle produit par la division transversale faite à la cymaise du côté opposé aux gonds, ou de faire cette division oblique, de telle sorte que la partie de la cymaise qui tient à la muraille recouvre un peu celle qui tient à la porte. Sans cette précaution, on ne pourrait pas ouvrir. Quand la menuiserie est ainsi faite, on ferme la porte, on peint le lambris d'appui et on colle le papier comme si la porte n'existait pas; puis, quand le papier est bien sec, avec la lame d'un couteau qu'on fait glisser entre la porte et le tableau, on coupe tout autour ce papier dans la direction convenable. Dans ce cas, évidemment la porte n'est rendue apparente que par cette fente faite au papier; elle est donc très-peu visible. Mais cette méthode ne peut être employée que pour masquer des portes à un seul battant.

Les battants des portes intérieures ne diffèrent des battants des portes extérieures que par une moindre épaisseur et plus de simplicité dans les moulures. De même que celles-ci, elles sont formées de panneaux assemblés à rainure et à languette dans des parallélogrammes à jour formés par des montants et des traverses unis ensemble par des tenons et des mortaises.

Les rainures et les languettes ont, le plus souvent, $0^m.014$ de saillie ou de profondeur sur $0^m.007$ ou $0^m.011$ de largeur. Leurs dimensions sont bien égales, afin que la languette, pénétrant jusqu'au fond de la rainure, ne permette pas de voir le jour à travers. Comme les pièces sont minces en général, on tâche d'ajouter à la solidité des assemblages, en faisant le tenon qu'on taille dans les traverses aussi long que les montants sont larges. Il en résulte que ceux-ci sont percés d'outre en outre par les tenons.

Comme nous l'avons déjà dit, ces portes ont une bien moindre épaisseur que celle des portes extérieures. Il suffit communément de $0^m.020$ à $0^m.027$. La manière la plus usitée de les orner, consiste à faire tout simplement les panneaux à plate-bande et à pousser une doucine à baguette tout autour des parallélogrammes formés par les traverses et les montants. Quelquefois, au lieu de trois traverses, on en met quatre; et le grand parallélogramme formé par les deux montants, ainsi que la traverse supérieure et la traverse inférieure, est divisé en trois autres parallélogrammes. Celui du milieu est petit et très-allongé, les deux autres sont égaux et à peu près carrés. Il ne faut employer cette division que lorsque les portes sont un peu élevées; elle serait du plus mauvais goût si les deux grands panneaux n'étaient pas au moins aussi hauts que larges.

### 2° *Portes à deux battants.*

Lorsque les portes sont à deux battants, celui que l'on ouvre le plus habituellement et que l'on pousse devant soi pour entrer, est toujours celui qui est à droite ; il faut se régler sur cette habitude quand on fait les feuillures par lesquelles leurs bords s'appliquent l'un sur l'autre et s'emboîtent ensemble. En conséquence, la feuillure du battant de droite, de celui qu'on pousse pour entrer, doit toujours être du côté opposé à celui vers lequel ce battant est poussé. C'est le contraire pour l'autre battant, la partie rentrante de sa feuillure devant toujours faire face à la partie rentrante de la feuillure du premier (fig. 8, pl. III).

### 3° *Portes à un battant.*

Les portes à un seul battant ne diffèrent des autres que parce que la baie est plus étroite. On n'en fait qu'un seul toutes les fois que la baie a de 0$^m$.65 à 0$^m$.97 de largeur seulement, sur 1$^m$.95 à 2$^m$.27 d'élévation. Du reste, la forme du battant, son épaisseur, ses ornements, sont les mêmes pour les deux genres de portes ; seulement, on ne fait pas de feuillures au bord du battant : celle du chambranle suffit.

Quelquefois les portes à un seul battant se font tout unies, sans ornements, et d'une épaisseur plus ou moins grande. On les compose de planches assemblées à rainures et à languettes ; mais, dans ce cas, pour plus de solidité, il est bon de placer quelques clefs sur la hauteur. Les bouts de ces portes sont ordinairement assemblés dans des emboîtures avec des languettes et des tenons. Toutefois, quand elles sont exposées à l'humidité, il vaut mieux remplacer l'emboîture inférieure par une simple traverse, que l'on cloue solidement, l'emboîture amincie intérieurement par la rainure et les mortaises qu'on y creuse étant trop exposées à pourrir.

Quand on veut avoir une porte bien solide, on commence par la faire comme nous venons de le dire, puis on la double avec des planches épaisses et clouées transversalement aux premières; on rapproche les clous le plus possible, et on rive leurs pointes en dehors. La fibre du bois étant verticale d'un côté et horizontale de l'autre, une porte de ce genre résiste longtemps, même à la hache. Il arrive aussi quelquefois que l'on met une feuille de tôle entre les doubles planches. Dans ce cas, pour que les clous puissent passer, il faut commencer par percer d'un côté le bois avec une vrille, et ensuite avec un poinçon d'acier qu'on fait passer par le trou de la vrille, et sur lequel on frappe à coups de marteau, on perce la tôle d'un trou correspondant.

#### 4° *Portes vitrées.*

Lorsqu'on veut donner du jour à des cabinets de toilette, à des passages qui ne sont éclairés par aucune fenêtre, on supprime le panneau supérieur de la porte et on le remplace par des carreaux de vitres. Dans ce cas, le haut de la porte est fait comme les croisées que nous décrirons plus tard. D'autres fois, les portes sont vitrées du haut en bas, et construites entièrement comme des croisées.

### 5° *Portes coupées dans la boiserie.*

Les portes dites *coupées dans les lambris* ou *portes masquées* peuvent se faire de deux manières.

D'abord, on peut faire la porte tout unie et de niveau avec la paroi de la muraille, puis fixer sur cette porte, avec des vis, une portion du lambris qu'on a coupée à l'endroit de l'ouverture de la porte, de telle sorte que celle-ci l'emporte avec elle en dedans ou en dehors de l'appartement, et qu'elle en soit devenue pour ainsi dire une partie intégrante. On a soin de tailler obliquement la tranche des lambris, afin que le joint soit moins apparent et que la porte s'ouvre avec plus de facilité. Il est bien entendu que si la porte s'ouvre du dedans en dehors, c'est la partie du lambris attachée à la muraille qui doit être saillante ; si, au contraire, la porte s'ouvre du dehors en dedans, et que pour sortir, au lieu de la pousser, il faille la tirer à soi, c'est la partie du lambris fixée sur la porte qui doit être saillante et recouvrir à onglet celle qui tient à la muraille. On voit que ce procédé est une application à toute la hauteur de la porte, dé celui que nous venons de décrire pour le bas des portes revêtues d'un papier de tenture.

La seconde manière de faire ces portes est moins soignée et plus apparente. Elle consiste à les façonner avec les mêmes bois que les lambris, en leur donnant l'épaisseur convenable, de manière que le tout ne fasse qu'un.

On est souvent obligé de donner une grande épaisseur aux montants des portes ainsi construites, car on ne peut compter pour épaisseur véritable que l'espace compris entre la face de derrière et le fond des moulures, qui souvent sont très-profondes. On sent que la partie pleine peut seule compter quand il est question de tailler des tenons ou de creuser des mortaises.

Quelquefois, ces portes faites à la manière ordinaire d'un côté, portent de l'autre un parquet de glace. Dans ce cas, on fait la porte de niveau avec la muraille ou le lambris; on construit le parquet de glace comme d'habitude, et on l'attache avec des vis sur la porte. Les baguettes qui soutiennent les glaces sont fixées de la même manière, ce qui permet de les ôter et remettre à volonté.

### § 6.  PORTES DÉCORÉES ET A PANNEAUX.

#### 1° *Portes décorées.*

Ces portes tiennent, d'une part, des portes à panneaux assemblées à cadre embrevé avec plus ou moins d'élégance, et d'autre part, à ces portes très-ornées, couvertes de carrés chargés de moulures, même de sculptures délicates, et qui servent d'entrée aux grands appartements de communication, aux salons, galeries de châteaux ou habitations de luxe.

#### 2° *Portes à panneaux.*

Nous savons que lorsqu'on veut unir dans une porte la solidité à l'élégance, on construit un cadre plus ou moins haut, assemblé à mortaises et à tenons, et l'on y introduit les pièces nommées *panneaux*. Nous savons encore que les pièces horizontales de ce cadre ainsi embrevé, reçoivent des noms divers relativement à leur position. Ainsi, on dit : *traverses du haut, traverses du milieu, barres de loquet* et *barres de frise;* que le *loquet* s'attache sur la barre du loquet par une mortaise ou au moyen de vis, et que la barre de frise est intermédiaire à celle du sommet et du milieu.

Nous savons aussi que les mortaises, les tenons, les creux et les collages des moulures doivent être travaillés correctement et mesurés au moyen du Trusquin d'assemblage; qu'autrement, la porte étant assemblée ne serait point juste, ce qui donnerait beaucoup de peine à l'ouvrier et l'obligerait à en rogner les différentes parties; la porte d'ailleurs ne serait pas solide, surtout si les tenons avaient besoin d'être rognés.

Nous allons ajouter de nouveaux détails à cette utile récapitulation.

Pour les portes rentrantes et les portes en saillie, l'ouvrage doit être exécuté en carré, ensuite uni en panneaux et le tout raboté ensemble. Alors on sépare les diverses pièces et l'on dispose les styles, les montants et les barres, tout en marquant les panneaux dans la partie du cadre qui doit les recevoir. Si les portes sont figurées à deux battants, le style doit être inséré dans-les barres du milieu et du sommet, en taillant ses extrémités en fourchettes pour entrer dans des entailles coupées sur ces barres.

L'épaisseur du bois des bâtis pour ces portes est ordinairement de 0$^m$.034. Les champs ont 0$^m$.068 à 0$^m$.095 de largeur. L'épaisseur des panneaux varie depuis 0$^m$.014 jusqu'à 0$^m$.027. Lorsque ces derniers sont larges, il doivent être consolidés par une barre de bois, embrevée à queue d'aronde dans le travers et en dessous. Cette barre les soutient, les empêche de se coffiner et maintient leur surface bien régulière. Quelquefois aussi, plusieurs ligatures en nerfs sont posées transversalement en dessous des panneaux pour les empêcher de se fendre. C'est ce que l'on appelle *nerver les panneaux.*

Ces précautions sont nécessaires quand les panneaux de grande dimension sont chargés de moulures, de compartiments divers, de diverses corniches dont il nous serait impossible d'expliquer tous les dessins. Nous nous bornerons à rappeler au lecteur les principes émis sur la construction des portes cochères et autres, puis à placer sous ses yeux différentes figures qu'il peut non-seulement imiter, mais combiner de la manière la plus facile et la plus agréable (fig. 12, 13, 14, 17, 18, pl. III).

On peut, avec des listels et des moulures, former aux angles de ces portes de petits caissons, tout en ravalant les traverses. On peut encore embrever les panneaux à table saillante, et les tailler, soit en ovale, soit en hexagone, soit en losange. On peut également opposer à ces panneaux, embrevés à table saillante, des panneaux embrevés à fleur du derrière des bâtis. Enfin on peut figurer sur les panneaux saillants des devises, rosaces, écussons, étoiles, têtes et autres ornements de toute espèce, assortis à la destination de l'appartement.

# CHAPITRE II.

## Croisées.

### § 1. DÉFINITIONS ET GÉNÉRALITÉS.

Nous n'aurons pas besoin de plus d'explication pour fixer la valeur du mot CROISÉE, qu'il ne nous en a fallu pour préciser celle du mot *porte.* On comprend que, par ce mot, nous désignons ces châssis de menuiserie à compartiments à jour, et garnis de vitres, qui remplissent les ouvertures ou *fenêtres*, pratiquées dans les murs des édifices pour faire pénétrer l'air et la lumière dans l'intérieur.

On sait que tout ouvrage de ce genre se compose de deux parties distinctes : 1° d'un bâti, ou *dormant*, qui est fixé à demeure dans la maçonnerie; 2° de vantaux mobiles, ou *châssis vitrés*, qui sont joints au dormant sur un côté de leur élévation, au moyen de ferrures qui leur permettent de se mouvoir librement.

Les croisées varient beaucoup de hauteur. Il y en a qui ont jusqu'à 4 à 5 mètres d'élévation; dans ce dernier cas, on y fait des impostes, afin que les châssis soient moins pesants et qu'on puisse les mouvoir avec moins de peine. Ces impostes sont construites comme celles des portes cochères, ou bien elles sont en châssis et destinées à recevoir des vitres. Au reste, c'est à l'architecte et non au menuisier à déterminer la dimension des croisées. Ce dernier n'a qu'à remplir avec son ouvrage la baie laissée par le constructeur.

Les croisées sont presque toujours en forme de parallélogramme, ayant pour base un des petits côtés. Quelquefois, elles sont cintrées par le haut; dans ce cas, on est toujours obligé de faire des impostes, et, en même temps, on ramène le bas à la forme du parallélogramme. Dans un petit nombre de cas, la baie a une forme circulaire ou elliptique; il faut que le châssis qui la bouche ait une forme pareille, et, le plus souvent, ce châssis est fixe.

Enfin, les croisées sont tantôt à un, tantôt à deux battants ou vantaux.

La construction des croisées exige l'emploi d'outils

spéciaux qu'on nomme d'une manière générale *outils de croisées*. Ce sont des outils à moulures qu'on appelle, suivant la forme de leurs fers, GOUTTES D'EAU, CONGÉS, NOIX, JETS D'EAU, TARABISCOTS, GUEULES DE LOUP, etc. Nous en avons parlé ailleurs (t. I, p. 210-218).

### § 2. CROISÉES ORDINAIRES.

Pour construire une croisée ordinaire, il faut commencer par faire le *dormant*. On donne ce nom à un encadrement en menuiserie, composé de deux montants et de deux traverses assemblés carrément à tenon et à mortaise, et fixés d'une manière invariable dans la baie de la fenêtre à $0^m.055$ ou $0^m.080$ au moins de la paroi intérieure de la muraille. Ces dormants portent les feuillures dans lesquelles s'emboîtent et s'appliquent les châssis vitrés. Ils reçoivent aussi les ferrures qui soutiennent ces derniers, de telle sorte que le châssis dormant porte et soutient les châssis vitrés mobiles.

Les formes et les dimensions des diverses pièces qui composent le dormant ne sont pas fixées d'une manière arbitraire. Les montants doivent avoir environ $0^m.054$ au moins d'épaisseur et $0^m.081$ à $0^m.108$ de largeur. Comme les pierres de taille qui forment la baie de la croisée portent ordinairement une feuillure dans laquelle sont placés les montants, et que, par conséquent, la baie est plus petite à l'intérieur, mesurée entre les deux tableaux, qu'à l'extérieur, mesurée entre les deux saillies de la feuillure, il suffit que les montants et la traverse supérieure dépassent la pierre de taille d'environ $0^m.014$. S'ils paraissent extérieurement plus larges, leur pourtour est orné d'une moulure. A l'intérieur, leur largeur serait réglée uniquement par cette considération, qu'on doit les tenir assez larges pour qu'ils aient assez de force; mais si l'on doit, comme cela arrive souvent, y fixer à l'intérieur des volets brisés, il faut que la largeur des montants soit telle, que l'épaisseur de ces volets, lorsqu'ils sont repliés, n'empêche pas d'ouvrir les fenêtres.

Telles sont les dimensions des montants du dormant : examinons leur forme, ce qui est encore plus important. Pour ne rien omettre, supposons d'abord le cas le plus compliqué, celui où le montant doit porter à la fois un volet intérieur et deux châssis mobiles. On commence par pousser une feuillure, profonde de $0^m.011$ à $0^m.014$, large de $0^m.014$ à $0^m.016$ sur la face de ce montant, qui est tournée vers l'intérieur de la maison. Alors, indépendamment des deux arêtes de la tranche, par laquelle ce montant touche à la muraille, il y a encore trois autres arêtes : celle que la feuillure vient de former sur sa surface, l'arête interne de la tranche qui doit porter le châssis mobile, l'arête de cette même tranche qui est la plus rapprochée du dehors, et que nous pouvons appeler arête externe.

C'est sur l'arête de la feuillure, ou plutôt sur la face de cette feuillure, qui est perpendiculaire aux grandes faces du montant, qu'on fixe les gonds destinés à supporter les volets.

Sur l'arête interne on pousse un congé ; nous savons déjà que l'on donne ce nom à une moulure ayant la forme d'un quart de cylindre creux. C'est dans ce congé qu'on fixe les fiches sur lesquelles tournera le châssis mobile. Ce châssis aura des montants comme le châssis fixe, et l'arête interne de celui des montants, qui devra tenir à la fiche, sera de même creusée en congé. La réunion de ces deux moulures formera un demi-cylindre, une *gorge*, dans laquelle la fiche sera logée à moitié, et les vives arêtes ainsi emportées ne gêneront pas l'ouverture de la fenêtre, ce qui serait arrivé sans cela.

Enfin, on creuse, entre l'arête interne et l'arête externe du montant dormant, une *noix*, ou rainure de forme demi-cylindrique. La tranche correspondante du montant du châssis mobile porte en saillie une languette de même forme qui viendra s'emboîter dans cette rainure. Il en résultera que l'air pénétrera plus difficilement à travers ce joint recourbé; que les eaux pluviales ne pourront s'y introduire, même quand elles seront chassées par le vent. Pour faciliter l'ouverture de la croisée, on ravale la tranche du montant d'environ $0^m.002$ depuis la noix jusqu'au congé. Pour achever de bien faire comprendre cette importante disposition, nous avons représenté dans la figure 5, pl. IV, le montant du châssis dormant A et le montant du châssis mobile B, emboîtés l'un dans l'autre et supposés coupés horizontalement. Nous avons même représenté une disposition plus ingénieuse encore que celle que nous venons de décrire. On peut, en effet, remarquer que, dans notre figure, la noix est creusée au fond d'une feuillure dont la saillie recouvre extérieurement le montant mobile, ce qui achève de garantir de la pluie.

La traverse supérieure du dormant ne donne lieu à aucune observation bien importante. Tout ce qu'elle a de remarquable est une feuillure creusée au bas de la face interne, et dans laquelle s'engage une feuillure creusée dans le haut de la face externe de la traverse supérieure du châssis mobile.

La traverse inférieure, à laquelle on donne le nom de *pièce d'appui*, mérite bien plus notre attention. La figure 4, pl. IV, représente la coupe de cette traverse A, surmontée de la traverse inférieure B du châssis mobile. On voit la singulière forme qu'elle affecte. Beaucoup plus épaisse que les autres pièces du châssis dormant, elle porte à l'intérieur une feuillure, et à l'extérieur, elle a une forme donnée par quart de cylindre sur lequel l'eau ne peut pas séjourner. Une espèce de bandelette ou listel *s* s'élève en dehors, au-dessus de cette portion de cylindre, et forme en dedans la face verticale de la feuillure *s*.

La traverse inférieure du châssis mobile se nomme *jet d'eau*. Elle a une disposition à peu près semblable. En effet, elle est saillante comme la première, et arrondie extérieurement ; mais la feuillure, au lieu d'être tournée vers le dedans de la maison, est tournée vers le dehors, et la surface verticale de l'une s'applique contre la surface verticale de l'autre. Le premier examen de la figure fait deviner que ce système a été imaginé pour prévenir l'introduction de la pluie. Toutefois, cette précaution, qui n'est pas suffisante, comme nous le verrons plus loin, le serait encore bien moins si l'on ne cherchait pas à empêcher l'eau de glisser entre la baie de la croisée et de la pièce d'appui.

Plusieurs moyens ont été employés pour cela. Le plus souvent, on se contente de recouvrir le joint de la pierre et du bois extérieurement, avec une couche de bon ciment. Deux autres procédés sont du ressort du menuisier : le premier consiste à laisser saillir la pierre de la baie d'une épaisseur d'environ 0$^m$.018 à 0$^m$.020, en forme de feuillure, et de faire à la pièce d'appui une feuillure d'une largeur et d'une hauteur égales à l'excédant de la pierre. Le second moyen consiste à faire, à l'appui en pierre, une feuillure sur l'arête de laquelle on réserve un listel qui entre dans la pièce d'appui, dont la tranche inférieure porte à cet effet une rainure. Au reste, si la pièce d'appui est saillante en dehors, en dedans elle est de niveau avec les autres parties du châssis.

En décrivant le châssis dormant, nous avons accidentellement donné la description des deux battants ou châssis mobiles; ils y tiennent par des fiches. On sent que, puisque nous supposons la croisée à deux battants, chacun d'eux doit avoir à peu près la moitié de la largeur qui est comprise entre les deux montants des châssis dormants. Il est rare qu'on soit obligé de faire l'un plus grand ou plus petit que l'autre, ce qu'il faut éviter avec soin.

Chaque châssis mobile se compose de deux montants et de deux traverses, l'une en haut, l'autre en bas. Les deux montants portent sur leur tranche extrême, celle qui joint les montants fixes du dormant, une saillie, appelée *languette circulaire* qui entre dans le vide, également circulaire, qui est creusé dans ces montants, et qu'on nomme *noix*. L'arête interne est aussi creusée en congé. La traverse supérieure porte sur sa surface externe une feuillure. Enfin, comme nous l'avons dit, la traverse inférieure est taillée comme la barre d'appui, n'en diffère que par la position de sa feuillure, s'appuie sur elle par sa face de dessous, et forme une saillie ou espèce de toit en avant du listel.

Il nous reste à parler du mode de fermeture des deux châssis mobiles et de celles de leurs parties qui sont destinées à supporter les carreaux de vitres.

La fermeture est facile à concevoir, c'est celle que nous avons recommandée pour les portes cochères, et dont la figure 6, pl. IV, présente la coupe horizontale. La tranche libre de l'un des châssis mobiles est creusée en noix ; la tranche de l'autre châssis a ses arêtes arrondies et forme un demi-cylindre dont la division est en tout semblable à celle de la noix. Ces deux pièces entrent donc l'une dans l'autre, et s'emboîtent réciproquement. Il résulte de là qu'il faut toujours donner au montant dans lequel est creusée la noix, plus de largeur et plus d'épaisseur qu'à l'autre : plus de largeur, afin qu'indépendamment de la noix, il reste assez de place pour assembler les traverses avec ce montant ; plus d'épaisseur, puisque ce montant doit contenir l'autre. Dans ce cas, on en est quitte pour diminuer l'épaisseur de ce montant, à partir du point où est creusée la noix, de telle sorte que les deux tranches internes des deux montants aient la même dimension, comme le montre la figure.

Les traverses et les montants de chaque châssis mobile sont unis entre eux à enfourchement. Il en résulte un parallélogramme à jour, dans lequel doivent être placées les vitres ; mais, comme on n'en trouverait pas aisément de cette grandeur, on divise ce parallélogramme en plusieurs autres, de telle sorte que chacune de ces subdivisions soit toujours plus haute que large (fig. 1, pl. IV). Si les châssis ne sont pas très-grands, il suffira de les diviser avec de simples traverses ; mais quelquefois on est forcé de placer entre les deux montants un autre montant plus étroit, et qui divise le châssis en deux longs parallélogrammes. Chacun d'eux est divisé transversalement en plusieurs autres par des traverses qui, de chaque côté du montant de division, sont placées à une égale hauteur, et semblent faire une croix avec lui.

Les traverses qui servent à diviser ainsi les châssis mobiles se nomment *petits bois*. Elles sont ornées de moulures tant sur une face que sur l'autre. Il en est de même du montant de division, quand il existe; en outre, il ne doit pas être plus large que les petits bois. Des moulures pareilles règnent des deux côtés de la tranche interne des montants et des traverses qui forment le grand parallélogramme, et toutes ces pièces s'assemblent entre elles d'onglet.

Les petits bois pénètrent à tenon dans les montants, et le montant de division entre dans deux mortaises croisées dans les traverses. La figure 7, pl. IV, représente un des montants orné de moulures et creusé de ses mortaises. Les figures 8, 8, même planche, représentent deux *petits bois* garnis de moulures sur les deux tranches.

Indépendamment de ces moulures d'ornement, il y en a d'autres qui sont nécessaires au pourtour intérieur de chacun des petits parallélogrammes. Sur les quatre côtés, on creuse des feuillures aussi profondes l'une que l'autre, et dans lesquelles les vitres sont fixées avec des pointes de fer et du mastic de vitrier. Ces feuillures sont toujours creusées sur la surface de la croisée exposée à la pluie.

Nous savons que les croisées sont à deux battants ou à un seul battant.

Les croisées a deux battants sont des plus compliquées. Quelquefois, au lieu d'une fermeture à noix, on se contente d'une simple fermeture à feuillures, comme celle des portes à deux battants. L'emploi de cette fermeture est bien moins efficace; mais il est indispensable quand la croisée n'a qu'un battant et que la tranche du châssis mobile vient s'appliquer contre la tranche de l'un des montants dormants.

Les CROISÉES A UN BATTANT n'exigent aucune mention spéciale, ce qui précède suffisant pour en faire comprendre la construction.

Quelques mots maintenant sur les *croisées éventail*, les *croisées entresol*, les *portes-croisées* et les *doubles croisées*.

Les CROISÉES ÉVENTAIL, dont l'extrémité supérieure se termine en demi-cercle, n'étaient guère usitées autrefois que dans les églises et quelques vieux édifices; mais, aujourd'hui, on les emploie assez fréquemment pour les magasins, les ateliers et les cabinets élégants ornés de vitraux peints.

Les CROISÉES ENTRESOL sont celles que l'on destine à éclairer deux pièces dont l'une, placée au-dessus de l'autre, est plus basse et prend le nom d'*entresol* ou de *soupente*. Ces croisées ont quatre châssis mobiles, deux pour la pièce supérieure, deux pour la pièce inférieure. Le châssis dormant est divisé en deux parties, dont l'une descend depuis le haut de la baie jusqu'au plancher, et dont l'autre commence à 0$^m$.054 au-dessous du plancher et finit au bas de la baie. Cette division est formée par une traverse de bois dont la largeur est égale à l'épaisseur du plancher qui sépare les deux pièces, plus 0$^m$.108, dont deux doivent former saillie au-dessous du plancher et deux en dessus. Ces saillies sont nécessaires pour le jeu de l'*espagnolette*, espèce de ferrure qu'on emploie pour tenir fermées les croisées à deux battants. Souvent, on fait descendre encore davantage la traverse au-dessous du plancher, et l'on y pousse des moulures qui lui donnent l'apparence d'une frise. Quelquefois, la croisée n'est qu'à un seul battant, et il n'y a que deux châssis mobiles, l'un en haut, l'autre en bas.

Les portes-croisées, destinées à faire les fonctions d'une porte à deux vantaux, donnent souvent sur des balcons, et ne diffèrent le plus ordinairement d'une croisée à deux battants que par une plus grande hauteur. Dans ce cas, cependant, il est bon de remarquer que leur fermeture est toujours à feuillure. Quelquefois, elles ont des panneaux dans le bas, et ces panneaux sont ornés de moulures que, fréquemment, on fait semblables à celles qui bordent les petits bois. La hauteur de ces panneaux pleins varie : quelquefois, on la fait égale à l'élévation des traverses d'appui des autres croisées de la même façade et du même rang; d'autres fois, on se règle sur la hauteur des lambris d'appui de l'appartement. Dans tous les cas, les châssis mobiles de ces croisées reposent sur des pièces d'appui exactement semblables à celles des croisées ordinaires. Quand il y a dans le bas des panneaux pleins et qu'on veut poser à l'intérieur des volets brisés, il faut faire régner des cymaises peu saillantes qui supportent ces volets quand on les ferme. Si, dans ce cas, il n'y a pas de panneaux pleins, on a soin que la pièce d'appui soit saillante en dedans, d'environ $0^m.014$; en cette occasion, elle remplit le même office que le cymaise.

Les doubles-croisées sont celles que l'on place extérieurement, en outre des croisées ordinaires, pour mieux fermer les appartements. Elles se posent de plusieurs manières : ou bien, on fait entrer à vif le châssis dormant dans les tableaux des croisées, et on l'arrête avec des crochets; ou bien, on creuse une feuillure dans le tableau de son arête, et on y fait entrer le châssis; ou bien encore, on creuse une feuillure sur tout le pourtour de la face interne du châssis, de telle sorte qu'une moitié seulement de son épaisseur entre dans la baie, et que la partie excédante qui reste en dehors soit, sur son arête, ornée d'une moulure. Ces croisées s'ouvrent de deux manières : en dedans ou en dehors. Quand elles ouvrent en dedans, il faut que leurs châssis soient moins élevés que les châssis intérieurs, afin qu'ils puissent passer aisément entre la traverse supérieure et la traverse d'appui; il faut aussi qu'ils soient moins larges, ce qui oblige à réserver une plus grande largeur aux montants du châssis dormant intérieur, qu'aux montants du châssis dormant extérieur. Quand elles ouvrent en dehors, ce qui est le plus ordinaire, la fermeture est à feuillure.

Les *impostes* que l'on emploie pour diminuer la hauteur des châssis mobiles et les rendre plus faciles à ouvrir et fermer, sont formées par une traverse qui s'assemble à tenon et à mortaise dans les montants des châssis dormants, et fait dans le haut de la baie un encadrement fixe, divisé en plusieurs parties par des petits bois. On y met des carreaux de vitres comme aux châssis mobiles. Les pièces de bois de l'imposte doivent être de même dimension que celles du reste de la croisée; les moulures sont semblables; on fait aussi les carreaux de la même grandeur quand la baie a exactement la forme d'un parallélogramme; dans ce cas, l'imposte doit contenir une ou deux rangées de carreaux, ce qui règle sa hauteur.

Quand la baie est cintrée, on remplit ordinairement toute la partie cintrée par l'imposte, afin que les battants mobiles aient toujours la forme d'un parallélogramme, ce qui les rend plus aisés à construire et plus solides; ceci nous amène à parler des *châssis cintrés*.

§ 3.　CROISÉES CIRCULAIRES.

Les CROISÉES CIRCULAIRES sont tout à fait circulaires, ou demi-circulaires, ou simplement en quart de cercle.

Examinons d'abord les *châssis circulaires*. Avec plusieurs pièces de bois courbées convenablement, on commence par former un cercle qui tient lieu des montants et des traverses. Les pièces qui composent ce cercle doivent être d'une largeur et d'une épaisseur suffisantes. On tourne ensuite un plateau en bois circulaire ayant 0$^m$.054 de diamètre au plus, et une épaisseur égale à celle du châssis circulaire. Les arêtes internes du châssis et celles du plateau sont ornées de moulures. On place le plateau au centre du châssis, et on les unit ensemble par des petits bois qui sont disposés en rayons, et vont de la circonférence interne du cercle à la circonférence du plateau. Si l'intervalle de ces rayons est trop long pour qu'on puisse le remplir par un seul carreau, on le coupe en plusieurs parties par d'autres petits bois assemblés transversalement avec les premiers.

Les *châssis demi-circulaires* sont formés d'abord d'une ou de plusieurs pièces de bois cintrées, disposées en demi-cercle, et assemblées par les deux bouts dans une traverse qui forme le diamètre. Sur la tranche supérieure de cette pièce de bois s'élève en saillie un demi-plateau circulaire dans la tranche duquel viennent s'implanter des petits bois disposés encore en forme de rayon, et fixés par leur autre extrémité dans la tranche du demi-cercle à intervalles égaux. On met d'autres petits bois en travers des premiers si la chose est nécessaire (fig. 2, pl. IV; détails : A plan, B coupe, C assemblage).

Les *châssis en quart de cercle* sont toujours construits d'après le même système. Deux pièces de bois droites sont assemblées à angle droit; leurs extrémités libres sont réunies par une autre pièce de bois cintrée en quart de cercle; des petits bois divisent en plusieurs parties cet intervalle.

Quelquefois cependant, les petits bois, au lieu d'être placés en rayons, sont assemblés dans une autre direction, par exemple, dans un châssis demi-circulaire : on partage le demi-cercle en deux par un petit bois perpendiculaire au diamètre, et tous les autres petits bois sont placés parallèlement à celui-ci. On emploie ce système, même pour les châssis circulaires, mais cela est moins élégant. Les assemblages se font toujours d'onglet, à tenon et à mortaise. Les vitres sont aussi toujours fixées dans des feuillures.

### § 4. PERFECTIONNEMENTS DIVERS.

#### 1° *Croisées* SAINT-AMAND.

M. Saint-Amand, architecte du département de l'Eure, a imaginé une disposition ingénieuse pour rendre les croisées tout à fait imperméables aux eaux pluviales; quelques rainures de plus suffisent pour qu'on obtienne ce résultat.

La figure 3, pl. IV, représente la coupe de la partie

essentielle de la croisée ainsi modifiée, et indique comment l'inventeur s'y prend pour empêcher l'introduction de l'eau entre la traverse inférieure du châssis mobile et la pièce d'appui, point par lequel l'eau arrive le plus ordinairement.

Sous la traverse il pousse une rainure anguleuse; une autre rainure, aussi anguleuse, est creusée sur la pièce d'appui, derrière le listel. Ces deux rainures sont l'une au-dessous de l'autre, et forment, en se joignant, une sorte de conduit en forme de trapèze, dont la face supérieure et la face inférieure sont inclinées vers le dehors de l'appartement. Ce canal règne d'un bout à l'autre de la traverse et de la barre d'appui.

Les avantages de ce système sont sensibles. L'eau, chassée par le vent, entre ordinairement entre la traverse et la barre d'appui. Une fois qu'elle y a pénétré, dans les croisées ordinaires, elle bouche cet interstice, et par conséquent présente un obstacle au vent, qui la pousse de plus en plus vers l'appartement. Dans la croisée de M. Saint-Amand, au contraire, l'eau ne tarde pas à remonter le canal que nous venons de décrire; plus au large dans ce point, elle s'y arrête et y tombe, tandis que sans cela elle serait allée tomber dans l'appartement. Le canal horizontal ne tarderait pas à se remplir; mais on lui ménage un écoulement. Trois canaux très-inclinés sont creusés dans la barre d'appui, et ces canaux, placés l'un au milieu, les autres aux extrémités, vont de l'angle antérieur du canal trapézoïdal à l'intérieur de la croisée, et y conduisent l'eau.

Cela ne suffit pas encore pour rendre les croisées tout à fait impénétrables à la pluie. C'est bien ordinairement par-dessous qu'elle entre; mais, quand elle est lancée avec force, elle pénètre quelquefois même par la fermeture à noix, qui ne peut jamais être assez bien exécutée pour empêcher toutes les infiltrations. Un système de rainures semblables, pratiqué dans la fermeture, prévient cet inconvénient. Comme la figure le représente, deux rainures sont creusées au fond de la noix. L'une, du côté intérieur, règne du haut en bas et aboutit sans interruption au canal trapézoïdal, immédiatement au-dessus du point où aboutit le canal incliné du milieu. L'autre rainure est creusée du côté intérieur; mais, au lieu d'être continue, elle est interrompue de temps en temps, ou plutôt se recourbe d'espace en espace, et vient communiquer avec la première rainure par une rainure inclinée. La tranche de l'autre châssis qui pénètre dans la noix est creusée de rainures semblables, correspondantes à celles de la noix, de telle sorte qu'on se joignant elles forment plusieurs canaux disposés comme le représente la figure.

Quelle que soit alors la force d'impulsion donnée à l'eau, elle ne peut pénétrer dans le bâtiment. Le vent la chasse d'abord, mais bientôt elle rencontre le premier canal vertical, est conduite par lui dans le canal horizontal, d'où elle sort par le canal incliné. Si la force du vent parvenait, par extraordinaire, à lui faire franchir ce premier canal vertical, elle en rencontrerait bientôt un second qui, par une décharge oblique, la ramènerait au premier.

Toutes ces rainures, faciles à exécuter, n'ont qu'un désavantage : elles rendent la clôture moins exacte, et l'air froid ou les vents violents peuvent pénétrer dans l'ouverture des trois canaux inclinés qui sont creusés dans la pièce d'appui. On y remédie avec une espèce de soupape; c'est un disque en cuivre, suspendu librement par un anneau au-devant de ces ouvertures. L'eau glisse facilement entre la surface de la barre d'appui et la surface du disque; mais, plus le vent souffle avec violence, plus il appuie avec force le disque contre l'ouverture, et mieux il se bouche à lui-même le passage. Il est inutile d'ajouter que toutes les rainures doivent être recouvertes d'une bonne peinture à l'huile. Cet enduit les met à l'abri de la pourriture et facilite l'écoulement des eaux.

### 2° *Croisées* STOREY.

M. Storey s'est proposé de rendre les croisées en même temps impénétrables au vent et à l'eau.

« On voit en D (fig. CLII) la coupe horizontale d'une

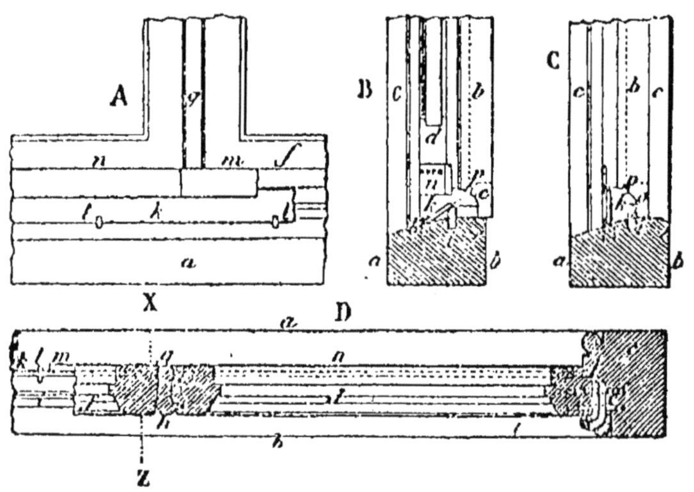

Fig. CLII.

partie de la fenêtre fermée, et en A l'élévation ou vue extérieure de la partie moyenne de la croisée.

« B est une coupe verticale faite selon la ligne ponctuée x z (D), un des battants étant ouvert.

« C est la même coupe que la précédente, la fenêtre étant fermée : *a*, côté extérieur; *b*, côté intérieur du jet d'eau, ou traverse horizontale fixe, sur laquelle sont placés les deux battants de la fenêtre; *c*, dormant du battant de droite.

« *e*, charnière inférieure réunissant ces deux parties.

« *f*, fragment du battant de gauche, laissant voir les différentes pièces dont on va parler.

« *g*, *h*, deux pièces verticales ajustées dans les montants verticaux du milieu, s'engageant en partie l'une dans l'autre lorsque la fenêtre est fermée ; cet assemblage remplace celui qui est employé dans les fenêtres ordinaires.

« *i*, languette en cuivre engagée dans toute la longueur de la traverse *a b*, et contre laquelle vient s'appliquer l'extrémité inférieure de la fenêtre, qui, à cet endroit, est entaillée extérieurement d'une manière convenable ; cette languette est terminée à la partie supérieure, et d'un côté seulement, par un petit plan incliné qui reçoit la règle en cuivre *k*, qui tombe sur elle quand la fenêtre s'ouvre ; cette règle est ajustée à charnière dans les crochets *l*, fixés à certaine distance sur le jet d'eau *a b* ; elle s'étend aussi dans toute la longueur de ce jet d'eau.

« *m n*, deux autres règles également en cuivre et attachées par des vis à la partie inférieure des battants *d f* ; elles sont assez élevées pour ne pas toucher le sommet de la règle *k*, quand celle-ci pose sur la languette *i*, ainsi qu'on le voit dans la figure B, et se trouvent assez basses cependant pour arrêter la même règle *k*, quand la fenêtre est fermée, comme l'indique la figure C.

« *o*, dent de cuivre adaptée à la surface latérale du

montant du milieu qui appartient au battant de droite *d*, et destinée à relever la règle mobile *k*. A cet effet, au moment où cette dent approche de la languette *i*, elle commence à toucher la règle *k* (fig. B), et la conduit jusqu'à ce que la croisée soit entièrement fermée.

« Il faut observer que le battant de gauche *f* n'a pas de dent comme celui de droite, et peut se fermer sans qu'on ait besoin de pousser l'autre battant avec lui; si, au contraire, on lui adaptait une dent, le battant droit ne pourrait s'ouvrir que dans le cas où la règle *k* serait composée de deux parties, chaque partie étant alors relevée par sa propre dent.

« Dans l'entaille pratiquée à l'extrémité inférieure des battants, se trouve une rainure *p* (fig. B et C) qui a pour objet d'empêcher l'eau d'arriver jusqu'à la languette *i*; si, poussées par le vent, quelques gouttes pénétraient entre les règles *k*, *m n* (ce qui est presque impossible), dès qu'elles seraient parvenues à la surface de l'entaille, elles rencontreraient la rainure *p*, tomberaient sur le plan incliné qui limite la partie supérieure de la traverse *a b*, et s'écouleraient à l'extérieur en passant sous la languette *i*; d'où il résulte que l'ajustage intérieur des montants contre la languette *i* reste toujours sec, quelle que soit la quantité d'eau qui puisse pénétrer entre les deux pièces *i k*.

« Par la disposition de l'assemblage du dormant *c* avec le battant de droite, l'eau ne peut pas non plus pénétrer en cet endroit; car, si elle traversait l'obstacle *q*, arrivée à l'extrémité de cette surface, elle serait arrêtée par la règle en cuivre *k*, forcée de s'écouler d'un côté ou d'autre de cette règle, puis de tomber sur le plan incliné du jet d'eau *a b*, qui la rejetterait à l'extérieur.

« Ce que l'on a dit de l'eau s'applique également au vent, qui trouve, par les mêmes causes, même impossibilité de pénétrer. »

### 3° *Croisées* MORY.

« Ces perfectionnements, applicables à toutes les croisées, portes et châssis, quels qu'ils soient, en bois, en fer plein ou creux, ou en fonte, etc., sont spécialement destinés, d'après l'exemple que nous allons en donner, à être appliqués aux croisées et aux châssis en fonte, en ce qu'ils font disparaître les inconvénients qui se sont opposés à l'emploi habituel de cette matière.

« Quant à l'application de ces mêmes perfectionnements aux croisées en bois ou en fer creux, il sera facile d'en décrire les améliorations résultant des dispositions de construction dont nous allons parler.

« L'idée sur laquelle se basent ces perfectionnements comprend :

« 1° L'écartement l'un de l'autre des deux vantaux d'une porte ou d'une croisée à l'endroit où ils se réunissent lorsqu'ils sont fermés, ou contre la partie dormante lorsqu'il n'y a qu'un vantail, ce qui laisse un intervalle d'un vantail à l'autre quand ils sont fermés, intervalle qui non-seulement est recouvert d'une pièce mobile, mais dans lequel vient encore s'embrever une partie saillante et souple qui remplit ledit intervalle, supprimant ainsi les embrèvements ou jonctions de vantaux à noix et à gueule de loup, entrant, n'importe comment, l'un dans l'autre ou se superposant.

« 2º L'emploi d'une fermeture mobile, c'est-à-dire se dégageant intérieurement de l'intervalle qu'elle remplit entre les deux vantaux, composée d'un pène droit ou verrou, dont l'extrémité supérieure est taillée en cône, et dont l'extrémité inférieure présente un brochet conique, lequel pène est placé dans l'intérieur de la pièce mobile dite de fermeture ou de recouvrement, et manœuvre verticalement au moyen d'un levier coudé, dont la partie cachée agit dans une mortaise pratiquée au pène, tandis que la partie extérieure forme poignée.

« 3º La garniture en cuir, peau ou toute autre matière souple, des angles des parties dormantes contre lesquelles viennent s'appuyer les joues que portent les traverses des châssis ou vantaux de porte ou de croisée, ce qui, en empêchant l'introduction de l'air dans l'intérieur, permet de laisser entre les parties dormantes et les parties mobiles, un intervalle pour le tassement, en même temps que l'on évite ainsi, pour les croisées en fonte, fer plein ou creux, un choc dur, qui ferait casser les vitres ou les montants.

« L'emploi de cette garniture, à l'égard de la partie mobile dite de fermeture, permet de la faire presser contre les pièces qu'elle réunit et dont elle forme remplissage, de manière à en faire une fermeture hermétique.

« Ces principes posés, nous allons en donner un exemple d'exécution et d'application à des croisées en fonte, faisant observer que cet exemple n'exclut pas des procédés différents de mise en œuvre quant à la forme et au jeu des pièces, comme aussi les moyens d'exécution varient nécessairement, selon que les croisées, portes ou châssis seront en bois ou en fer plein ou creux.

« Enfin, bien que cet exemple présente la réunion des différentes parties constituant l'invention de M. Mory et des accessoires qui s'y rattachent, on conçoit que ces parties peuvent s'exécuter séparément, chacune pour produire l'effet qui lui est propre. »

*Description.* — (Fig. 9, pl. IV), vue de face d'une croisée en fonte ajustée dans une partie dormante en bois.

« *Première partie.* — La croisée est représentée fermée entièrement, c'est-à-dire que la partie mobile dite *de fermeture*, qui remplit et recouvre la réunion des deux vantaux, se trouve à la place qu'elle occupe quand la croisée est fermée.

« *Deuxième partie.* — On voit, dans cette partie, l'intervalle qui se trouve entre les deux vantaux quand ils sont amenés l'un contre l'autre; intervalle qui est découvert ici, la partie mobile étant dégagée de la place qu'elle occupe dans la première partie.

« (Fig. 9 *bis*), coupe horizontale de la croisée sur la ligne A A, B B, et correspondant à la position des pièces dans la seconde partie de la figure précédente.

« (Fig. 9 *ter*), coupe verticale de la croisée sur la ligne X X.

« Les mêmes lettres indiquent les mêmes pièces dans toutes les figures.

« A, bâti dormant en bois d'une croisée en fonte.

« B, équerre fixée sur le bâti et portant le pivot sur lequel manœuvre chaque vantail en fonte.

« C, pivot en fer entrant dans les traverses hautes et basses du châssis en fonte.

« D, montants de ferrure du châssis; ils sont embrevés à noix dans les dormants en bois A, où ils manœuvrent à frottement pour intercepter le passage de l'air qui s'introduirait par l'espacement que présente l'écartement entre le dormant et la partie mobile en fonte.

« Cet écartement est laissé à dessein dans le but de permettre le jeu des bois sans qu'ils puissent presser sur la fonte.

« Pour rendre ce frottement plus doux ou pour empêcher le serrage du bois contre le renflement en fonte de cet embrèvement, on pourrait garnir la concavité en bois avec du cuir, de la peau ou toute autre matière souple.

« E, oreilles que portent les traverses supérieure et inférieure du châssis, et destinées à recouvrir, dans l'intérieur, l'intervalle laissé entre les traverses et les parties dormantes pour obvier aux effets du tassement.

« Ces oreilles viennent s'appuyer contre l'angle des dormants, qui est garni de cuir ou de peau, ou d'un rembourrage quelconque.

« Outre le but que nous venons de signaler, il en résulte que le choc des vantaux s'amortit contre cette partie souple.

« On pourrait rendre l'oreille mobile en l'articulant, à son angle de jonction, avec la traverse du bâti dormant, de manière à la faire presser davantage contre la partie dormante au moyen d'un ressort, et afin de rendre la fermeture plus hermétique dans certains cas et pour certaines applications, même, au besoin, pour les montants du châssis.

« F, baguettes dites petits bois, portant, comme les montants et traverses en fonte, la feuillure d, destinée à recevoir les vitres.

« Cette baguette doit faire partie intégrale de chaque vantail en fonte ou sera ajustée, après coup, dans une mortaise laissée par la fonte, et faite en fer tiré ou en fer creux, et recouverte, au besoin, en cuivre.

« G, montants de fermeture de la croisée.

« Ces montants présentent un écartement destiné à empêcher les deux vantaux de venir battre l'un sur l'autre, et à recevoir un remplissage fermant et bouchant en même temps cet endroit de la fenêtre.

« Le choix d'une configuration conique pour cette partie s'explique par la plus grande facilité qu'elle présente ainsi pour une fermeture hermétique, par l'introduction de la pièce conique qui doit y pénétrer.

« H, cône creux dit de fermeture, de remplissage ou de recouvrement, allant se loger dans l'intervalle conique que présentent les deux vantaux de la croisée quand elle est fermée, et refermant la pièce.

« Ce cône est fait ici en trois parties.

« La partie du milieu forme une boîte en tôle dans laquelle est placé le pène dont l'extrémité supérieure est taillée en cône, et formant verrou, entre dans une mortaise conique pratiquée dans la traverse supérieure du dormant, et dont l'extrémité inférieure présente un crochet, dont l'intérieur est conique et qui, en se relevant quand le pène monte, vient s'agrafer dans une tringle placée dans l'épaisseur de la traverse inférieure du dormant.

« Des épaulements correspondent aux parties qui forment l'épaisseur ou la face intérieure des montants de fermeture.

« Comme la partie conique elle-même, ils pourraient être garnis de peau ou d'un rembourrage quelconque, dans le but de rendre cette fermeture plus hermétique, d'éviter un choc ou un frottement dur.

« La pointe du cône est en bois et reliée au reste par une vis. Elle est garnie d'une peau, comme elle pourrait l'être en toute autre matière souple et élastique; elle peut être en liége et rembourrée, etc.

« J, poignée formant levier coudé du pène et monté sur un axe.

« L'extrémité de ce levier entre dans une mortaise pratiquée au pène, et fait ainsi monter et descendre ce dernier à volonté.

« C'est avec cette poignée, dont le poids maintient facilement le pène fermé, que l'on dégage le cône pour ouvrir la croisée en l'amenant sur le côté, de même qu'on l'amène pour opérer la fermeture de la croisée.

« K, support haut et bas du cône ou pièce de fermeture. Il est rivé, d'un côté, à la pièce mobile, et, de l'autre, tourne à pivot sur une vis fixée à la traverse du châssis.

« Dans le but de faciliter l'entrée du cône dans la place qui lui est destinée, on a rendu variable le point de rotation du support, en pratiquant, au lieu d'un trou rond pour la tige de la vis, à l'endroit où elle n'est pas taraudée, une mortaise formant la boutonnière, la tête de la vis formant bouton.

« Cette tête est entaillée dans le support, où elle fonctionne également dans une partie ovalisée.

« La manœuvre de la fermeture de cette croisée, que l'on a dénommée *fermeture conique rotative*, se conçoit facilement d'après ce qui vient d'être dit.

« On conçoit de même que, d'une part, le cône que présente chaque extrémité du pène occasionne un tirage qui aide à la fermeture complète de la croisée, tant à l'égard des vantaux qu'à l'égard du cône, et que, d'autre part, l'absence de fixité du point de rotation du support de la partie mobile dite de remplissage, permet que le cône vienne se placer très-régulièrement dans la partie conique formant l'intervalle entre les deux vantaux, qu'il réunit ainsi d'une manière fixe, sans secousse et sans qu'il se produise de choc.

« Nous ferons, en outre, observer que les oreilles de recouvrement venant butter contre des parties simples, on ne peut craindre, à l'égard de l'emploi de la fonte, aucun danger de brisure, de même que ce mode de construction des croisées, à l'égard de l'emploi du bois ou du fer creux, offre d'incontestables avantages, principalement dans l'application du cône souple.

« Quant au pène, c'est-à-dire à la manière de le faire monter pour que, du haut, la partie conique entre dans sa mortaise, et que, du bas, le crochet conique vienne s'agrafer dans la tringle que porte le dormant, on pourrait employer, si cela était nécessaire, les engrenages en remplacement du levier à tenon représenté dans le dessin. »

Postérieurement à son invention, M. Mory est parvenu à réaliser les perfectionnements suivants, ayant pour but :

1º De simplifier la construction de la fermeture droite **H,** afin d'en diminuer le prix de fabrication ;

2º De faciliter, par une disposition nouvelle, l'introduction de la fermeture dans la partie vide et conique formée par les deux vantaux lorsqu'ils sont fermés, et par là rendre la fermeture plus hermétique ;

3º D'éviter, au moyen d'une joue pratiquée extérieurement dans le dormant, l'introduction de la pluie que le vent, venant de face, pourrait y faire pénétrer par l'espacement que présente l'écartement entre le dormant et la partie mobile en fonte, comme aussi d'intercepter, par ce point, tout passage de l'air au moyen d'une bande de peau ou de buffle clouée sur le dormant dans toute sa hauteur.

### 4° *Croisées* JACQUEMART.

Diverses modifications, dues à M. Jacquemart, ont pour but :

1° D'empêcher, au moyen d'un nouvel appareil placé sous la pièce de bois dite *jet d'eau*, et attenant à la croisée ou même à la pièce d'appui dormante, l'introduction des eaux pluviales dans l'appartement lorsque le vent les pousse sous la croisée ;

2° De donner aux croisées, par de nouveaux profils, la facilité de suivre le tassement, ordinaire à tous les bâtiments neufs, sans qu'il soit besoin de donner du jeu d'aucun côté ;

3° Dans le rapprochement du point de rotation de la partie mobile dans la croisée à fermeture rotative, qui, par un nouveau profil, n'a plus besoin d'un rayon aussi long pour se développer, ce qui évite l'écartement nécessaire au développement de la pièce dans les plans précédents.

Nous renvoyons au *Recueil des brevets expirés* ceux de nos lecteurs qui voudraient connaître les moyens proposés par M. Jacquemart et par une foule d'autres inventeurs pour obtenir ce triple résultat.

# CHAPITRE III.

## Volets, Contrevents, Persiennes, Jalousies.

### § 1. VOLETS ET CONTREVENTS.

#### 1° *Volets.*

Les VOLETS dont nous avons parlé déjà plusieurs fois, sont des vantaux ou battants en menuiserie, destinés à recouvrir les croisées en dedans et à empêcher l'introduction de la lumière. Ce sont des espèces de portes suspendues en l'air. Aussi, les compose-t-on de même avec des panneaux, des montants et des traverses; mais toutes ces pièces sont plus minces et plus délicates que quand il s'agit de faire une porte.

Les volets sont soutenus par des fiches fixées sur les montants des châssis dormants.

Les volets peuvent être brisés en deux ou trois parties, selon la largeur des châssis qu'ils ont à couvrir, et selon l'épaisseur de la muraille qui forme l'embrasure. En général, on cherche à faire en sorte que le volet, lorsqu'il est plié, soit contenu dans l'embrasure et puisse s'appliquer contre le tableau sans faire saillie dans l'appartement.

Une amélioration notable apportée récemment sur ce point doit trouver place ici. Au lieu de laisser librement le volet replié et appuyé sur l'embrasure, dont il s'éloignait toujours plus ou moins, on pratique le long de cette embrasure un chambranle propre à recevoir et à fixer le volet. Lorsqu'il est ainsi ouvert et appliqué contre la muraille de l'embrasure, il fait l'effet d'une boiserie d'ornement, et l'on ne découvre sa présence qu'en remarquant le bouton doré de la targette qui le maintient.

Lorsque le volet est brisé, on fait les deux ou trois parties qui le composent de la même grandeur et absolument semblables. Leurs tranches rentrent les unes dans les autres, soit à rainure et languette, soit à feuillure; mais, au lieu de les coller, on se contente de les unir ensemble avec des charnières. Les volets sont toujours un peu plus hauts que les châssis mobiles, afin que, par le haut et le bas, ils puissent s'appuyer sur les traverses du châssis dormant.

Les dernières feuilles des volets brisés doivent être plus étroites de $0^m.035$ au moins, afin qu'on ne soit pas obligé de faire des entailles dans le dormant pour faire entrer les ferrures.

On donne généralement aux battants de volets qui portent les fiches depuis $0^m.067$ de largeur, plus les feuillures et la moulure, et $0^m.007$ à $0^m.013$ de moins à ceux des rives. Ceux de brisure doivent avoir ensemble $0^m.08$ à $0^m.10$ de largeur, et de $0^m.034$ à $0^m.038$ d'épaisseur.

Quant aux traverses des volets, elles doivent avoir, tant celles du haut que celles du bas, de $0^m.067$ à $0^m.080$ de champ, plus la longueur des moulures et des feuillures. Il doit en être de même de celle du milieu.

Enfin, les assemblages doivent être placés, autant que cela est possible, au derrière de la rainure, et avoir les deux septièmes de l'épaisseur des volets. Pour plus de solidité, il faut les faire passer au travers des battants de brisure.

Au-dessous des volets, à leur aplomb, on remplit le vide des embrasures par un petit lambris d'appui, nommé *banquette*, dont les moulures et les champs doivent être en harmonie avec ceux des volets. On couronne le dessus de ces banquettes d'une cymaise de $0^m.27$ à $0^m.41$ de hauteur, et d'une largeur égale à celle des volets repliés.

Maintenant nous allons dire quelques mots sur les châssis de volets, de fenêtres, sur les croisées à l'anglaise et sur la manière de les assembler.

Fig. 10 (pl. IV), élévation; fig. 11, plan; fig. 12, coupe d'une de ces pièces. Le dessin indique comment chaque partie se lie aux autres dans les trois figures.

Fig. 10 : B, rebord montrant la même profondeur de plinthe que les blocs de pilastre. C, C, blocs ou plinthes des pilastres; E, E, patères; *a, a, a*, intérieur du corps de châssis; *b, b, b*, côté arrondi du style.

Fig. 11, plan du corps de châssis, des volets, pilastres et autres parties expliquées dans le dessin.

Fig. 12 : *a*, épaisseur du pilastre ou architrave; *b*, entaille dans laquelle rentre le volet; *c*, largeur du volet; *d*, largeur du châssis; *e*, châssis inférieur; *f*, châssis supérieur; *g*, plan de séparation des châssis; *h*, doublure extérieure; *i*, épaisseur du mur de maçonnerie extérieure; *k, k*, linteaux en sapin ou en chêne; *l*, partie inférieure du linteau; *m*, architrave placée sur ces bases; *n*, solive pourvue d'une languette qui entre d'un côté dans le sommet de l'architrave *m*; *o*, partie supérieure, et *r*, seuil du dormant; *s*, seuil du châssis; *t*, appui de la croisée.

La tige de fer portant les poulies de tous les corps de châssis doit se projeter d'environ 10 millimètres au-delà du bord de la muraille; c'est-à-dire que la distance entre le devant de chacune de ces tiges doit être au moins de 20 millimètres de plus que dans l'espace intérieur séparé du mur; en sorte que le devant du volet se trouve sur le même plan que la maçonnerie extérieure.

Fig. 13, plan d'un corps de châssis avec volet fait sur le même principe, et applicable aux mêmes croisées que les précédents; mais l'épaisseur du mur est moindre.

*a*, doublure extérieure; *b*, poulies; *c*, doublure intérieure; *d*, doublure de derrière; *e, f*, contre-poids pour soulever le châssis; *g*, coulisse où glissent les poids; *h*, plan de séparation des châssis; *k*, partie intérieure du dormant portant des rainures propres à recevoir le plâtre; *m*, volet du devant attaché à la doublure intérieure *c*; *s*, architrave.

Fig. 14, coupe verticale du châssis; les mêmes lettres représentent les mêmes parties.

### 2° *Contrevents.*

Nous avons peu de chose à dire des CONTREVENTS. Ce sont tout uniment des volets extérieurs plus épais, moins soignés que les volets intérieurs, et qui ne sont pas brisés, ou du moins le sont très-rarement. On les compose de fortes planches assemblées à rainure et à languette, maintenues par des traverses clouées ou à emboîture, et quelquefois doublées avec d'autres planches clouées en travers sur toute la surface.

### § 2. PERSIENNES.

LES PERSIENNES sont des espèces de volets extérieurs destinés à écarter les rayons du soleil, à ne laisser arriver dans l'appartement qu'un demi-jour, et à permettre de voir ce qui se passe au dehors sans qu'on puisse être aperçu. Il y a donc des vides entre les pièces qui les composent; mais ces vides, plus petits que ceux des croisées ne sont pas remplis par des carreaux de vitres.

Les persiennes sont presque toujours à double battant; elles se composent, par conséquent, de deux parties mobiles tournant sur des gonds scellés dans la pierre de taille de la baie, et venant s'emboîter, quand on les ferme, dans une feuillure creusée au pourtour de l'arête extérieure de cette baie.

Chaque châssis est formé de deux montants et de deux traverses assemblées à tenon et mortaise, et larges de 0$^m$.081 à 0$^m$.108 sur 0$^m$.034 à 0$^m$.045 d'épaisseur. Quand la persienne est un peu élevée, on fortifie ces quatre pièces par une troisième traverse qui s'assemble au milieu de la hauteur des deux montants, à une égale distance des deux autres traverses.

On remplit le vide des châssis avec des lames ou tringles de bois de 0$^m$.009 à 0$^m$.011 d'épaisseur, et dont les deux tranches sont de niveau avec les surfaces intérieures et extérieures des châssis. Ces lames sont assemblées dans les montants, obliquement à la surface des châssis, de telle sorte que leur surface supérieure est inclinée d'environ 45 degrés vers la terre, du côté extérieur. Ces lames sont espacées proportionnellement à leur largeur, de telle sorte que quand l'œil est placé à la hauteur de la tranche supérieure de l'une d'elles, la tranche inférieure de la lame qui est au-dessous ne permet pas d'apercevoir les objets qui sont en face, et semble fermer l'issue, mais de façon aussi qu'en élevant l'œil, il soit possible de voir aisément entre les deux lames ce qui se passe dans la rue. Les lames doivent donc être plus ou moins espacées, suivant qu'elles sont plus ou moins larges; on les incline aussi plus ou moins, suivant que la persienne est placée à un étage plus ou moins élevé.

La tranche de chaque lame n'est pas perpendiculaire à la surface de la lame. De chaque côté on la taille de manière que, malgré l'inclinaison de la lame, elle soit de niveau avec la surface des montants et ne forme aucune saillie. La tranche inférieure de la traverse du haut est taillée aussi obliquement pour qu'elle soit parallèle à la lame la plus élevée; on en fait autant pour la tranche supérieure de la traverse du bas et pour les deux tranches de la traverse intermédiaire.

Les tringles ou lames peuvent être assemblées dans les montants, de trois manières différentes. La moins bonne consiste à les faire entrer dans une entaille oblique creusée dans la tranche du montant; on les fixe ensuite avec des chevilles placées horizontalement. Les deux autres manières sont bien préférables. On peut, ou bien faire entrer la lame dans une entaille, comme dans le premier cas, après avoir taillé ses extrémités en cylindre arasé ou goujon qu'on fait pénétrer dans un trou rond creusé au fond de l'entaille, ou bien, au lieu d'entaille, faire une mortaise oblique, et finir les extrémités des lames en tenons de 0$^m$.011 à 0$^m$.014 de largeur. Cette dernière manière est la meilleure, parce qu'on n'est pas obligé de mettre une traverse large dans la hauteur du châssis : on laisse seulement aux tenons de deux ou trois lames réparties à distances égales, une longueur assez grande pour qu'on puisse les cheviller.

On a vu qu'on inclinait davantage les lames vers la terre quand les persiennes sont faites pour un étage élevé ; que l'inclinaison devait être, au contraire, moins grande quand on travaille pour un étage très-bas. Malgré cette précaution, cette méthode a des inconvénients : au rez-de-chaussée, par exemple, il faut diminuer l'inclinaison de manière à n'apercevoir que les pavés les plus rapprochés du bas de la croisée, ou bien, si l'on veut voir plus loin, disposer les lames de façon que chaque passant ne puisse voir ce qui se fait dans l'appartement. Aux étages supérieurs, l'inconvénient sera moins grand, mais il existera encore en ce sens, que l'on ne pourra jamais voir ce qui se passe vis-à-vis de soi et à la même hauteur sans ouvrir les persiennes (1). On a remédié à tout cela en rendant mobile la totalité ou seulement une partie des lames, de façon qu'on puisse varier leur inclinaison à volonté. Dans ce cas, les lames mobiles sont terminées par un goujon qui entre sans entaille ni mortaise dans un trou rond creusé dans la tranche des montants. Alors elles peuvent aisément se mouvoir et tourner sur ce goujon comme sur un axe; mais elles ne sont pas assez espacées pour pouvoir tourner complétement; quand on met, le plus possible, leurs surfaces dans une situation perpendiculaire, elles se rencontrent par les bords et s'appliquent l'une sur l'autre comme les briques d'un toit.

(1) Pour obvier au double inconvénient d'avoir trop d'obscurité ou d'être vu par les passants, on rapproche les unes près des autres les lames de la moitié inférieure de la persienne, et on éloigne beaucoup celles de la partie supérieure.

On fait jouer les lames mobiles à l'aide d'une longue tringle de fer (fig. 20, pl. IV), munie d'une poignée recourbée *a*; la face de cette tringle porte, du côté de la persienne, d'autres petites tringles également espacées, perpendiculaires à la première, séparées entre elles autant que le sont les lames, et se terminant par un enfourchement. Au milieu de la tranche de chacune des lames mobiles on enfonce une vis à tête aplatie latéralement et qui entre dans l'enfourchement de l'une des petites tringles. Les enfourchements et les têtes des vis sont percés de trous, dans lesquels on rive des goupilles destinées à servir d'axe. On conçoit qu'alors, quand on élève la tringle, on élève la tranche intérieure des lames, et l'on augmente leur inclinaison vers le sol de la rue; qu'en abaissant la tringle vers la terre, on incline, au contraire, les lames vers le sol de l'appartement; enfin, qu'en plaçant les enfourchements à la hauteur des goujons, on met la surface de lames dans une situation horizontale, et qu'on peut voir vis-à-vis. Le frottement des goujons suffit pour maintenir les lames dans la position qu'on leur donne; néanmoins, on peut terminer le haut de la tringle par un anneau qui s'engage tour-à-tour dans chacune des dents d'une crémaillère en fer, fixée sur la traverse du milieu.

Souvent, en regardant la façade d'un hôtel ou d'une maison dont les fenêtres sont décorées d'un encadrement, l'œil est désagréablement affecté par la vue des persiennes qui masquent les moulures et détruisent ainsi l'uniformité de la façade qui en est le principal ornement.

C'est afin de remédier à ce défaut que l'on a proposé de suspendre les persiennes par le moyen ingénieux que nous allons décrire :

La figure 15, pl. IV, représente une fenêtre munie de persiennes, l'une ouverte et l'autre fermée, qui n'empêchent ni l'une ni l'autre la vue de l'encadrement.

La figure 16, même planche, offre en *a* la vue de face, en *b* le plan des équerres en T, au moyen desquelles ces persiennes sont suspendues.

La branche en T de ces équerres est fixée sur les persiennes à la manière ordinaire et au moyen des boulons.

La queue vient se placer dans une espèce de boîte à demeure dans la maçonnerie où elle est fixée par de forts scellements.

Les bords extérieurs de cette boîte profilent exactement les moulures du cadre de la fenêtre ; la face extérieure et la face intérieure de la queue de l'équerre présentent le même profil, mais placé en sens inverse, comme on le voit en *b* ; le point d'articulation est fixé au-milieu de la largeur et de l'épaisseur de la moulure, de façon que la queue étant placée dans la boîte, sur l'une ou l'autre de ses faces, elle en affleure également bien les bords, la remplit exactement, et après une demi-révolution, présente le même aspect.

Ce mouvement, décrit par l'équerre, ouvre et ferme la persienne, et, dans les deux cas, la boîte, placée bien à fleur du cadre de la fenêtre, étant remplie par une moulure égale à celle de ce cadre, il ne sera en aucune façon interrompu.

Grâce aux détails qui viennent d'être donnés, nous nous bornerons à dessiner sans plus d'explication la *persienne à tabatière.* Les figures 17 et 22, pl. IV, qui la montrent sous toutes les faces, en donnent une idée suffisante au lecteur intelligent.

### ADDITION.

*Fabrication des pattes dites* marionnettes, *servant à faire ouvrir les lames des persiennes.*

« Longtemps, les espèces de pattes d'attache, dites *marionnettes,* dont la tête est fixée sur les lames mobiles des persiennes et dont la queue est assemblée, à pivot, sur la tringle de manœuvre, ont été étirées, étampées, forgées et limées, afin de leur donner l'épaisseur, la forme et la courbure convenables à leur emploi; il en est résulté que le prix de revient, en rapport avec la main-d'œuvre qu'exigeait cette fabrication, était cependant trop considérable pour un objet de ce genre, et causait une diminution toujours croissante dans l'emploi des persiennes à lames mobiles qui offrent cependant de grands avantages.

« Ces considérations ont engagé M. Montangerand à chercher les moyens d'établir ces pattes, tout en leur conservant leur forme essentielle et surtout leur solidité, à un prix bien au-dessous du prix ordinaire.

« M. Montangerand forme la patte de deux pièces, ce qui lui permet d'employer un procédé de découpage pour les fabriquer; puis il les assemble à crochets et à tenons rivés, d'où il résulte que ces deux parties ainsi réunies forment un tout aussi solide que si la patte avait été forgée et fabriquée par les anciens moyens.

« On comprendra facilement que, d'une part, en découpant dans une plaque de métal d'une épaisseur convenable, la tête, dite *palmette*, et en y pratiquant les trous et les entailles nécessaires au crochet et aux tenons qui doivent être rivés dessus ; que, d'autre part, en découpant la queue, à laquelle on peut donner telle courbe que l'on voudra, et en lui faisant obtenir, par cette découpure, le crochet et les tenons qui doivent servir à sa réunion avec la palmette, quelle que soit la nature ou l'épaisseur du métal, quelles que soient les formes de la palmette et de la queue, on pourra ainsi obtenir à peu de frais des marionnettes de toutes dimensions, épaisseurs et courbures, sans recourir à une main-d'œuvre dispendieuse, et cela, au moyen des procédés de fabrication que nous venons d'indiquer, et dont nous allons exposer les moyens pratiques de mise à exécution.

« La figure 21, pl. IV, nous facilitera cette exposition. A, tête de la marionnette ou palmette, vue suivant la face qui s'applique sur les lames des persiennes. Sur cette face on a figuré les chanfreins des petites ouvertures *a a* destinées à recevoir les tenons à river de la queue. Les trous *b b* sont destinés aux vis qui fixent la tête des marionnettes sur les lames. L'entaille biseautée *c* sert à loger le crochet que porte la queue et qui doit être rivé sur cette face comme les tenons. B, palmette vue suivant sa face extérieure et montrant le chanfrein *d* destiné à loger la tête fraisée des vis ; *e,* chanfrein pratiqué au pourtour de la palmette. C, coupe en long de la palmette. D, coupe en travers.

« E, queue vue de face en épaisseur. F, queue vue de profil et disposée pour être ajustée sur la palmette avant d'être rivée. *e e,* tenons qui doivent entrer dans les trous *a a* et être rivés dans leurs chanfreins. *f,* cro-

chet qui se place dans l'entaille biseautée *c*. G, queue
vue de profil, ajustée dans la palmette au moyen d'un
crochet et de tenons non encore rivés. H, queue vue
de profil, le crochet et le tenon étant rivés.

« I, palmette et queue réunies, cette dernière étant
ajustée dans la coulisse de manœuvre.

« J, coupe en travers d'une persienne à lames mou-
vantes, montrant de profil, les marionnettes et la
tringle ajustées comme celles ordinaires. K, persienne
vue de face, ainsi que la tringle et les marionnettes
qui y sont ajustées.

« Les pièces qui viennent d'être décrites sont confectionnées à l'aide des moyens connus.

« Ainsi, dans une plaque de métal, fer ou cuivre,
d'une épaisseur proportionnée à la force que l'on veut
donner à la marionnette, on découpe, au moyen d'un
balancier ou d'un mouton, la palmette et la queue
séparément : on y pratique ensuite les trous et les
chanfreins, on assemble ces deux pièces et on les rive.

« Pour donner une plus grande solidité à cet assemblage, on fait présenter par la queue une espèce
de crochet *f* qu'on introduit facilement dans l'entaille
biseautée *c* pratiquée à la palmette, en plaçant d'abord
la queue de manière à faire entrer le crochet dans
cette entaille, puis on abat la queue sur la palmette,
et les tenons peuvent ainsi entrer verticalement dans
les trous qui leur sont destinés.

« Cet ajustement pourrait, au besoin, devenir mobile, c'est-à-dire être non rivé, si l'on voulait à volonté ôter la tringle de manœuvre qui porte les queues,
lesquelles se détacheraient alors facilement de la tête
ou palmette.

« On conçoit que la forme du crochet, des tenons

et des entailles, peut varier sans pour cela apporter de changement dans le système de fabrication qui s'opère à l'aide du découpage et de l'estampage, et en deux parties, ce qui permet de les établir à un prix moitié moins élevé qu'on ne le pouvait faire par les procédés ordinaires, et donne, en outre, comme nous venons de le dire, en rendant mobile la réunion des deux pièces, la faculté de pouvoir enlever la tringle de manœuvre dans les temps et les circonstances où la mobilité des lames de persiennes deviendrait inutile. »

## § 3.  JALOUSIES.

### 1° *Jalousies ordinaires.*

Les JALOUSIES sont formées avec des lattes de chêne, larges de 0$^m$.108, épaisses de 0$^m$.005, suspendues les unes sur les autres par des rubans de fil, de telle sorte qu'on puisse les hausser et baisser à volonté.

Corroyer ces lattes, les couper de même longueur, largeur et épaisseur, en les tenant plus courtes d'environ 0$^m$.027 que l'intervalle compris entre les deux tableaux de la baie; percer à 0$^m$.108 de chacune de leurs extrémités un trou de 0$^m$.027 de long et de 0$^m$.014 de large, voilà ce qui compose le principal travail du menuisier, voilà presque la seule chose qui rentre dans ses attributions ordinaires. Néanmoins, comme beaucoup de menuisiers confectionnent entièrement les jalousies, et que tous peut-être seraient bien aises de savoir les faire, nous allons entrer dans plus de détails, et faire successivement connaître comment on suspend les lattes par des rubans de fil, comment on les hausse et on les baisse, comment on les incline à volonté en dedans ou en dehors.

Pour suspendre les lattes et les unir entre elles, on prend un bon ruban de fil, ayant en longueur un peu plus de deux fois la hauteur de la croisée. On double ce ruban et on l'attache en l'air par les deux bouts dans une situation perpendiculaire. Alors, dans le bas, au milieu de la longueur du ruban, on pose une latte qu'on fixe au ruban avec des clous; cette première latte doit être de 0<sup>m</sup>.009 au moins plus épaisse que les autres. Un autre ruban, disposé de même et à une distance convenable du premier, est fixé aussi à 0<sup>m</sup>.081 ou 0<sup>m</sup>.108 environ de l'autre extrémité de la latte, qui se trouve ainsi soutenue par les deux bouts. Un troisième ruban, suspendu de même, embrasse la latte par le milieu.

Chacun des deux premiers rubans est placé précisément au-dessous des trous dont nous avons parlé; mais il faut observer que, dans la première latte, ces trous, au lieu d'être en carré long, sont ronds et beaucoup plus petits: nous verrons bientôt pourquoi. Chaque ruban, ainsi disposé, forme, pour ainsi dire, deux montants séparés dans le bas par la largeur de la latte.

A 0<sup>m</sup>.108 au-dessus de cette première latte, on coud transversalement, à chacun de ces petits montants, un ruban de 0<sup>m</sup>.108, plus la quantité nécessaire pour la couture; au-dessus de celui-ci on en coud un second, puis un troisième jusqu'au bout des deux montants, et toujours de 0<sup>m</sup>.108 en 0<sup>m</sup>.108, comme si l'on voulait faire une échelle de rubans. On en fait autant au ruban qui supporte la latte par l'autre extrémité, autant encore au ruban qui la soutient par le milieu; puis, sur chacun de ces rubans cousus en travers, on pose une à une les lattes qu'on a déjà préparées, et on les fixe de façon qu'elles soient soutenues par le milieu et par les deux extrémités au-dessous des entailles qu'on y a creusées. Dans cet état de choses, les lattes sont portées par les petits rubans parallèlement les unes au-dessus des autres et séparées de 0ᵐ.108.

Quelquefois, au lieu de placer chacune de ces traverses sur un simple ruban transversal comme un barreau d'échelle, on coud double ce ruban par les deux extrémités et l'on fait passer la latte entre les deux rubans. Quelquefois aussi, on remplace les rubans verticaux par des chaînettes en fil-de-fer galvanisé ou non. Dans ce dernier cas, chaque latte est comme emprisonnée entre deux bouts de fil-de-fer dont les extrémités sont attachées solidement aux chaînettes verticales. Les jalousies ainsi disposées sont aussi commodes que les autres et ont l'avantage d'être plus solides et plus durables.

Cela fait, on fixe au haut de la croisée, entre les deux tableaux, une planche aussi longue que la croisée est large, épaisse de 0ᵐ.023, et d'une largeur d'environ 0ᵐ.162. Cette planche s'appelle le *sommier*; elle porte à sa surface inférieure, à chaque extrémité, deux morceaux de fer évidés, formant deux anneaux, perpendiculaires à cette surface et longs de 0ᵐ.044.

On prépare ensuite une autre planche aussi longue et aussi large que les lattes, mais épaisse de 0ᵐ.018 à 0ᵐ.020, et, dans ses extrémités, on enfonce deux boulons de fer parallèles à la surface supérieure, qu'on appelle *tourillons*, et qu'on fait passer dans les anneaux du sommier. Cette planche est alors supportée par ces anneaux, et peut tourner sur ses tourillons en s'inclinant en dedans ou en dehors, mais sans pourtant pouvoir faire une révolution complète, parce qu'entre elle et le sommier, il n'y a pas tout à fait assez d'intervalle pour le permettre.

Quand cette opération est faite, on détache les rubans chargés de lattes des points de suspension auxquels on les avait momentanément accrochés, et l'on fixe invariablement les bouts de ces rubans sur la tranche de la planche mobile. Dans ce cas, cette planche soutient toutes les lattes, et est soutenue elle-même par le sommier. La figure 19, pl. IV, représente cet assemblage ; elle est très-suffisante pour faire comprendre la description.

On ne fixe ordinairement le sommier qu'après avoir placé dans les anneaux les tourillons de la planche mobile, et qu'après qu'on a cloué sur celle-ci les rubans qui portent les lattes. Préalablement, on a placé en dehors et en haut du tableau de la croisée une planche d'une largeur assez considérable pour cacher toutes les lattes de la jalousie lorsqu'elles sont remontées. Cette planche, que l'on nomme *pavillon*, est fixée au mur par une des tranches et par ses extrémités. Elle forme un abri qui garantit la jalousie de la pluie quand elle est levée, et empêche le ruban de pourrir. Quelquefois aussi, on fait au pourtour des jalousies un encadrement qui affleure le devant du tableau, pour empêcher les lattes de sortir en dehors de la croisée, et les défendre contre l'agitation du vent.

Mais la jalousie ainsi construite serait plus embarrassante qu'utile, s'il n'y avait pas un moyen d'élever toutes ces lattes en les rapprochant l'une de l'autre. Examinons celui qu'on emploie à cet effet.

Nous savons qu'à quelques centimètres des deux extrémités, chaque latte est percée de deux entailles longues de 0$^m$.027 et larges de 0$^m$.014. Il en est de même de la planche mobile. La latte inférieure seule fait exception. Cette latte n'est percée que d'un petit trou rond à chaque bout, au-dessous des entailles longitudinales des autres lattes. On fait passer une corde par toutes les entailles qui sont à gauche; elle passe aussi par le trou gauche de la latte inférieure, mais là elle est arrêtée par un nœud. L'autre bout, après avoir passé par l'entaille de la planche mobile, traverse un trou longitudinal creusé dans le sommier au-dessus des trous des lattes. Dans ce trou est une petite poulie mobile sur un axe; la corde entre dans la gorge de cette poulie, qui est destinée à diminuer les frottements, passe sur le sommier entre sa face supérieure et le haut de la baie, se dirige obliquement à droite du sommier, trouve là, à son extrémité, près de sa tranche intérieure, un autre trou longitudinal un peu oblique, et garni aussi d'une petite poulie. La corde passe encore sur cette poulie, entre dans le trou et vient pendre au côté droit, à portée de la main.

Tout cela est représenté dans la figure 19, pl. IV. La corde est nouée en *a* à gauche, traverse toutes les lattes, traverse aussi le sommier en *b*, rentre par le trou *d* plus rapproché du bord et vient pendre en *e*. On sent que, quand on tire cette corde, elle rapproche les lattes par leur extrémité gauche, et les force à remonter en se touchant, jusqu'à ce qu'elles soient appuyées contre la planche mobile.

La même opération doit être faite à droite. Pour cela, une autre corde, nouée sous la latte inférieure à droite en *v*, passe à travers toutes les lattes aussi à droite, puis à travers la planche mobile et le sommier en *n*. Ce trou est muni d'une poulie et percé au milieu de la largeur du sommier. Plus près de l'extrémité et de la tranche intérieure, est un autre trou *i*, un peu oblique, dans lequel est aussi une poulie. Cette corde, partie du côté droit, passe par ce trou et vient pendre un peu plus à droite, à côté de la corde qui traverse l'extrémité gauche des lattes.

Lorsqu'on tire les deux cordes en même temps, l'une soulève et rapproche les lattes à droite, tandis que l'autre les soulève et les rapproche à gauche. Quand on les a suffisamment tirées, on les tortille et on les attache autour d'un piton enfoncé dans la muraille à droite. Quand on les lâche, la jalousie retombe.

Quelquefois, au lieu de faire revenir les cordes sous le sommier par deux trous différents, on les fait passer toutes les deux par un seul; mais, dans ce cas, l'épaisseur de la poulie porte deux gorges, et chacune d'elles ne reçoit qu'une corde.

Nous avons dit qu'il existait un moyen de rendre plus ou moins oblique la largeur des lattes, et de les incliner tantôt en avant, tantôt en arrière. On peut ainsi laisser pénétrer plus ou moins de lumière dans l'appartement, l'intercepter même tout à fait, et regarder à travers les lattes en face de soi, en bas ou en haut.

Deux cordes produisent cet effet, et toutes sont placées à gauche. L'une d'elles, marquée *v* dans la figure, passe dans un trou creusé dans le sommier. Ce trou est allongé, parallèle à l'extrémité du sommier, perpendiculaire à ses tranches. Il renferme une poulie mobile sur un axe placé dans l'épaisseur de la planche. Cette poulie est au milieu du trou, de sorte que la corde, après avoir passé par le trou et s'être enroulée sur la poulie, ressort par-dessous de l'extrémité du trou, et va s'attacher à un petit anneau de fer fixé dans la tranche de la planche mobile du côté intérieur de l'appartement. Par conséquent, lorsqu'on tire cette corde, elle élève cette tranche de la planche mobile; celle-ci élève les rubans qui supportent les tranches correspondantes des lattes, et toutes sont inclinées en dehors. Une autre corde marquée *o* produit l'effet contraire : elle passe dans un trou semblable, creusé dans le sommier à gauche, à côté du premier, s'enroule autour d'une poulie, repasse sous le sommier et est fixée par son extrémité dans un autre anneau en fer placé dans la planche mobile près de la tranche qui regarde la rue. Quand on tire cette corde, la tranche extérieure s'élève, la tranche opposée ou intérieure s'abaisse, toutes les tranches correspondantes des lattes en font autant et s'inclinent en dedans.

Ainsi, quatre cordes règlent la manœuvre des jalousies; deux placées à droite doivent être tirées simultanément quand on veut élever les lattes; deux placées à gauche servent à en régler l'obliquité. On tire celle qui est le plus à droite quand on veut incliner les lattes en dehors; dans le cas contraire, on tire celle qui est un peu plus à gauche. Si l'on veut que la surface des lattes soit horizontale, on tire les cordes autant l'une que l'autre.

Ce mécanisme est peu susceptible de se déranger. Il n'en est pas de même de plusieurs autres qu'on a imaginés dans le même but. On a employé des ressorts en spirale, des ressorts de pendule, qui relèvent spontanément la jalousie ; mais ces ressorts exposés souvent à l'air humide, ne tardent pas à se rouiller, à se rompre, et c'est une raison pour que nous n'en parlions pas. Ils sont d'ailleurs tout à fait étrangers aux attributions du menuisier. Les jalousies sont peintes en gris ou en vert : cette dernière couleur domine. Chaque latte doit être enduite d'un beau vernis.

D'après M. Wamemude, la disposition des jalousies ordinaires laisse apparents à l'extérieur les liens ou cordons nécessaires à leur manœuvre, ce qui présente le double inconvénient d'être peu agréable à la vue, et de nécessiter des réparations continuelles par suite de l'exposition de ces liens à toutes les intempéries.

Pour faire disparaître cette disposition vicieuse, M. Wamemude a imaginé un nouveau système qui, suivant lui, présente les avantages suivants :

1° Rien n'est apparent à l'extérieur ; les extrémités des palettes qui reçoivent les cordons d'attache se trouvent engagées dans des montants creux, où elles peuvent prendre toute inclinaison et tout mouvement de montée et de descente ;

2° La manœuvre des jalousies a lieu à l'intérieur de l'appartement, sans être obligé, comme pour l'ancien système, d'ouvrir les fenêtres.

On trouvera la description détaillée de ce système dans le *Recueil des brevets d'invention expirés.*

### 2° *Jalousies en éventail pour la partie arquée des croisées.*

Les fenêtres cintrées se multipliant beaucoup, et tendant à se multiplier encore davantage, leur fréquent usage dans les magasins, les pavillons de jardin, les églises, tout cela doit engager le menuisier intelligent à s'occuper de leurs accessoires. On ne s'étonnera donc pas que la Société des Arts, de Londres, ait accordé la médaille de Vulcain (argent) à madame H. Goode, pour une invention que nous devons décrire, parce qu'elle réunit la simplicité et la grâce à certaine utilité domestique, pour les pays où le soleil est plus vif que dans la grande île.

Fig. 18, pl. IV, *a,a*, tube métallique ouvert dans toute sa partie supérieure.

Dans la barre transversale *d*, sont établis deux trous, en *b* et en *c*, qui reçoivent les bouts de l'arc formé par le tube *a, a*.

En *b*, est fixée une poulie correspondant au centre du trou et du tube *a*.

En *c*, la bande ou le cordon sans fin *e, e, e*, entre dans le tube arqué. Là, il y a une seconde poulie. Enfin, elle passe le long de la traverse *d* dans le tube *a* qu'elle parcourt dans toute son arçure.

La jalousie est un peu plus longue, en haut et surtout en bas, que la base et le sommet de l'arc. Elle est en bois ou en étoffe.

Comme cette jalousie est fixe, quoique mobile sur un petit axe ou pivot horizontal, placé à son centre, en *d*, elle forme précisément un grand éventail, et se développe ou se ferme de même.

Deux pièces de padou étant liées au sommet des feuilles avec la bande du cordon sans fin, passent dans le tube *a, a*; il est alors aisé de comprendre que l'éventail s'ouvre ou se ferme, suivant le mouvement qu'on donne en *f* à la bande.

# SIXIÈME PARTIE

## MEUBLES EN MENUISERIE.

Quoique la fabrication des meubles soit du ressort de l'ébéniste, il en est cependant quelques-uns que le menuisier construit : ce sont généralement les meubles grossiers en Hêtre, en Peuplier, en Frêne ou en Chêne commun, connus sous le nom de MEUBLES DE CUISINE, tels que : les *tables*, les *armoires* et les *garde-manger*. D'autres, recouverts de papier de tenture ou d'étoffe, servent dans les appartements : ce sont les *devants de cheminées* et les *paravents*. Le menuisier construit encore les *échelles communes* ou *façonnées*, les *escabeaux*, les *échelles de bibliothèque* et les *porte-manteaux* communs ou riches. Il construit pour les jardins les *caisses* de *fleurs* ou d'*arbustes* et les *bancs*. Quelquefois aussi, il fabrique les *caisses ordinaires* communes ou soignées, même celles d'emballage; mais cette industrie est plutôt du ressort du layetier-emballeur.

Nous allons décrire la fabrication de ces divers meubles, en commençant par ceux dont la construction est facile et à la portée des apprentis.

### § 1.   DEVANTS DE CHEMINÉES.

Rien n'est plus simple que ce meuble, par lequel commencent tous ceux qui veulent faire de la menuiserie. C'est, en effet, le travail le plus facile.

Il consiste en un cadre ou châssis formé de deux montants et de deux traverses assemblés à enfourchement ou à tenon et à mortaise.

Si le devant de cheminée est très-grand, on le fortifie par un montant intermédiaire qui entre à tenon dans deux mortaises creusées dans la tranche des traverses.

Si l'ouverture de la cheminée qu'on veut boucher avec ce châssis présente des courbures ou des saillies, on trace, puis on chantourne comme il convient, soit les montants, soit les traverses, et on fait les entailles convenables.

On cloue ensuite une toile claire sur la surface antérieure du châssis, et l'on y colle le papier de tenture qu'il est destiné à supporter.

La surface des pièces du châssis qui est ainsi recouverte, doit avoir été corroyée avec soin, et il convient d'employer des clous à tête plate pour fixer la toile.

## § 2.  PARAVENTS.

Les PARAVENTS sont formés de châssis construits comme ceux que nous venons de décrire, hauts de 2 mètres à 2$^m$.60, larges de 0$^m$.65 à 1$^m$.37. Ils sont fortifiés par une traverse qui s'assemble dans les deux montants au milieu de la hauteur.

Chaque paravent est formé de la réunion d'un nombre plus ou moins grand de ces châssis, qu'on appelle *feuilles*. Ce nombre varie de quatre feuilles à huit; quelquefois même, on emploie dix feuilles. Toutes sont recouvertes de toile et de papier de tenture, comme les devants de cheminées, ou souvent encore de tissus plus ou moins riches. On les réunit, soit avec des charnières, soit avec de simples bandes de forte toile, assez larges et disposées de telle sorte que si l'une, clouée d'abord sur la surface antérieure d'une feuille, passe ensuite derrière la feuille suivante, et est clouée sur la face postérieure de celle-ci, celle qui vient après va de la surface antérieure de la seconde feuille à la surface postérieure de la première.

Il faut au moins quatre bandes de toile pour unir deux feuilles d'une manière suffisamment solide. Quand on se sert de charnières, il faut les placer de façon qu'elles s'ouvrent alternativement en avant et en arrière pour que les feuilles puissent, en se repliant, s'appliquer l'une sur l'autre, et que, quand on les ouvre à demi, elles forment une série d'angles saillants et d'angles rentrants.

Tout le monde sait qu'on emploie les paravents à se garantir de l'air froid extérieur, et qu'on les fait tenir sur l'espèce de base qui résulte de ce qu'on ne les ouvre jamais entièrement.

## § 3.   ÉCHELLES.

Il y en a de bien simples; d'autres sont très-compliquées, comme certaines échelles à incendie composées de plusieurs parties rentrantes les unes dans les autres, et qu'on élève avec des roues dentées et des manivelles jusqu'à la hauteur des étages les plus élevés. Ce n'est pas sans doute de ces dernières que nous avons à parler; elles sont spécialement du ressort du mécanicien, et ce que le menuisier a à faire pour leur exécution, se réduit ordinairement à un certain nombre d'échelles simples, de plus en plus étroites et glissant les unes dans les autres, à l'aide de rainures creusées sur la face interne des montants. Nous nous bornerons donc à parler des *échelles simples*, des *échelles doubles*, des *échelles d'incendie* ordinaires, des *échelles à coulisse*, et des *échelles de bibliothèque*.

### 1° *Echelles simples.*

Deux montants en bois, liant et léger, sont placés parallèlement l'un à l'autre. De 0ᵐ.25 en 0ᵐ.25, on y perce des trous vis-à-vis les uns des autres pour recevoir des barreaux. Ces derniers sont d'un bois très-dur et très-fort. On les fait ronds, plats ou carrés, et chacune de leurs extrémités est placée dans les deux trous opposés de chaque montant pour les empêcher de sortir.

Pour que les montants ne s'écartent pas, on a recours à différents moyens. Tantôt les deux barreaux de chaque extrémité sont remplacés par des traverses plates fixées dans les montants par des chevilles ou des boulons en fer ; tantôt, à l'aide d'un ciseau, on fend par le milieu l'extrémité des barreaux, après qu'on les a placés dans les trous, puis, à coups de marteau, on y enfonce un petit coin de bois. Pour que ce dernier procédé soit efficace, il faut que le trou soit plus évasé du côté par lequel sort l'extrémité des barreaux, que du côté par lequel ils entrent. Si l'échelle est courte, il suffit de faire cette opération au premier et au dernier barreau : on la fait à tous si elle est longue.

### 2° *Echelles doubles.*

Toute ÉCHELLE DOUBLE est formée de deux échelles simples dont les montants, au lieu d'être parallèles, sont plus rapprochés par le haut que par le bas. De ces deux échelles, l'une est plus étroite que l'autre à son extrémité supérieure, de sorte que le haut des deux montants de la première passe entre le haut des deux montants de la seconde. Quand les montants sont dans cette disposition, on les traverse tous les quatre avec un cylindre de bois très-dur ou un boulon de fer. On arrête ensuite chaque extrémité de ce cylindre ou de ce boulon avec des chevilles ou des clavettes, de façon qu'il ne puisse plus sortir. Il résulte de cette disposition que les échelles sont fixées par le haut, en faisant une espèce de charnière. Elles peuvent indéfiniment s'écarter par le bas; mais on règle cet écartement avec des cordes, ou mieux avec une ou deux tringles de fer qui s'accrochent par leurs extrémités aux montants des échelles.

On sait que les échelles doubles n'ont pas besoin d'appui et se soutiennent isolément partout, pourvu cependant qu'on les ouvre au point convenable. Leurs montants sont alors comme les arêtes d'une pyramide quadrangulaire, dont deux faces opposées sont garnies d'échelons d'un bout à l'autre.

Quand les échelles doubles ont une très-grande hauteur, il est absolument nécessaire de les faire très-larges par le bas, afin de leur donner une assiette convenable. Toutefois, on doit comprendre que si, à la partie inférieure, elles avaient une largeur quatre, cinq ou six fois plus grande que celle de la partie supérieure, les échelons inférieurs deviendraient trop longs pour avoir une force suffisante, à moins qu'on ne les fit excessivement larges, ce qui rendrait l'échelle beaucoup trop lourde, par conséquent trop difficile à manier. On évite cet inconvénient d'une manière fort ingénieuse. Dans l'intervalle des montants latéraux, on place un, deux, trois ou quatre autres montants également percés de trous et dans lesquels les échelons sont enfilés et se trouvent soutenus. Ces montants intermédiaires touchent tous par terre, mais ne s'élèvent qu'à des hauteurs suffisantes pour que les échelons qui ne sont soutenus que par leurs bouts aient une consistance telle qu'ils ne puissent plier assez pour s'échapper de leurs mortaises. Des échelles ainsi disposées se voient dans tous les grands jardins, où elles servent, soit à tailler et écheniller les arbres, soit à cueillir les fruits à la main.

### 3° *Echelles d'incendie.*

Trois sortes d'échelles sont employées à peu près partout pour attaquer les incendies. Ce sont : l'*échelle à l'italienne*, l'*échelle droite pliante* et l'*échelle à crochets.* Toutefois, les deux premières sont d'un usage très-borné, parce que leur manœuvre est un peu trop compliquée. La troisième, au contraire, doit à la facilité de son maniement de suffire à tous les besoins. Aussi, fait-elle partie du matériel réglementaire de tous les corps de pompiers. La fabrication de ces trois sortes d'échelles ne présente, du reste, aucune difficulté, si l'on comprend bien la description que nous allons faire de chacune d'elles.

L'ÉCHELLE A L'ITALIENNE se compose de plusieurs petites échelles qui glissent et s'emboîtent l'une sur l'autre, de manière à s'ajuster bout à bout pour n'en faire qu'une. Chaque petite échelle est formée de deux montants de Frêne de 2 mètres de longueur, et sa largeur, qui est de 0<sup>m</sup>.50 à la base, va en diminuant jusqu'au sommet, où elle ne dépasse pas 0<sup>m</sup>.45.

Les montants sont réunis par cinq échelons, le premier et le dernier en fer, les trois intermédiaires en bois de cornouiller. Enfin, les extrémités de diverses échelles sont disposées de telle sorte que la partie étroite de l'une s'assemble exactement sur la partie large de l'autre : elle y est solidement maintenue au moyen d'échancrures pratiquées sur les montants et dans lesquelles se logent les échelons de fer.

L'ÉCHELLE DROITE PLIANTE est formée par la réunion de trois échelles simples d'environ 5 à 6 mètres de

Fig. CLIII.

longueur qui s'ajustent les unes dans les autres par leurs extrémités au moyen de quatre forts boulons. Deux de ces boulons, les supérieurs, sont rivés sur leurs écrous et permettent de faire pivoter l'une des deux échelles conjointes sur l'autre. Les deux autres boulons s'enlèvent et se remettent en place à volonté, suivant qu'on veut replier l'échelle en ramenant ses parties les unes sur les autres, ou en doubler ou tripler la hauteur en développant ces mêmes parties. Pour que l'échelle puisse ne pas s'écarter de l'endroit où elle a été placée, on fixe un croc de fer à chacune de ses extrémités supérieures, et un sabot, également de fer, à chacune de ses extrémités inférieures. La figure CLIII représente une échelle de ce genre.

L'ÉCHELLE A CROCHETS consiste en deux montants de bois de Frêne, ayant une longueur totale de 4 mètres, et se repliant l'un sur l'autre, au milieu, à l'aide d'une double charnière (fig. CLIV). Chaque montant porte à

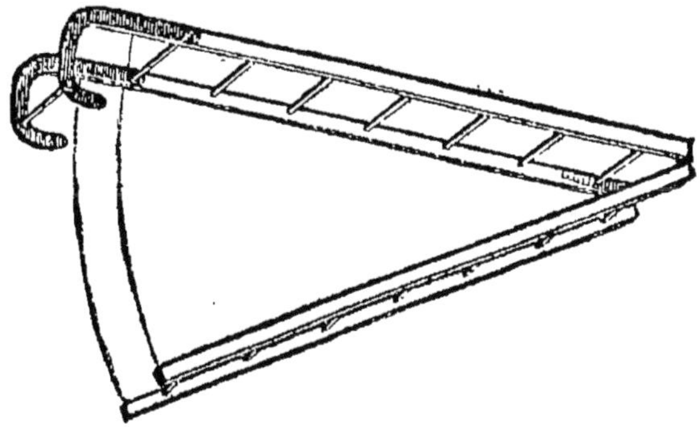

Fig. CLIV.

son extrémité supérieure un demi-cercle de fer dont le développement, qui est de $0^m.38$, est assez grand pour embrasser la tablette d'une croisée et s'y fixer solidement. Les échelons sont au nombre de 13 ou de 14, tous en Cornouiller, à l'exception de celui du milieu et de ses deux voisins immédiats, l'un en haut, l'autre en bas, qui sont formés d'autant de cylindres de fer creux. Le cylindre du milieu sert d'axe de rotation aux deux parties de l'échelle, au moyen d'un boulon de longueur appropriée. Celui qui occupe le bas de la moitié supérieure de l'échelle sert à fixer, le long des montants, à l'aide d'un boulon semblable, deux plates-bandes de fer qui sont destinées à maintenir l'échelle pliée. Enfin, celui qui se trouve au sommet de la moitié inférieure de l'échelle, sert à fixer ces mêmes plates-bandes, au moyen d'un autre boulon, lorsque l'échelle est ouverte.

### 4° *Echelles à coulisse.*

LES ÉCHELLES A COULISSE se composent de deux échelles simples qui s'ajustent et s'emboîtent l'une sur l'autre, de manière que l'une puisse glisser sur l'autre pour en augmenter la hauteur. On conçoit que l'une de ces échelles est nécessairement plus large que l'autre, et que c'est cette dernière qui est mobile. Les montants de la première présentent, sur leur face intérieure, à quelques millimètres des échelons, une rainure longitudinale dans laquelle glisse une pièce saillante de même forme et de mêmes dimensions que portent les montants de la seconde, sur leur face extérieure. Pour faire fonctionner l'échelle mobile, le moyen le plus simple est d'agir sur une corde qui, attachée en dessous à l'un des échelons les plus bas, va passer dans la gorge d'une petite poulie disposée au sommet de l'échelle fixe. Quand l'échelle est arrivée à la hauteur voulue, on l'y maintient en attachant l'extrémité libre de la corde à l'un des échelons de l'échelle fixe.

On fait aussi des échelles doubles à coulisse. On peut d'ailleurs varier de plusieurs manières la disposition de ces appareils pour les approprier à l'emploi spécial qu'on veut en faire.

### 5° *Echelles de bibliothèque.*

Pour établir une ÉCHELLE DE BIBLIOTHÈQUE, on fait

un fort châssis en bois avec deux traverses et deux montants solidement assemblés à queue d'aronde : le châssis est porté sur des roulettes. A l'une de ses extrémités s'élèvent deux forts montants dans une direction perpendiculaire ; ils sont assemblés à tenon et à mortaise. Un escalier droit, construit par les procédés ordinaires, repose par un bout sur l'autre extrémité du châssis et sur le haut des montants. De chaque côté, il est bordé d'une barre d'appui ; une barre semblable termine le haut de l'escalier. (Voyez fig. 4, pl. II, élévation et plan.)

### § 4. MARCHE-PIEDS.

Quelquefois les MARCHE-PIEDS sont tout simplement deux larges planches de bois blanc coupées en triangle rectangle. Sur le côté opposé à l'angle droit, on taille plusieurs angles rentrants d'égale dimension et dont l'un des côtés est parallèle à la base, tandis que l'autre lui est perpendiculaire. Ces deux planches sont parfaitement semblables. On les sépare environ d'un mètre, et, par chaque extrémité, on cloue d'étroites planches de même longueur sur le côté de l'entaille parallèle à la base. Ces planches forment de véritables marches.

Il existe une autre espèce de marche-pied qui est beaucoup plus commode. Deux montants larges de 0$^m$.25 sont taillés d'onglet à leurs extrémités, de façon à prendre une position inclinée quand ils reposent sur leur bout. On les écarte de 0$^m$.65, on y creuse des entailles longitudinales parallèles aux extrémités, et on y fixe les marches. Comme on le voit, c'est véritablement un petit escalier : il ne s'agit que de lui trouver un point d'appui. Pour cela, on prend deux montants égaux en hauteur à l'escalier, mais beaucoup plus étroits par le bas. On les unit à l'aide d'une traverse par le bas, on les joint au sommet de l'escalier, à l'aide d'une tige de fer, tout comme on unit l'extrémité de deux échelles simples pour en faire une échelle double. Avec un clou à tête plate, on fixe sur le milieu d'un des côtés de l'escalier, un crochet mobile en fer, long de 65 centimètres à 1 mètre, suivant que le marche-pied est plus ou moins grand ; le côté du montant d'appui porte à la même hauteur un anneau en fer : par conséquent, quand on fait entrer le crochet dans l'anneau, l'escalier et le châssis de derrière sont maintenus à une assez grande distance l'un de l'autre pour que leur écartement forme une base solide. Ce marche-pied est plus léger que le précédent, il est aussi moins embarrassant ; car lorsqu'on ne s'en sert plus, on lève le crochet, le châssis se rapproche de l'escalier, et on peut suspendre le tout à la muraille par un anneau fixé à la dernière marche.

## § 5. ESCABEAUX A BASCULE.

Les ESCABEAUX ordinaires sont tellement connus et leur construction est si simple que nous croyons inutile d'en parler ici. Nous ne nous occuperons pour le moment que de la variété dite *à bascule.*

L'ESCABEAU A BASCULE se compose de quatre montants formant tenons à leur partie supérieure et entrant dans quatre mortaises entaillées dans une planche qui les réunit. A leur partie inférieure, ils sont joints les uns aux autres par quatre traverses, celles des faces plus longues que celles des côtés. Entre les montants de la face antérieure on engage un marche-pied de trois marches analogue à celui dont nous venons de parler, et on le fixe à ces montants au moyen d'une tige en fer boulonnée ; on place cette tige de façon qu'elle forme pivot et que le marche-pied, en basculant sur elle, puisse rentrer entre les quatre montants, la marche inférieure se trouvant près de la planche supérieure de l'escabeau, et la marche supérieure étant tournée vers le sol. La planche qui réunit les montants est entaillée, à sa face antérieure, de façon à servir de quatrième marche. Dans cette marche est pratiquée une ouverture qui permet d'entrer les doigts, pour transporter facilement l'escabeau d'un lieu à un autre.

Tout le jeu de ce petit escalier portatif réside dans le point où l'on a placé le pivot sur lequel bascule le marche-pied. Il importe donc que la tige de fer, ainsi que les deux montants de devant qui la reçoivent, soit très-solide.

L'escabeau à bascule est commode, léger, tient peu de place et remplace avantageusement le marche-pied ordinaire dont le développement tient toujours une place précieuse. Il peut encore, au besoin, servir de siége.

### § 6.   GARDE-MANGER.

On donne le nom de GARDE-MANGER à une espèce de coffre dont les parois sont formées par du canevas ou de la toile métallique ; on le suspend dans les endroits frais, et l'on y place de la viande. Les interstices du canevas laissent pénétrer l'air ; mais les fils sont trop rapprochés pour que les insectes puissent passer.

La construction de ce meuble comprend quatre montants carrés, réunis ensemble par huit traverses assemblées à tenon et à mortaise, de manière à former un tube à jour sur toutes ses faces. L'ouverture du haut et celle du bas sont fermées avec des planches que l'on cloue sur les traverses, après avoir entaillé leurs angles pour faire la place des montants, quand ceux-ci font une saillie au-dessus des traverses. Des quatre ouvertures latérales, trois sont bouchées avec des pièces de canevas, qu'on cloue pareillement sur les traverses. Quant à la quatrième, elle doit être fermée par la porte.

La porte est formée d'un châssis carré attaché par un de ses côtés à l'un des montants, avec deux charnières en fer. La surface interne de ce châssis est creusée sur le bord d'une feuillure qui règne tout autour, et dans laquelle s'appliquent les arêtes des traverses et des montants, ce qui rend la fermeture plus complète. Enfin, son ouverture est aussi recouverte par un canevas bien tendu.

Au centre de la planche qui ferme l'ouverture supérieure, on enfonce un anneau en fer, rivé en dedans, et par lequel on suspend le meuble; ou bien, ce qui est préférable, on traverse la planche par une tige de fer terminée en anneau au dehors, maintenue au-dessous de la planche par un boulon en fer qui ne lui permet pas de sortir, et portant à son extrémité inférieure un cercle mobile, à la circonférence duquel sont plusieurs crochets où l'on accroche la viande.

## § 7. TABLES.

On donne le nom de TABLE à toute espèce de plateau soutenu dans une position horizontale par des pieds ou des piliers. Nous n'avons à nous occuper ici que des tables communes, connues sous le nom de *tables de cuisine,* les seules confectionnées par le menuisier.

Les tables de cuisine sont, sinon tout-à-fait les plus simples, au moins les plus grossières; elles peuvent être définies par ce peu de mots : un plateau épais supporté par quatre forts piliers. Ce n'est presque pas autre chose qu'un large établi de menuisier.

Le plateau des tables de cuisine est fait d'un épais madrier de bois de Hêtre ou de Chêne. Dans les pays où le Noyer abonde, on l'emploie souvent à cet usage. On choisit ces plateaux bien exempts de fentes, de défauts, aussi secs que possible, et s'ils ne le sont pas assez, on tourne en dessus la partie qui était la plus rapprochée du cœur de l'arbre. Les ouvriers prétendent que, dans ce cas, le bois travaille moins. Nous croyons cette raison très-mauvaise, mais il y en a une bonne qui doit faire adopter cette pratique, c'est que ce côté du plateau est toujours le plus dur. On a soin de donner toujours à ces madriers une épaisseur suffisante, parce qu'on a quelquefois besoin de les dresser de nouveau, quand on les a creusés en différentes parties, en hachant ou coupant de la viande.

Les pieds de la table de cuisine doivent être aussi très-forts; on leur donne de $0^m.08$ à $0^m.10$ de largeur sur $0^m.06$ à $0^m.08$ d'épaisseur. On les assemble dans le dessous du plateau, à tenon et à queue d'aronde, ou au moyen d'un assemblage double, ce qui est encore plus solide. Dans tous les cas, il convient de ne pas percer la table d'outre en outre, et de ne creuser les mortaises que dans une partie de l'épaisseur, afin que sur la table on ne voie pas le bois de bout des piliers couper le bois de fil du plateau. Par le bas, les pieds sont réunis deux à deux par deux traverses qui s'assemblent à une hauteur de 0<sup>m</sup>.05 à 0<sup>m</sup>.10 au-dessus du sol ; et une troisième traverse perpendiculaire aux deux premiers les réunit ensemble, en pénétrant dans leur tranche. Ces trois traverses ainsi jointes forment ce qu'on appelle une *entretoise*. Ce genre de pieds est souvent employé pour des tables de cuisine ; mais toujours on a soin de réserver au haut des pieds une tête à quatre faces planes, afin qu'on puisse y assembler plus commodément les traverses dont nous venons de parler.

## § 8.   ARMOIRES.

Le menuisier confectionne les ARMOIRES COMMUNES, depuis le *buffet de cuisine* jusqu'à la *grande armoire d'office*, ordinairement en Chêne commun, qui prend déjà rang parmi les meubles qui garnissent nos habitations.

Les armoires sont les plus grands des meubles fermants. Ce sont aussi les plus commodes, eu égard à la quantité d'objets différents que l'on peut y enfermer. Elles ont ordinairement depuis 2 mètres jusqu'à 2<sup>m</sup>.60 de hauteur ; depuis 1<sup>m</sup>.15 jusqu'à 1<sup>m</sup>.50 de largeur, et depuis 0<sup>m</sup>.50 jusqu'à 0<sup>m</sup>.65 de profondeur. Elles se composent ordinairement de six parties principales : deux portes, deux côtés, le derrière, la corniche et deux fonds, l'un pour le haut, l'autre pour le bas. L'intérieur est garni de tablettes et quelquefois il renferme des tiroirs.

La carcasse de l'armoire est formée par quatre forts montants ou pieds, unis en haut par quatre fortes traverses qui sont de niveau avec eux, et en bas par quatre autres traverses qui s'assemblent de 0<sup>m</sup>.05 à 0<sup>m</sup>.08 au-dessus du plancher. Ces pieds ont au moins

0$^m$.05 d'épaisseur sur 0$^m$.08 de largeur. Quelquefois, pour les faire, on entaille une forte pièce de bois de manière à lui donner la forme de deux montants assemblés à angle droit par la tranche; l'angle de cette pièce forme alors l'angle de l'armoire, et l'on a soin le plus souvent de l'arrondir.

Les traverses de derrière et celles de devant ont au moins 0$^m$.04 d'épaisseur, tant celles du bas que celles du haut; celles des côtés peuvent n'avoir que 0$^m$.09. Elles varient pour la largeur entre 0$^m$.05 et 0$^m$.16; mais cette largeur est la même pour toutes les traverses de la même armoire.

Eu égard à la hauteur des armoires, il faut qu'on puisse les démonter pour les faire passer par les portes. Aussi, assemble-t-on toutes les pièces à tenons et mortaises, et enfonce-t-on les chevilles de manière à pouvoir les faire ressortir, en les poussant en sens contraire, avec un morceau de fer cylindrique nommé *repoussoir* ou *chasse-clou*, qu'on frappe à coups de marteau. Quelquefois même, on remplace les chevilles par des vis semblables à celles qu'on emploie pour les lits. Les traverses de côté peuvent cependant être fixées à demeure.

Les montants soutiennent les deux portes ou vantaux, qui s'appliquent à feuillure l'un sur l'autre et contre les traverses du haut et du bas.

Ces traverses, tant celles du derrière que celles des côtés, reçoivent des rainures, dans lesquelles les fonds du haut et du bas entrent à languette. Ces fonds d'armoires se construisent en planches unies de 0$^m$.016 au moins d'épaisseur. Quand les pieds ont une saillie intérieure, on les entaille à l'endroit de cette saillie, en ayant soin de donner à la languette le moins de longueur et à la rainure le moins de profondeur possible, afin de ne pas trop affaiblir les montants déjà percés en ce même endroit par la mortaise, dans laquelle entrent les tenons des traverses.

Indépendamment des traverses du haut et du bas, les montants en portent d'autres qui s'assemblent par un bout dans l'un des montants de devant, et par l'autre dans le montant opposé de derrière. Ces traverses forment des parallélogrammes à jour avec les montants et les traverses du haut et du bas. On ferme ces ouvertures avec des panneaux qui entrent à languette dans les rainures creusées sur la face interne des traverses et des montants. C'est ainsi que sont formés les côtés de l'armoire.

Le derrière de l'armoire est également composé d'encadrements formés de montants et de traverses, qu'on remplit par des panneaux. Cette partie de l'armoire ne pourrait quelquefois, à raison de sa grandeur, sortir des appartements ou y entrer, si l'on ne prenait la précaution de la construire en deux parties qui s'assemblent entre elles à rainure et à languette. Chacune de ces parties est formée de deux traverses et de quatre montants au moins entre lesquels on place les panneaux unis. Les extrémités des traverses, taillées en tenon, entrent dans des mortaises creusées dans les pieds ou grands montants de derrière; mais il faut qu'on puisse aisément séparer des pieds chacune de ces pièces.

La corniche des armoires est construite à part, et on la fait entrer à rainure et languette dans les traverses du haut. Lorsque celles-ci n'ont pas assez d'épaisseur, on y fait simplement une feuillure et l'on y pose par derrière des *taquets* ou petites pièces de bois saillantes par le bas et formant comme une feuillure interrompue, dont la concavité est opposée à la concavité de celle de la corniche; les traverses pénètrent entre ces deux feuillures. Les parties de la corniche s'assemblent ordinairement d'onglet; mais la saillie qu'elle forme ne se prolonge pas derrière l'armoire, parce qu'elle empêcherait d'appuyer le meuble contre la muraille. Pour prévenir cet inconvénient, on coupe la corniche de niveau avec le derrière de l'armoire, et l'on retient l'écart des deux côtés et du devant à l'aide d'une barre assemblée à queue d'aronde, de manière à se trouver juste au-dessus de la traverse du haut, sans la déborder.

Les tablettes des armoires sont formées par des planches unies, de diverses épaisseurs, suivant le poids qu'elles doivent supporter. Elles reposent sur des tasseaux, assemblés dans les pieds par chaque extrémité, ou appuyés sur de petits morceaux de bois, ou taquets, cloués sur les pieds, ce qui est préférable.

Quelquefois, surtout dans les meubles d'office, on place des tiroirs; alors on y fixe un *caisson* qui les supporte. Ce caisson est formé de deux tablettes soutenues par des tasseaux et séparées par un espace égal à la hauteur des tiroirs. L'intervalle compris entre ces deux tablettes est divisé par des planches, mises de champ, en autant de cases qu'il y a de tiroirs.

Le plus souvent, on fait glisser dans des coulisses les tablettes de l'armoire. Ces tablettes sont alors taillées sur leur tranche en languettes qui glissent dans des rainures creusées sur la face perpendiculaire de, traverses ou tasseaux assemblés avec les pieds.

Nous décrirons ci-après, en détail, les pièces qui composent les tiroirs et les diverses méthodes employées pour les installer dans les armoires ou sous les tables.

Les portes ou vantaux des armoires sont décorées comme les portes ordinaires, mais toujours très-simplement.

### § 9. TIROIRS.

Les TIROIRS sont des espèces de boîtes sans couvercle, formées de quatre côtés assemblés à queue d'aronde et d'un fond assemblé à feuillure et à languette. Les queues d'aronde sont taillées sur les côtés du tiroir, afin que l'on n'ait pas à craindre que les pièces se désassemblent quand on vient à les tirer.

Ainsi que nous venons de le dire, les tiroirs glissent ordinairement dans les cases sur deux traverses placées de chaque côté sur le fond de la case, et les parois de cette même case les maintiennent dans la direction convenable. Mais il y a des moyens plus simples d'arriver au même but.

Par exemple, lorsqu'on veut placer un tiroir sous une table, sans faire de case pour le recevoir, on se contente de percer à la traverse supérieure de la table une entaille carrée, par laquelle le tiroir puisse entrer librement. Cela fait, on cloue sur le plateau de la table deux traverses parallèles l'une à l'autre, séparées de la largeur du tiroir, et dont une extrémité vient aboutir à chacun des angles supérieurs de l'entaille. C'est entre ces deux traverses que le tiroir doit glisser; ce sont elles qui l'empêcheront de s'écarter plus d'un côté que de l'autre. Une autre traverse, dont le dessus est de niveau avec la tranche inférieure de l'entaille, et qui est assemblée par un bout dans la traverse où l'entaille est creusée, et par l'autre dans la traverse opposée, soutient le tiroir par dessous.

Si l'on veut se dispenser de placer cette dernière traverse, on peut le faire assez facilement : il suffit pour cela de creuser une rainure profonde de chaque côté du tiroir. Près de son bord supérieur, se trouve une rainure aussi profonde dans les traverses et sur ceux de leurs côtés contre lesquels frottent les côtés du tiroir; dans ce cas, ces traverses sont un peu plus rapprochées l'une de l'autre d'environ 5 millimètres. Alors on fait glisser l'espèce de languette que la rainure a formée près des bords du tiroir, dans la rainure creusée sur la traverse. Souvent, au lieu de rainure, on se contente de creuser une feuillure sur le côté de la traverse, ce qui produit le même effet, puisque la languette du tiroir porte sur la face horizontale de la feuillure.

Quand on veut simplifier encore davantage, on s'en tient à la traverse qui supporte le fond. Alors, pour empêcher le tiroir de s'écarter à droite ou à gauche, on fait dans la tranche d'une petite pièce de bois triangulaire une entaille de la grandeur de la traverse, et l'on cloue cette pièce de bois, nommée *taquet*, après la tranche inférieure du côté du tiroir qui entre le premier sous la table, de telle sorte que la traverse passe dans cette entaille qui est tournée en haut, et règle le mouvement du tiroir.

Souvent, on fait la planche de devant du tiroir plus large que les autres pour que le tiroir ne puisse pas trop s'enfoncer sous la table.

### § 10.  PORTE-MANTEAUX.

Les PORTE-MANTEAUX sont de petites patères de bois, formées d'une rondelle fixée par son centre à une longue et grosse cheville de bois et de forme cylindrique. Cette cheville, ou *queue*, est entrée à force et quelquefois collée dans une traverse de peu de largeur et de 0^m.02 environ d'épaisseur. Ces patères, espacées les unes des autres de 0^m.15 à 0^m.20, prennent le nom de *champignons*. Il serait préférable de les espacer de 0^m.20 à 0^m.25, pour laisser plus d'intervalle aux effets qui y sont suspendus; mais les menuisiers ne prennent guère ce soin, afin d'augmenter leur bénéfice, ces porte-manteaux se vendant à tant le champignon, et la même traverse en contenant un plus grand nombre en raison de leur peu d'écartement.

Les porte-manteaux se font ordinairement en Sapin ou en autre bois blanc de moindre valeur. On les vend en blanc ou colorés en rouge; ces derniers sont plus soignés et ornés d'un clou de cuivre à tête ronde et convexe, placé au milieu du champignon.

On fait souvent des porte-manteaux riches en Frêne ou en Hêtre, dont la traverse est tournée sur la face antérieure en forme de bambou et méplate sur la face postérieure. Les champignons sont également tournés. Cette sorte de porte-manteaux est riche et élégante.

On place les porte-manteaux sur les murs des chambres ou au fond des armoires spécialement destinées à cet usage. Celles-ci n'ont ordinairement pas de portes, et contiennent, à leur partie supérieure, une ou plusieurs tablettes posées sur des tasseaux. On cloue les porte-manteaux à 0^m.08 ou 0^m.10 au-dessous de la tablette la plus basse.

### § 11. BOÎTES ET CAISSES.

Les BOÎTES et les CAISSES sont composées de six

planches. Quatre sont clouées entre elles à angles droits ; la cinquième, clouée sur la tranche des premières, forme le fond ; une sixième sert de couvercle.

Lorsqu'on veut *assembler* les pièces qui forment la caisse ou la boîte, au lieu de les clouer ensemble, on fait cet assemblage à queue d'aronde pour les quatre planches qui forment les côtés ; le fond est assemblé à feuillure dont la languette entre dans une rainure creusée sur le bas de la face intérieure des côtés. Quand on veut que l'ouvrage soit parfaitement soigné, on fait l'assemblage des côtés à queue d'aronde perdue et à bois de fil ; on a soin que le dessous du fond soit bien de niveau avec la tranche inférieure des planches qui forment les côtés. Dans tous les cas, le couvercle n'est pas formé d'une simple planche ; on lui fait un rebord, c'est-à-dire qu'il est formé d'une autre boîte aussi longue, aussi large que la première, mais beaucoup moins haute, qui se renverse sur celle-ci, bord contre bord. Souvent on fait l'entrée du couvercle un peu plus large que celle de la boîte, en tenant plus minces les planches qui forment son rebord, et on creuse une feuillure au pourtour intérieur de la boîte, afin que les deux parties puissent entrer l'une dans l'autre.

Les CAISSES A FLEURS, qui reçoivent des fleurs ou des pots de fleurs, sont assemblées à queue d'aronde sur quatre traverses perpendiculaires placées carrément ; ces traverses dépassent en haut et en bas la largeur de la caisse. Le haut est travaillé suivant le goût de l'ouvrier ou du client, et forme les têtes ; le bas est équarri et forme les pieds. Ces caisses sont de petites boîtes susceptibles de recevoir des ornements qui en font de véritables meubles ; alors elles sortent du domaine de la menuiserie, et sont fabriquées par l'ébéniste ou le tablettier.

Les CAISSES DE JARDIN, destinées à recevoir de la terre dans laquelle poussent des arbustes, tels que des orangers, des grenadiers, etc., sont plus lourdes et plus grossières que les précédentes; elles sont construites par le menuisier. Au lieu d'être assemblées à queue d'aronde comme les caisses légères, elles sont solidement clouées ou vissées sur quatre poteaux équarris, placés aux coins intérieurs et qui leur servent de pieds. On les construit en Chêne ou en tout autre bois dur. De plus, lorsque ces caisses sont de grandes dimensions et doivent supporter un poids considérable, on relie parfois aux montants, au moyen de ferrures solides, les planches disposées en traverses.

Les autres caisses communes, telles que les caisses à claire-voie ou les caisses destinées à contenir des marchandises, sont construites par le layetier. Nous en parlerons en traitant cette industrie d'une façon spéciale.

## § 12.   BANCS.

La construction des BANCS ordinaires est une des parties les plus simples et les plus faciles de la menuiserie. Elle ne demande aucune coupe particulière ni aucun assemblage autre que celui à tenons et à mortaises.

On prend deux montants égaux et équarris de 0$^m$.45 environ de longueur, et on les coupe en biais aux deux extrémités. On prend deux autres montants de même forme et de même dimension, et on les coupe également en biais aux deux extrémités, mais dans le sens opposé. A la partie supérieure de ces quatre montants, on trace et l'on fait quatre tenons qui conservent la forme biaise de leur coupe. On prend une planche de la longueur que l'on veut donner au banc et l'on y perce, à $0^m.25$ de l'extrémité, deux mortaises inclinées en sens inverse l'une de l'autre ; on répète cette opération à l'autre extrémité. Ces mortaises inclinées sont destinées à recevoir les tenons biais des montants.

Les pieds ou montants, ainsi préparés et présentés deux à deux en sens inverse dans les mortaises du banc, on trace, à $0^m.05$ de leur partie inférieure et dans l'intérieur, deux mortaises destinées à recevoir une traverse qui les réunit en s'y fixant par deux tenons. Une autre traverse, de même épaisseur que celles-ci et de même longueur que l'écartement des deux pieds formés de la réunion deux par deux des quatre montants, s'assemble dans les traverses des pieds au moyen de deux tenons entrant dans deux mortaises pratiquées au milieu de ces traverses et à leur face interne. Elle relie et consolide le tout.

Toutes ces pièces sont débitées séparément et assemblées de façon que les tenons s'emboîtent fortement dans les mortaises, ce qui empêche le banc de jouer et de se disjoindre. Il ne reste plus qu'à araser la partie des tenons qui dépasse le banc pour terminer le travail.

On peut construire ainsi des bancs de $1^m.60$ environ de long ; si cette dimension était excédée, il faudrait placer un troisième pied entre les deux qui existent, afin de consolider le banc et de l'empêcher de se rompre sous la charge. Ce troisième pied est semblable aux deux premiers. Au lieu de joindre les pieds par une seule traverse parallèle au banc, on emploie deux traverses qui s'assemblent à tenon dans une mortaise percée d'outre en outre dans la traverse qui relie la partie inférieure du troisième pied.

On ne fait guère de bancs au-delà de 2 mètres de long, parce qu'ils seraient trop incommodes à transporter.

On fait aujourd'hui des bancs, dits *de jardin*, dans lesquels on emploie la fonte ornée pour les pieds et les montants du dossier. Le travail du menuisier consiste dans le dressage de deux larges planches servant l'une de banc, l'autre de dossier, ou de plusieurs petites traverses découpées, disposées à jour les unes près des autres, et garnissant les montants en fonte depuis la face antérieure du banc jusqu'à la face postérieure du dossier. Ces planches ou petites traverses sont jointes aux pieds en fonte au moyen de vis dont la place est préparée dans le métal.

## § 13. ESCABEAUX.

Les ESCABEAUX sont des siéges communs dont la construction est analogue à celle des bancs. Ils n'en diffèrent qu'en ce que les pieds sont plus rapprochés et s'assemblent dans une planche carrée et épaisse, qui sert de siége. C'est un diminutif du banc commun. Au milieu de la planche de l'escabeau, on pratique une ouverture, dont le contour est arrondi, afin d'y passer les doigts et de transporter d'une seule main ce siége portatif.

En parlant des échelles, nous avons décrit l'*escabeau à bascule*, qui est plutôt un marche-pied qu'un siége, mais qui, au besoin, peut tenir lieu de ce dernier.

# SEPTIÈME PARTIE

## MENUISERIE DÉCORATIVE.

---

Nous avons cru devoir mettre à part la menuiserie dite *décorative*, bien qu'elle ne soit qu'une branche de la menuiserie dormante.

### § 1. DEVANTURES DE BOUTIQUES.

Parmi les plus belles et les plus nombreuses applications de l'art du menuisier, il faut compter assurément la menuiserie de *boutiques*, de *devantures de magasins*. Qui ne sait combien de dispositions variées, de formes architecturales, de lignes savantes, d'ornements pleins de goût sont employés, à Paris surtout, dans la décoration des magasins de toute espèce? Mais, à raison de cette variété, de cette étendue même, on conçoit que nous ne saurions traiter ce genre de menuiserie en détail. D'autre part, les moyens mis en œuvre pour obtenir ces beaux résultats, qui contribuent si fort à l'embellissement des grandes villes, ces moyens ne sont autre chose que les principes développés dans cet ouvrage, sur toutes les constructions de menuiserie : nous ne pouvons donc les répéter.

Ce double motif nous avait engagé à passer sous silence les devantures de boutiques, dans nos premières éditions; mais, si ne n'était et ne pouvait pas être une lacune dans le texte, c'était une lacune dans les dessins : nous la réparons aujourd'hui. Dans l'impossibilité de rappeler tout ce qui a été déjà dit sur les assemblages, moulures, lambris, portes, croisées, etc. ; dans la difficulté de composer tout un chapitre entier, avec une notice, une simple indication de dessins, nous avons cru pouvoir rattacher la menuiserie de magasins à la menuiserie d'église.

Les figures que nous donnons ici ont pour but de fournir au lecteur une idée générale du genre qui nous occupe; de lui indiquer les différents caractères des constructions usuelles, c'est-à-dire de celles qui sont employées le plus fréquemment; de le mettre sur la voie des dispositions les plus compliquées et les plus brillantes; et si nous ne sommes pas dans une erreur totale, ce choix est tout à fait suffisant.

Pl. III, fig. 12 et 13, devantures à entre-colonnement.

Pl. III, fig. 17, intérieur d'appartement ou de boutique. A, le lambris; B, la porte; C, la cheminée.

Pl. III, fig. 14, 18, autres modèles, dont l'un avec cintres.

### § 2. MENUISERIE D'ÉGLISE.

#### 1° *Lambris des chœurs.*

Les compartiments des lambris qui sont au-dessus des stalles d'un chœur, peuvent être traités de différentes façons.

Ou l'on donne aux panneaux la largeur des stalles, ou l'on fait occuper à chaque panneau la largeur de deux stalles, et aux pilastres une seule ; ou l'on met les pilastres d'ordre d'architecture entre chaque panneau, de sorte qu'un panneau et un pilastre n'occupent que la largeur de deux stalles.

Les lambris des chœurs d'église sont ordinairement

couronnés d'une corniche de menuiserie, laquelle se fait en voussure.

## 2° *Stalles.*

« Les divisions des stalles sont formées par des espèces de consoles doubles, appelées *parcloses* (fig. 29, 33, 34, 35 et 36, pl. V), dont le dessus sert d'appui. Les menuisiers désignent ces sortes d'accoudoirs sous le nom de *museaux*, à cause de leur forme singulière : on donne $1^m.56$ de hauteur à ces accoudoirs, afin de pouvoir s'y appuyer commodément lorsqu'on est debout.

« La largeur de chaque stalle, mesurée au milieu d'un museau à l'autre, est depuis $0^m.596$ jusqu'à $0^m.677$. Celles de l'église Notre-Dame, à Paris, qui sont très-commodes, ont $0^m.65$ de largeur d'un museau à l'autre.

« La hauteur du dessus du siége S (fig. 29, 33), qui est mobile, doit être, lorsqu'il est baissé pour s'asseoir, de $0^m.447$ ; il porte en dessous une saillie en forme de cul-de-lampe *m*. Lorsque le siége est levé, la hauteur du dessus de ce cul-de-lampe (mêmes figures), sur lequel on se soutient quand on est debout, doit être de $0^m.704$. On donne à ce siége le nom de *miséricorde*.

« Les appuis qui terminent le fond des stalles sont des pièces d'environ $0^m.054$ d'épaisseur, formant couronnement des deux côtés lorsque les stalles sont isolées : les arêtes de dessus, qui sont à la portée de la main, sont arrondies ; en dessous règne ordinairement un talon sans filet, élégi dans la masse. Lorsque les stalles du haut ne sont pas isolées, et qu'il se trouve un lambris au-dessous, la largeur de cette pièce est d'environ 0^m.108 : si l'appui est isolé, on lui donne 0^m.135 de largeur.

« On donne à l'appui des stalles basses qui sont toujours isolées, 0^m.162 à 0^m.189 de largeur, afin qu'on puisse y déposer un livre.

« Les museaux qui s'assemblent dans ces appuis ont 0^m.162 dans leur plus grande largeur, et 0^m.095 dans la plus petite, sur même épaisseur que les appuis. Le profil usité est une forte astragale par le haut et par le bas, un talon avec filet saillant qui se raccorde avec le fond, en les adoucissant au point de se confondre avec la face plate de l'appui. Ce raccordement demande à être fait avec adresse, pour ne pas produire un mauvais effet; au reste, on peut ajouter un profil qui n'ait pas besoin de cet expédient.

« Les appuis s'assemblent à rainures et languettes avec les dossiers des stalles et le double lambris qui est derrière (fig. 37 en A B, C D E, et 38 en F G). Les museaux s'assemblent avec les appuis et les *parcloses*, ou doubles consoles, qui forment les séparations des stalles en coupe, avec tenons et mortaises, rainures et languettes de 0^m.018 à 0^m.023 de largeur, comme on le voit détaillé par la figure 30, en A B.

« La figure 39 indique un moyen géométrique de tracer le contour des museaux et leur raccordement avec l'appui du dossier.

« Ayant divisé la longueur A D en trois parties égales, du point B de la 1^re division, en partant de l'alignement du profil du fond, on mènera une parallèle indéfinie sur laquelle on fera B E égal au huitième de A D, et E F égal à A B; par le point F, on tirera F G parallèle à A B, pour indiquer le raccordement du dossier avec la partie la plus étroite du museau, au moyen d'un quart de cercle EG, dont le centre est en F. Ayant ensuite pris sur AD, HD égal au tiers de BD, on décrira du point H pour centre, avec HD pour rayon, le cercle CDL. Portant alors le rayon HD de D en I, on tirera HI, et, sur le milieu, on élèvera une perpendiculaire OK qui rencontrera BF prolongée, et, après avoir tiré HK, on décrira du point K l'arc de raccordement EL avec la courbure du fond et l'arrondissement du museau par-devant.

« Le raccordement des moulures avec la face de l'appui se fait en portant les saillies F en 1, 2, pour décrire de chacun de ces points des quarts de cercle avec les rayons EF, FG.

« Les parcloses sont, comme nous l'avons déjà dit, des espèces de consoles qui forment la division des stalles : elles se font chantournées par le devant en deux pièces sur la largeur pour former la profondeur des stalles ; on y emploie des membrures ou des bois de 0$^m$.054 d'épaisseur, assemblés à rainure, languette et clefs. Par le haut, on leur fait porter deux tenons réunis par une languette de 0$^m$.018 à 0$^m$.023 d'épaisseur (fig. 30 A et 36), afin de s'assembler plus solidement avec le dessus formant museau.

« Par le bas, la pièce joignant le dossier porte un tenon passant, qui doit traverser le sommier qui forme le fond des siéges. Dans la largeur du tenon passant, on pratique une mortaise de 0$^m$.014 à 0$^m$.018 de large, dans laquelle on fait entrer une clef qui sert à faire joindre la parclose sur le sommier et à la fixer solidement.

« Dans l'autre pièce de parclose, formant console, on entaille deux tasseaux en forme de cymaise, assemblés en queue d'aronde dans l'épaisseur de la parclose (fig. 36). Sur le devant, on rapporte à bois de fil un bout de cymaise assemblé en onglet pour cacher les queues d'aronde. On ravale dans l'épaisseur du bois des moulures et ornements qui doivent décorer les parcloses.

« Les *sommiers* sont des pièces de 0$^m$.162 de large, sur 0$^m$.081 d'épaisseur, sur lesquelles s'assemble le fond des parcloses au moyen des mortaises à jour, pour recevoir leur tenon passant dont il a été ci-devant question; elles sont rainées en dessus pour recevoir le dossier, et en dessous pour le soubassement des siéges. Ces pièces portent sur le devant une feuillure de 0$^m$.029 à 0$^m$.032 sur 0$^m$.018 de largeur pour les siéges mobiles qui se serrent dessus. Les siéges mobiles *s* se font avec des planches unies de 0$^m$.271 de largeur sur 0$^m$.029 à 0$^m$.032 d'épaisseur; leur longueur est déterminée par la largeur des stalles en laissant environ 0$^m$.002 de jeu. On rapporte dessous des espèces de culs-de-lampe qui forment les faux siéges appelés *miséricordes*. Leur saillie est de 0$^m$.135 à 0$^m$.149 sur 0$^m$.487 de longueur et 0$^m$.244 à 0$^m$.271 de hauteur ou largeur prise dans le milieu. Le dessous est orné de moulures avec des ornements de sculpture sur le cul-de-lampe, qui est apparent lorsque le siége est levé. Le dessus de ces faux siéges doit plutôt pencher en avant lorsqu'ils sont levés, qu'être de niveau, ils ne doivent jamais pencher en arrière. Le massif de ces culs-de-lampe est ordinairement collé à plat joint avec des clefs en queue d'aronde, et le dessus formé par une planche rapportée comme on le voit indiqué par la figure 34.

Il faut éviter d'orner les dossiers des siéges de panneaux à grands cadres, pour ne pas blesser le dos. On pourrait, au lieu de panneaux renfoncés, former des panneaux saillants dont les arêtes seraient arrondies dans le genre des coussins, ainsi qu'on le voit représenté par la lettre C, fig. 29.

« Les soubassements des stalles se font avec de petits panneaux embrevés dans les patins et le dessous du sommier, entre les deux consoles; souvent on se contente d'un panneau renforcé, sans moulures autour.

« Les *patins* sont des espèces de plinthes, indiqués par C, fig. 31, de 0<sup>m</sup>.54 de hauteur environ sur autant d'épaisseur, qui servent de base à tout l'ouvrage : ces patins règnent dans toute la longueur des stalles; on les rallonge à trait de Jupiter; ils sont rainés par-dessus pour recevoir les soubassements.

« Au bas de chaque console on assemble de petits patins saillants de 0<sup>m</sup>.108. Les moulures de ces patins sont poussées à bois de bout : c'est pourquoi il faut choisir, pour les faire, du bois bien plein. Chacun de ces patins est percé d'une mortaise dans laquelle entre un tenon pratiqué dans le pied de la console inférieure des parcloses.

« Le derrière des stalles du bas, ainsi que celles du haut, lorsqu'elles se trouvent isolées, peut être décoré avec des panneaux à grands cadres et des pilastres à cadres simples, au droit des parcloses formant consoles.

« Lorsque dans les chœurs, il y a deux rangs de stalles placées l'une devant l'autre (fig. 32), les stalles du second rang, qui sont plus élevées, sont appelées *stalles hautes*, les autres *stalles basses*. (Fig. 40; coupe sur *cf* de la figure 32.)

« Dans les chœurs qui ont une largeur suffisante, on élève les stalles sur un marche-pied saillant, ainsi qu'on l'a observé au chœur de Notre-Dame et ailleurs; cette disposition procure plus de grâce à l'ensemble, et contribue en même temps à la conservation de l'ouvrage, en isolant les bois du contact des pierres et du marbre; elle est aussi plus saine.

« Les stalles hautes doivent être élevées de 0$^m$.352 à 0$^m$.376 au-dessus de celles du bas, afin que les sommiers de ces dernières posent sur le bord du plancher supérieur, ce qui les empêche de déverser en arrière.

« La largeur du plancher du bas au marche-pied doit être de 0$^m$.487 au moins, pris du nu du devant des stalles, à moins toutefois que l'on ne soit gêné par sa largeur.

« Les stalles du haut doivent être espacées de manière qu'il y ait 1 mètre de passage de celles du bas. Ainsi, le plancher aura 1 mètre de largeur, plus ce qui sera caché sous les armoires qui sont derrière les stalles du bas et la saillie de celles du haut, ce qui fait environ 1$^m$.62 de largeur. Il faut aussi observer, quand on fera les planchers en parquet, que leur compartiment ne commence que du nu des armoires au-devant des patins, afin que rien ne se trouve caché.

« Lorsque les stalles sont en grand nombre, et que les issues des extrémités ne suffisent pas pour monter au rang supérieur, on pratique un ou plusieurs passages dans le rang inférieur, comme il est désigné en P, dans la figure 29, en raison de l'étendue du chœur, en observant qu'il ne se trouve jamais moins de neuf stalles entre deux passages.

« Les dernières stalles de chaque rang, tant aux

extrémités qu'au droit des passages, se terminent par une demi-console appliquée contre un pilastre, ainsi qu'on le voit représenté en plan, en élévation, ainsi qu'en profil, par les figures 29, 34, 31 en C et D.

« Dans les chœurs de forme parallélogrammique, la division des stalles est la même pour les deux rangs de stalles, en sorte qu'elles se trouvent placées l'une vis-à-vis de l'autre, ce qui est la meilleure disposition possible; mais il ne saurait en être de même lorsque le chœur est compris dans une demi circonférence, ainsi qu'on peut le voir en *k*, fig. 32.

« La largeur des chœurs est rarement assez grande pour qu'on puisse donner 1 mètre aux passages qui règnent entre les hautes et les basses stalles; il arrive alors que les retours en quart de cercle ne peuvent contenir que quatre stalles, et que les basses se joignent à angles droits, comme on le voit dans la figure 44.

« Les stalles se posent sur un bâti de charpente, ou, pour mieux dire, de grosse menuiserie, puisqu'il est nécessaire que toutes les pièces qui le composent soient bien dressées et coupées juste à la forme et à la grandeur des stalles. Les bois de ce bâti doivent avoir 0$^m$.108 en carré, au moins, pour les pièces principales; les solives ou lambourdes qui portent les planches peuvent être plus minces, pourvu que, posées de champ, leur hauteur soit la même.

« Le bâti est porté par d'autres pièces posées sur le pavé, et dans lesquelles vont s'assembler les montants qui soutiennent le bâti du plancher supérieur : ces montants doivent être espacés de manière à ne pas se rencontrer dans l'assemblage des lambourdes, afin de ne pas affaiblir la pièce qui les porte. Les lambourdes doivent être aussi distribuées de manière qu'elles portent les patins des stalles tant droites que cintrées, lorsqu'il s'en trouve de ces dernières. (Fig. 40; 1° coupe sur *a b*, fig. 41; 2° coupe sur *c d*, fig. 42, de la figure 32; et fig. 32 en l.)

« On doit aussi avoir soin que le derrière du bâti soit à l'aplomb de celui des stalles du haut, afin que le poids, tant de ces dernières que des lambris qui peuvent être posés dessus, ne soit pas en porte-à-faux sur les lambourdes, et n'occasionne pas la rupture des tenons sur lesquels elles s'appuient.

« Le devant du bâti doit venir jusqu'au derrière des tenons qui entrent dans les sommiers des stalles d'en bas, en y laissant toutefois un peu de jeu, afin de ne pas être gêné dans la pose. Les autres particularités s'expliquent assez par les figures. »

### 3° *Armoires de sacristie et chapiers.*

« Le principal mobilier d'une *sacristie* consiste dans plusieurs armoires de différentes formes et grandeurs, où l'on puisse serrer les ornements d'église.

« La plus grande se nomme CHAPIER (fig. 6 à 12 et 15 à 19, pl. V). Elle comprend : un coffre, ou bâti de 3$^m$.573 de largeur, sur 1$^m$.787 de profondeur, et 1 mètre à 1$^m$.137 de hauteur, lequel est fermé de quatre portes sur la largeur, qui se brisent deux ensemble, et sont ferrées deux à deux sur les deux pieds du chapier.

« Le dedans du chapier renferme des tiroirs de 0$^m$.081 à 0$^m$.122 de hauteur, y compris le fond, sur 3$^m$.248 de longueur; ils sont faits en forme de demi-cercle. La tête ou le devant de ces tiroirs a 0$^m$.068 d'épaisseur au moins.

« Dans cette tête on assemble une courbe ou *cerce* de 0$^m$.189 à 0$^m$.217 de largeur et de 0$^m$.027 d'épaisseur, laquelle excède de 0$^m$.054 au moins le dehors du tiroir. Le fond du tiroir est rempli par des montants et des traverses, lesquels sont assemblés tant dans la tête du tiroir que dans la cerce ou courbe du pourtour, à laquelle ils affleurent tant en dessus qu'en dessous. Les uns et les autres ont 0$^m$.054 de largeur, et forment des carrés vides d'à peu près 0$^m$.162 (fig. 9). On les couvre d'une toile forte, tendue et arrêtée au pourtour du tiroir.

« Au milieu de la longueur du tiroir et de l'épaisseur de la tête, on a percé un trou d'environ 0$^m$.027 de diamètre, dans lequel passe un canon de cuivre arrêté au-dessus et au-dessous de la tête par deux plaques de cuivre soudées avec ce canon. Ces plaques sont entaillées dans l'épaisseur de la tête et attachées avec des vis.

« Au travers de ces trous et de tous les tiroirs, passe une barre de fer ronde de la grosseur à peu près des trous. Cette barre est fixée en dessus et en dessous du chapier, et sert d'axe à tous les tiroirs qui tournent autour.

« Les tiroirs ne sont séparés les uns des autres que par une rondelle ou plaque de fer de 0$^m$.005 à 0$^m$.007 d'épaisseur. Toutes ces plaques sont percées à jour, ainsi que celles de cuivre, afin que l'axe passe au travers.

« On emploie ces rondelles en fer pour rendre le mouvement plus doux en tournant sur les rebords en cuivre des canons, et les rendre moins susceptibles de s'user. Les figures 6, 9, 10, 20, représentent le plan, l'élévation, la coupe du chapier, et une perspective fait voir la manière dont ces tiroirs s'ouvrent.

« Les figures 8, 11 et 18 indiquent le détail des assemblages des tiroirs avec leurs ferrures.

« Il y a deux manières de soutenir la circonférence des tiroirs. La première est de poser six montants au pourtour, assemblés dans le chapier; on les garnit de poulies, ainsi que les pieds de devant du chapier sur lesquels doivent rouler les tiroirs (on en voit le détail fig. 8 et 11). Ce moyen, outre qu'il est fort coûteux, demande de la part des ouvriers beaucoup de précision et de soin dans l'ajustement; sans cela, les tiroirs sont rudes ou difficiles à mouvoir, et sujets à se déranger pour peu qu'on les force. Pour éviter en partie ces inconvénients, il faudrait que les poulies fussent un peu coniques et tendantes au centre du tiroir, afin de porter dans toute leur épaisseur, et d'user moins de bois. Pour une plus grande perfection, l'axe de ces poulies devrait être mobile, en diminuant de grosseur pour être aussi conique; et pour qu'elles ne fussent pas dans le cas de se détacher des montants de bois, il faudrait les arrêter sur des plates-bandes de fer ajustées sur des montants.

« La grande dépense qu'occasionne la ferrure ordinaire a fait imaginer un autre moyen qu'on appelle *coulisseaux*, qui n'en exige aucune.

« On place ces coulisseaux de manière qu'ils excèdent le bâti de $0^m.054$ pour porter les tiroirs. L'épaisseur de ces coulisseaux est de $0^m.054$ à $0^m.068$; on les assemble à tenon dans les pieds de devant du chapier et les montants intérieurs sur lesquels ils passent en enfourchement; c'est pourquoi il faut observer de tenir un des coulisseaux plus long de $0^m.054$

que l'autre, et, pour les maintenir, on place des taquets ou mentonnets au-dessous des joints, ainsi
qu'aux pieds de devant (fig. 7 et 19).

« Il faut que le dessus de ces coulisseaux soit bien
uni et de niveau, afin que le frottement soit le plus
doux possible; et pour faciliter encore plus le mouvement, on arrondit le dessus du coulisseau et le dessous des tiroirs pour qu'ils ne se touchent presque
qu'en un point.

« La largeur de ces coulisseaux doit être de $0^m.108$
à $0^m.122$ : les montants ne pourraient avoir moins de
$0^m.054$ d'épaisseur.

« Le derrière des montants, ainsi que les coulisseaux, doit être rainé pour recevoir des planches
minces, que l'on place couchées sur le côté (fig. 15).

« Le bâti des chapiers doit être fait en bois de
$0^m.054$ avec panneaux en compartiments.

« Lorsqu'il est isolé, on peut pratiquer des portes
pour profiter de la place que laissent les parties circulaires.

« Les montants qui portent les tiroirs doivent être
disposés de manière que de deux en deux il s'en trouve
un qui porte de fond, c'est-à-dire sur le carreau de
la sacristie.

« Le dessus des chapiers se fait en bois de $0^m.041$
d'épaisseur, emboîté des deux bouts avec deux ou
trois clefs sur la longueur des joints; on pourrait
aussi le faire en forme de parquet.

« Les chapiers ne doivent pas poser sur le carreau,
mais être élevés de $0^m.135$ à $0^m.162$, afin que l'air
passe dessous. D'ailleurs cette élévation est nécessaire
pour placer au-dessous un marche-pied de $0^m.065$ à

0<sup>m</sup>.081 de large, qui doit régner en avant de toutes les armoires de sacristie.

« Les chapiers sont fermés sur le devant par deux portes brisées comme des volets, ferrées aux deux montants de face. Comme ces portes ont beaucoup de développement, on peut les fortifier à l'intérieur par des barres à queues placées diagonalement.

« Lorsqu'on veut faire usage des tiroirs d'un de ces chapiers, on les soutient par deux poteaux marqués C, de 22 centimètres carrés de grosseur, qui se placent en avant dans des trous faits exprès dans le pavé, fig. 9 et 20. Ces poteaux sont garnis de poulies à la hauteur de chaque tiroir; mais, comme ils ont peu de stabilité, ils déversent souvent, ce qui fait échapper le tiroir et peut le faire forcer. C'est pourquoi, il vaudrait mieux ajuster les poteaux sur un petit patin, avec des contre-fiches. Alors, au lieu de trous carrés, qui sont désagréables à voir et quelquefois dangereux, on ferait de petites crapaudines en cuivre dans lesquelles entreraient trois goujons en fer, de 0<sup>m</sup>.011 à 0<sup>m</sup>.014 de grosseur, placés sur les petits patins de chaque poteau.

« Les figures 13, 14 et 21 à 28 donneront l'idée d'un chapier perfectionné, établi d'après nos idées.

« On a vu précédemment que les tiroirs, formant un demi-cercle, pivotaient sur un axe commun auquel ils étaient assujettis par leur centre. Jusqu'ici on n'avait pas fait attention qu'en donnant à cette ferrure une force convenable, elle était susceptible de recevoir et de maintenir à elle seule le poids et la portée des tiroirs. Dans celui-ci, on a armé le dessous des tiroirs d'une ferrure à branches nommée *patte d'oie*; ces branches sont renforcées depuis leur extrémité à la circonférence jusqu'au centre, où elles se réunissent à une forte douille. C'est par cette douille que les tiroirs s'enfilent à une tige en fer tournée, solidement maintenue haut et bas, autour de laquelle ils sont suspendus comme un plateau, et tournent avec la plus grande aisance.

« Fig. 21, face de l'armoire; fig. 26, chapier vu en place avec ses tiroirs développés; fig. 22, coupe sur la profondeur du chapier; fig. 28, détail particulier de l'armature : les entailles pratiquées aux deux côtés de l'œil servent à introduire l'huile entre la tige et les douilles pour adoucir le frottement; fig. 27, fragment du haut de la tige et du scellement qui le maintient; fig. 23, tiroir vu en dessous avec son armature dite *patte d'oie;* fig. 25, section d'un tiroir, prise sur le rayon; fig. 24, A, section d'un tiroir, prise sur le diamètre; même fig., tiroir entièrement développé, vu par son bord circulaire; fig. 25, B, assises, fondations.

« Il y a, poursuit l'auteur, une autre manière plus simple et beaucoup moins coûteuse de faire les chapiers.

« On forme une armoire de 2$^m$.599 à 2$^m$.924 de largeur sur 2$^m$.274 de haut, dans laquelle sont posées des potences tournantes sur lesquelles on pose des chapes ployées en deux; c'est pourquoi on leur donne 1$^m$.624 à 1$^m$.787 de saillie et autant de hauteur.

« Ces potences sont posées en pivot dans le fond de l'armoire : elles sont disposées de manière qu'on puisse les ouvrir et les fermer indépendamment les unes des autres, et qu'elles puissent même s'ouvrir toutes à la fois si cela est nécessaire. Cette manière de faire les chapiers est très-commode, elle tient beaucoup moins de place que celle des tiroirs, les chapes s'y conservent mieux, sont moins sujettes à se froisser, surtout quand elles sont d'étoffes épaisses ou richement brodées.

« Cette manière de suspendre les chapes peut aussi servir pour les tuniques et les chasubles, en faisant usage de porte-manteaux attachés à des tringles de fer, ainsi qu'on le pratique pour les armoires des garde-robes. La figure 13 indique la forme des porte-manteaux pour les tuniques, et la figure 14 celle pour les chasubles.

« Il y a d'autres armoires d'appui pour les chasubles et autres ornements de moyenne grandeur : leur largeur doit être de $1^m.299$ au moins, sur $0^m.812$ de profondeur.

« Il y en a qui sont garnies de tiroirs dans lesquels on place les ornements ; d'autres ne contiennent que des tablettes à claire-voie ajustées sur des coulisseaux : leur distance varie de $0^m.108$ à $0^m.162$, en raison des ornements qu'elles doivent contenir.

« Au-dessus des armoires d'appui, on en place d'autres qui sont de deux espèces : les unes pour les sacristies des messes, et les autres pour celles appelées *trésors*.

« Celles pour les sacristies des messes ne doivent pas avoir plus de $0^m.065$ de haut, sur $0^m.406$ à $0^m.487$ de largeur, leur usage n'étant que de serrer les calices ; au-dessous sont des tiroirs pour les linges et autres objets de peu de volume. Il faut, autant que possible, que chaque prêtre puisse avoir son armoire particulière et le tiroir au-dessous.

« Les autres armoires, pour les sacristies ou trésors, servent à serrer l'argenterie, le linge, la cire et les autres effets. Toutes ces armoires doivent être très-solides, d'une décoration simple et noble, avec des panneaux arasés en dedans. »

### 4° *Confessionnaux.*

Les CONFESSIONNAUX sont composés de trois principales parties, savoir : d'une place pour le confesseur, dans laquelle il puisse être assis et appuyé commodément; et de deux autres places pour les pénitents, qui doivent y être plus bas que le confesseur.

Le siége du confesseur est ordinairement élevé de $0^m.40$; on lui donne $0^m.487$ de large sur $0^m.785$ de long.

Les accoudoirs du confesseur sont élevés de $0^m.785$ au-dessus du premier marche-pied, et ont $0^m.068$ de longueur à l'endroit des jalousies; ces accoudoirs sont de niveau avec ceux des pénitents.

Les jalousies ont $0^m.95$, $0^m.026$ carrés d'ouverture, et sont remplies par un panneau percé à jour par des trous carrés dont la diagonale est prise sur la perpendiculaire du panneau. Enfin, les divisions sont espacées de manière qu'il reste la moitié d'un carré au pourtour du panneau, afin que les angles ne se coupent point.

La figure 1 (pl. V) représente l'élévation d'un confessionnal; la figure 2 en donne le plan; les figures 3, 4 et 5 en montrent les détails.

Les carrés, ou vides, ont $0^m.018$ à $0^m.020$ de largeur : on peut très-bien les faire avec une espèce de bouvet dont le fer a la largeur des carrés, et qui descend à moitié de l'épaisseur des panneaux; de sorte qu'après avoir fait des rainures diagonales d'un côté, on en fait de l'autre en contre-sens des premières, ce qui évide parfaitement les carrés; après cela, on arrondit toutes les parties saillantes.

Il faut pousser les plates-bandes au pourtour des panneaux avant de percer les trous, afin de ne point être exposé à casser quelques parties, ce qui arriverait si on s'y prenait autrement.

Au lieu d'exécuter les jalousies comme nous venons de le dire, on peut les faire avec des tringles minces que l'on attache l'une sur l'autre avec des pointes fines; mais cette manière est peu solide.

Souvent on trace sur le panneau diverses fleurs, et l'on évide les parties qui n'ont pas été réservées par le dessin.

Les jalousies sont fermées de portes qui ouvrent en dedans du confessionnal. Ces portes ouvrent à coulisse ou sont fermées avec de petites fiches.

Dans les côtés des pénitents sont placés souvent deux petits prie-dieu faisant corps avec le confessionnal.

### 5° *Chaires à prêcher.*

Les CHAIRES A PRÊCHER sont élevées de terre d'environ $1^m.949$ à $2^m.274$, pris du nu de leur plancher. Leur appui doit avoir $0^m.812$ de hauteur, ce qui fait $2^m.761$ ou $3^m.860$ en tout.

Le *dais* ou *abat-voix* de la chaire doit être élevé d'environ $1^m.624$ au-dessus de l'appui, et excéder le dedans du corps de la chaire de $0^m.162$ au moins de tous les côtés. Quant à la grandeur du corps de la chaire, elle varie depuis $1^m.462$ et même $1^m.624$.

Pour la forme de leur plan, il en est d'octogones, de carrées, d'ovales, d'autres dont la partie de devant est bombée. Il est ordinaire de terminer le dessous des chaires par des culs-de-lampe, ou de les soutenir par des consoles. Quant à leurs rampes, elles doivent être douces et d'un contour agréable.

Les chaires à prêcher, ainsi que leurs dais, sont soutenues par de fortes barres de fer qui sont scellées dans la pierre qui les porte; ces barres sont attachées au corps de la chaire par des boulons à vis avec écrous, et sont recouvertes par la menuiserie, en sorte que cette ferrure n'est pas apparente.

### 6° *Autels.*

On fait quelquefois le coffre des AUTELS en menuiserie. On lui donne 1 mètre à 1$^m$.137 de hauteur sur 0$^m$.812 de profondeur au moins. Quant à la longueur, elle dépend de la place, car il y en a depuis 2$^m$.274 jusqu'à 2$^m$.924 et même 3$^m$.248.

Les autels doivent toujours être élevés d'une marche au moins au-dessus du sol; il n'en vaut que mieux lorsqu'il peut y avoir trois marches. Dans ce dernier cas, la plus haute doit former un marche-pied de 0$^m$.812 à 0$^m$.975 de largeur sur la longueur de l'autel, en l'excédant d'environ 0$^m$.162 de chaque côté.

Ce marche-pied, ainsi que les marches, se font d'assemblage autant qu'il est possible, en forme de parquet, afin de leur donner plus de solidité et de propreté.

On fait porter le marche-pied et les marches sur un bâti de charpente disposé à recevoir le tout également.

La forme des coffres d'autel est ordinairement celle d'un tombeau antique, sans aucun cadre ni moulure qui ressente la menuiserie.

Lorsque le dessus d'un autel est fait en bois, il faut pratiquer, dans le milieu de la longueur, un espace carré renfoncé d'environ $0^m.027$, pour y placer une pierre qui a ordinairement $0^m.22$ de côté.

Au-dessus, et sur le derrière de l'autel, sont placés des gradins de $0^m.135$ à $0^m.162$ de hauteur sur $0^m.218$ à $0^m.271$ ou même $0^m.325$ de saillie, pour y placer des chandeliers, des vases, ou autres choses servant à la décoration.

# HUITIÈME PARTIE

## ESTIMATION DES OUVRAGES DE MENUISERIE EN BATIMENTS.

On demande souvent des renseignements sur la manière d'estimer les ouvrages de menuiserie en bâtiments, de connaître quelle est la somme que l'ouvrier doit loyalement demander pour son salaire. Mais il n'est pas facile de répondre à cette question compliquée ; et quand même on prendrait le parti de donner des tables du prix de tous les ouvrages, on n'aurait résolu le problème que d'une manière momentanée. Les prix changent en effet d'année en année ; ils varient suivant la saison, et la table qui serait très-bonne aujourd'hui serait peut-être devenue fautive en quelques points avant que cet ouvrage fût imprimé. Nous avons bien mieux aimé donner, d'après M. Toussaint, et en le copiant littéralement, la manière de métrer toute espèce d'ouvrages et de réduire la menuiserie la plus compliquée à la valeur de la menuiserie commune. On sent, en effet, qu'il est facile de connaître partout le prix du mètre de menuiserie commune ; et ce prix connu, d'après les notions qui suivent, il sera facile de calculer toute espèce d'ouvrages. Au demeurant, si l'on voulait une table aussi bonne que possible, on la trouverait dans le *Manuel d'Architecture* par M. Toussaint, et dans le *Manuel du Métreur*, 2ᵉ partie, faisant tous deux partie de l'ENCYCLOPÉDIE-RORET.

### § 1. OUVRAGES MESURÉS EN SUPERFICIE.

Les *lambris de hauteur* ou *d'appui*, les *portes à placard* et *leurs embrasures*, les *faces d'armoires et d'alcôves*, les *volets à cadres*, les *buffets*, les *embrasures de croisées*, et en général tous les ouvrages qui se composent de panneaux, de bâtis et de cadres, sont comptés en superficie et timbrés hors de lignes des mémoires : lambris à grands ou à petits cadres, en indiquant la nature des bois employés, de quelle espèce est le cadre, *embrevé, élégi* ou *rapporté* seulement. Il faut exprimer aussi les épaisseurs et les largeurs des côtés, et celles du cadre, si c'est un lambris à grand cadre, ainsi que l'épaisseur des panneaux, en expliquant encore si le derrière de ce lambris est brut, s'il est *arasé, blanchi* ou *à glace*, ou enfin à *double parement*. Dans tous ces ouvrages, les feuillures ou quarts de rond, poussés au pourtour, ainsi que les languettes d'embrasements et rainures sur les rives, font toujours partie du prix alloué. Néanmoins, comme ces quarts de rond et ces feuillures sont multipliés dans les volets brisés, lorsque ces volets sont considérés comme lambris et timbrés comme tels, ces feuillures et ces quarts de rond sont comptés séparément au mètre linéaire. Si, au contraire, on les classe à part en raison de la multiplicité des sciages, des cadres et des emboîtures qui rendent ces sortes d'ouvrages plus chers de façon que les autres lambris, ces feuillures font partie de la main-d'œuvre, et sont comprises dans la façon.

Les *bandeaux*, les *plinthes* et les *cymaises, rapportés* ou *embrevés* dans les ouvrages ci-dessus, sont mesurés et classés à part, au mètre linéaire, en désignant le bois et les largeurs et épaisseurs, les lambris en superficie étant toujours comptés dans ces accessoires.

Pour les *portes* et *lambris d'assemblage flotté*, c'est-à-dire ayant des panneaux diversement composés et divisés aux deux parements, à cause de la grande main-d'œuvre des battants et des traverses qui sont masqués par les panneaux; pour les élégissements et les assemblages à double enfourchement que ce travail nécessite, et pour compenser le bois des traverses et des battants, qui sont plus larges que dans les portes ordinaires, il est ajouté à la superficie réelle : un huitième pour une seule traverse flottée; un tiers pour deux battants et deux traverses.

Si l'on doit compter les portes qui ont quatre ou cinq panneaux sur la hauteur, comme portes ordinaires de même nature, on ajoute un huitième sur la superficie réelle; autrement, on la classe à part en leur affectant un prix particulier.

Les *cloisons grillées* par le haut et à panneaux par le bas, et autres ouvrages semblables, se confondent avec les lambris de même nature, en déduisant sur la surface générale les trois quarts des panneaux qui sont grillagés ou à barreaux, le quart restant compensé pour la plus-value de la façon des côtés; mais lorsque les panneaux grillagés sont très-grands, le quart restant est d'une valeur trop considérable; dans ce cas, il convient de déduire les quatre cinquièmes ou même les cinq sixièmes en raison des vides.

Dans les *barrières à claire-voie*, les barreaux sont comptés en mesure linéaire, et les mortaises faites dans les bâtis pour les recevoir se comptent séparément.

Les autres parties de la menuiserie portant panneau par le bas et à petit bois par le haut, pour être vitrées, telles que *devantures de boutiques*, sont classées séparément, savoir : les parties supérieures comme châssis vitrés, et les parties d'appui ou autres panneaux, comme lambris. Les bâtis formant plinthes, les encaissements pour les feuilles de volets, les embrasures, faux plafonds, etc., sont comptés au mètre linéaire, jusqu'à 16 centimètres de largeur, et en superficie, lorsqu'ils sont plus larges.

Les *châssis vitrés sans parties pleines* sont aussi comptés en superficie, en indiquant toujours la nature et l'épaisseur du bois. S'ils sont accompagnés de leur dormant, ils rentrent dans la classe des croisées ordinaires. Dans tous les cas, les dormants doivent être compris dans la superficie des châssis et croisées en une seule classe, sous la désignation des *châssis sans dormants ;* alors on compte tous les dormants en mètres linéaires, en les subdivisant en raison des largeurs et épaisseurs des bois et on doit les porter dans les bâtis.

Les *remplissages à claire-voie*, en bois de bateau refendu, ainsi que les *cloisons légères*, se mesurent pleins, sans avoir égard aux traverses, et comme si les planches se joignaient ; seulement les huisseries et vides de bois sont déduits. Ces remplissages sont timbrés au mémoire : *cloisons à claire-voie*. Les huisseries, poteaux, coulisses et entretoises sont mesurés linéairement.

Toutes les *parties unies*, c'est-à-dire sans cadres, comme *cloisons, tablettes, portes pleines, planchers*, sont classées suivant leur nature, en spécifiant la qualité et l'épaisseur des bois, et en indiquant si l'ouvrage est blanchi d'un ou de deux côtés, s'il est à plats-joints ou assemblé à rainure et languette, s'il y a des clefs dans les joints, s'il est collé ou non, s'il est emboîté haut et bas, à onglet ou à bois de fil; si l'on y a ajouté des barres à queue, si les planches sont refendues, etc., etc. Si les barres à queue remplacent une emboîture, elles ne sont pas comptées à part; mais, s'il y a deux emboîtures, plus cette barre, on la toise au mètre linéaire.

Dans tous les ouvrages, lorsqu'ils sont rainés, on ne compte pas à part les feuillures qui sont poussées sur les rives, parce qu'elles remplacent les rainures qui auraient été faites; mais si, indépendamment de ces feuillures, on y pousse des moulures, congés ou quarts de rond, les marchandeurs se les faisant payer à part, il est juste de les tirer hors de ligne pour leurs mesures linéaires. Si l'on applique sur la surface des cadres rapportés, on les classe aussi à part en mètres linéaires; on estime en argent les arrondissements, chantournements, et toute main-d'œuvre faite en plus de la confection de ces ouvrages, et que nécessite souvent la localité. Tous ces ouvrages ainsi que les lambris, se toisent et sont timbrés pour ce qu'ils sont en œuvre, en réunissant sous une dénomination commune tous ceux qui se ressemblent, tels que portes, faces d'armoire, volets unis, etc.

Lorsque le métreur comprend les bâtis des armoires arasées dans le toisé superficiel, il compte à part et linéairement les feuillures au pourtour de ces bâtis et des vantaux des portes, pour compenser les sciages et les assemblages que l'entrepreneur abandonne. Si, au contraire, il demande ces bâtis en mètres linéaires, comme bâtis, il les timbre pour ce qu'ils sont; mais alors les feuillures sont confondues dans le prix de la main-d'œuvre : s'il faisait double emploi à cet égard, c'est au vérificateur à le rectifier.

Les *parquets de glace* d'assemblage, et ceux semblables pour derrière d'armoires ou de bibliothèques, se classent aussi séparément, en désignant l'épaisseur des bâtis et des panneaux. Si pour les derrières des bibliothèques, ces bâtis portent une moulure sur la rive, on doit en faire mention. Les moulures d'encadrement, frises et corniches rapportées sur ces parquets de glace, se comptent à part au mètre linéaire.

Les *croisées* avec bâtis dormants sont ordinairement mesurées en superficie. Quelquefois, on les compte au mètre courant, pris sur la hauteur; cependant dans ce cas, on indique la largeur. On explique au timbre et à l'extrait, si elles sont à un ou deux vantaux, à glaces ou à petits vantaux, à gueule de loup, à feuillures ou à coulisses; on désigne l'épaisseur des côtés et des dormants. Lorsque les croisées sont divisées sur la hauteur par une partie dormante, ces impostes, qui forment battement pour les châssis supérieurs et inférieurs, se comptent avec les croisées, en ajoutant 25 centimètres à leur hauteur réelle, ce qui compense les doubles jets-d'eau des châssis ouvrant au-dessus. Si l'on préfère compter ces impostes séparément, on les mesure au mètre linéaire, en désignant leur dimension; mais alors, il n'est rien ajouté à la hauteur réelle des croisées.

Il y a quelquefois des faux battants, des panneaux, ou des petits bois rapportés sur les croisées, qui passent au-devant des planchers d'entresol. Ces ouvrages supplémentaires, ainsi que les coupes et assemblages qu'ils nécessitent en plus de la confection ordinaire de la croisée, sont payés en ajoutant à la hauteur réelle les deux tiers de la hauteur de ces parties d'entresol, mesurées du dessus et du dessous des deux traverses : tel est du moins l'usage ordinaire.

Lorsque les croisées ou châssis ont des moulures sur les deux faces, on les timbre à *double parement*, sans rien ajouter à la superficie ; il est tenu compte de cette façon dans le prix alloué. Si un châssis ouvre dans le petit bois, les coupes et assemblages qu'il nécessite se compensent par une augmentation de 81 millimètres sur la hauteur réelle du châssis.

Toutes les croisées, avec ou sans jet-d'eau, mais n'ayant point d'ornement, sont portées hors de ligne comme *châssis vitrés*, et timbrées comme tels, en indiquant s'ils sont à petits carreaux ou à glace, et s'ils portent des jets-d'eau.

Les *portes-croisées* sont placées dans la même classe que les croisées, en observant d'ajouter à la hauteur réelle (compensation faite de la pièce d'appui manquante) le tiers du panneau plein, pris du dessus de la cymaise ou de la traverse du haut de ce panneau ; il en est de même pour les *portes-persiennes*.

Les *persiennes* se comptent, ainsi que les croisées, au mètre superficiel, en expliquant toujours, au timbre et à l'extrait, si elles ont des dormants et quelles en sont l'épaisseur et la largeur. On les compte aussi au mètre linéaire, ainsi que les croisées ; mais alors il faut indiquer la largeur. Les traverses du milieu doivent être élégies pour figurer les rives des deux lames dont elles prennent la place.

Les *châssis* dits *à tabatière*, sur le rampant des combles, s'estiment à la pièce, en raison de leurs dimensions ; s'il n'y a point de petits bois, ils peuvent être portés à l'extrait comme chambranles.

Les *escaliers*, quels qu'ils soient, droits, à courbes elliptiques ou concentriques, à quartiers tournants, à deux limons parallèles ou autrement, sont mesurés superficiellement. Néanmoins, ceux qui diffèrent beaucoup des formes et des dimensions ordinaires, et qui présentent des difficultés dans leur exécution, peuvent être estimés partie par partie, en raison de ces difficultés et du peu de matière qui y entre quelquefois. Les limons droits sont mesurés pour ce qu'ils sont en œuvre ; les limons courbes pour les bois dans lesquels ils sont pris ; la largeur des marches est toujours prise dans le giron.

Les escaliers ordinaires sont portés à l'extrait, en timbrant séparément les limons droits, les limons courbes, les marches et les contre-marches, et enfin en indiquant la largeur réduite de l'emmarchement.

Les *planchers en frise* et les *parquets en point de Hongrie* sont classés à part, en indiquant toujours la qualité du bois, ainsi que la largeur et l'épaisseur des frises, si elles sont chevauchées, c'est-à-dire posées à l'anglaise.

Les *parquets en feuilles* sont aussi comptés superficiellement, en désignant l'épaisseur des bâtis, et en marquant s'il y a des frises d'encadrement entre les feuilles. Lorsqu'on répare de vieux parquets, on supprime ordinairement ces frises d'encadrement, on rafraîchit les rainures et languettes des bâtis, et on repose les feuilles à côté des autres.

Les autres parquets, composés quelquefois de bâtis, et de panneaux en petites parties, ou de pièces séparées qui s'assemblent et se posent sur place, sont aussi mesurés superficiellement : on explique, au timbre et à l'extrait, la forme des pièces qui les composent, et toujours l'épaisseur, la qualité et le choix des bois.

Les parquets plus ornés, ou *de marqueterie*, s'estiment de gré à gré entre le propriétaire et l'entrepreneur, selon le plus ou le moins de travail qu'ils nécessitent, et le prix des bois employés.

Dans le mesurage des parquets, tous les vides sont déduits ; la frise qui encadre le foyer de la cheminée est comprise dans la superficie : on peut aussi la compter séparément au mètre linéaire, selon les conventions.

L'affleurement du parquet neuf, qui se fait ordinairement quand les autres ouvriers du bâtiment ont fini, se compte avec la fourniture dudit parquet ; tel est du moins l'avis de Potain, de Morizot et le nôtre. On ne doit compter à part ce replanissage que lorsqu'il est fait sur de vieux parquets.

Les *lambourdes*, sur lesquelles sont attachées les différentes sortes de parquets, sont mesurées séparément et au mètre linéaire. Il faut avoir soin de prendre les largeurs et les épaisseurs de ces lambourdes avant leur scellement, afin de les classer à l'extrait et de les confondre toutes dans une mesure réduite et compensée.

Les *portes charretières* sont portées au mètre superficiel, en qualifiant les pièces qui les remplissent, et indiquant la largeur réduite et l'épaisseur des battants et des traverses, l'épaisseur des panneaux, s'il y a des écharpes ou des croix de saint André par derrière, si enfin les planches sont ornées de baguettes. On peut compter les écharpes séparément et les porter dans la classe des bâtis, compensation faite des coupes et des assemblages : les croix de saint André sont dans le même cas.

Les *portes cochères* sont encore un article à part dans l'extrait ; on n'ajoute rien pour le double panneau quel qu'il soit, ni pour le double panneau d'appui s'il y en a, le tout devant être compris dans l'estimation du prix à demander et à accorder : on désigne l'épaisseur et la largeur du premier et du deuxième bâti, celles des panneaux, et la dimension des cadres ; mais tout ce qui est rapporté sur le fond sans être assemblé avec l'ouvrage, comme formant battement, doubles cadres, clous ou patères rapportés, doit être compté séparément à la pièce ou au mètre linéaire.

Tous les ouvrages qui sont exécutés sur de très-petites dimensions, ou qui présentent quelques difficultés extraordinaires dans l'ajustement et la pose, le nombre des assemblages étant souvent le même que pour les travaux ordinaires qui auraient le double et plus de surface, seront immédiatement évalués en argent, à cause de la plus-value de la façon sur une très-petite superficie, ou de la pose qui aurait exigé plus de temps qu'il n'en est alloué.

Les portes, lambris et autres ouvrages semblables, sont toujours considérés comme bruts au deuxième côté, ce qui est toujours vrai lorsque le derrière n'est pas vu ; mais si ces lambris sont blanchis au double parement, on ajoute, au prix porté, un sixième en sus de la façon, et un dixième en plus de la valeur du bois, à cause du choix à faire pour ces panneaux. Si ce double parement est blanchi et arasé, on ajoute un quart, et de même un dixième du bois. Enfin, si ces portes ou lambris sont à double parement, on ajoute un tiers et toujours un dixième du bois. Dans ces plus-value sont toujours compris les feuillures, congés et quarts de rond poussés sur les rives.

### § 2.   OUVRAGES MESURÉS LINÉAIREMENT.

Tous les ouvrages de menuiserie qui n'ont que 162 millimètres de largeur ou moins, se comptent en dimension linéaire, en indiquant toujours au timbre, d'abord l'épaisseur du bois, ensuite sa largeur. Comme il y aurait aux extraits presque autant d'articles qu'au mémoire même, si l'on timbrait chaque ouvrage selon sa largeur et son épaisseur, on évite ce travail fastidieux et les détails sans nombre qui en résulteraient pour le toiseur et le vérificateur, en réunissant sous un même timbre et dans le même article tous les ouvrages en même bois, de même épaisseur, et qui ont quelque analogie ; par exemple, pour les plinthes, bandeaux, frises et champs unis de 27 millimètres d'épaisseur, toutes les largeurs sont réduites à une largeur commune.

Les *chambranles* sont de plusieurs sortes. Ceux à *la capucine* n'ont qu'une moulure sur une arête et souvent une feuillure sur l'autre ; ils sont assemblés d'onglet avec ou sans socle par le bas ; on les timbre séparément, et l'on comprend dans le même article tous les ouvrages analogues.

Tous les autres chambranles sont timbrés comme tels, en indiquant leur largeur et l'épaisseur du bois dans lequel ils sont pris. Il est présumable qu'à moins de saillies et de profils extraordinaires, les moulures sont prises dans la masse du bois ; mais elles peuvent avoir été rapportées. Dans ce cas, si elles n'ont pas plus de 14 à 20 millimètres d'épaisseur, et qu'elles aient à peu près la moitié de la largeur totale des chambranles, on les compte comme ravalées dans la masse, parce qu'alors le carré du chambranle ayant 27 millimètres d'épaisseur, il aurait fallu prendre du bois de 41 millimètres; si l'on a employé de la planche dite *entrevous*, plus du *feuillet*, ou même de la planche, la valeur est la même. Mais le profil est très-fort ou très-étroit, et qu'au lieu, par exemple, d'employer de la doublette, la chambranle ayant 54 à 68 millimètres d'épaisseur, on n'ait qu'un carré de 27 millimètres avec moulures de 34 à 41 millimètres appliquées dessus, la moulure étant presque toujours de deux tiers moins large que la table, il faut dire que le chambranle est en deux parties, et le compter dans les détails pour ce que vaut chacune de ces parties.

Enfin, les chambranles ravalés, ornés de tables avec filets et baguettes, ainsi que tous les pilastres étroits de lambris, ayant seulement 20 à 22 centimètres de largeur, avec des parcloses haut et bas, forment une classe à part, comprise sous le titre de *chambranles ravalés* ou *pilastres*.

Les rainures pratiquées dans tous ces chambranles pour recevoir les embrasements, ainsi que les congés sur les arêtes et les socles, sont compris dans la main-d'œuvre, et ne doivent jamais être demandés à part.

Les embrasements unis dans les baies de pans de bois et de cloisons, jusqu'à 25 centimètres de largeur, sont comptés en mesure linéaire; ceux plus larges comptent en superficie comme cloison à un parement; ceux d'assemblage sont confondus avec les lambris. La moulure poussée sur la rive des embrasements, s'il y en a, tenant lieu d'une baguette qui est due, n'est jamais comptée à part.

Les *huisseries* de cloisons légères, qui se composent de *poteaux, coulisses, traverses, entretoises* sont timbrées à part en indiquant les pièces qui sont rainées, feuillées ou poussées en quart de rond, et spécifiant s'il y a des nervures pour recevoir les bâtis, et si les pièces sont assemblées à tenons et mortaises, ou à queue d'aronde. On comprend sous le nom générique d'*entretoises* toutes barres de 27 millimètres et au-dessus, et de 6 à 11 centimètres de largeur, corroyées sur une face comme celles des cloisons.

Les *coulisses doubles*, pour portes d'armoire ou autres, sont séparées des coulisses simples des cloisons, parce qu'elles doivent être mieux corroyées et qu'elles portent double rainure.

Les *barres à queue* ou autres sans assemblage, mais corroyées sur les quatre faces, avec chanfrein sur deux rives, et embrevées d'une partie de leur épaisseur au travers des portes et panneaux, etc., sont timbrées à part, et le prix comprend la façon de l'entaille pour l'embrèvement qui, dans aucun cas, n'est compté à part. Lorsque ces barres remplacent des emboîtures, elles ne sont pas comptées à part.

On timbre *barres brutes* toutes fourrures ou autres qui n'ont pas été corroyées, ou qui l'ont été grossièrement, et qui ne portent point d'assemblage. Les *lambourdes* sous les parquets, et tous autres ouvrages semblables, coupés de longueur seulement, se timbrent *lambourdes*.

Tous les bons ouvrages assemblés à tenons et mortaises, avec ou sans rainures ou feuillures, depuis 27 millimètres d'épaisseur, corroyés sur trois ou quatre faces, prennent la dénomination de *bâtis* : s'il y a plus de tenons et mortaises qu'on n'en exige dans les ouvrages ordinaires, on ajoute une plus-value au prix; mais s'il n'y a point de pose, comme pour les *marche-pieds, échelles, bancs de jardin*, etc., cette plus-value est nulle, étant compensée par la pose qui n'a pas lieu.

Au-delà de 81 millimètres, ces bâtis prennent le nom de *poteaux*; c'est souvent le charpentier qui en est chargé.

Les *bâtis de tenture*, dits *porte-tapisseries*, sont timbrés à part à cause des nervures, des entailles à mi-bois, ou des tenons et mortaises : on explique s'ils ne sont que dressés ou corroyés. Les tringles semblables sont confondues à l'extrait avec ces bâtis, en désignant toujours la nature, la largeur et l'épaisseur des bois.

Les *plinthes, bandeaux, frises* ou *tables*, appliqués après coup sur des surfaces unies et autres ouvrages en bois de 14 millimètres d'épaisseur, appelés *feuillets*, corroyés sur plusieurs faces avec ou sans moulures sur les rives, coupés ou non d'onglet, mais non assemblés, se timbrent sous le nom général de *plinthes*, en expliquant la largeur; on en fait à l'extrait un article commun qui porte une largeur réduite. (Voyez ci-dessus, en commençant cet article.)

Les *corniches* dont les parquets de glace sont quelquefois couronnés, ainsi que celles qui décorent les alcôves, les cloisons grillées, les buffets, etc.; les corniches volantes pour les plafonds, lorsqu'elles sont faites d'une seule pièce ou de plusieurs morceaux assemblés; enfin, le double encadrement laissant un champ entre les deux parties, tout cela se porte en mesures linéaires, en indiquant aussi la nature et l'épaisseur des bois, ainsi que la largeur du profil :

ce profil est pris suivant le parallélogramme qu'il forme, c'est-à-dire suivant la dimension de la planche dans laquelle il aura dû être fait. Quand il se compose de plusieurs pièces assemblées, chaque pièce est mesurée selon sa hauteur et sa largeur, y compris les languettes.

Morizot ne compte pas les coupes d'onglet dans les corniches de plafond, lesquelles coupes doivent être confondues dans la pose. Néanmoins il veut que, pour les corniches isolées, comme pour les couronnements de parquets de glace et autres semblables, on estime à part les plus-value des retours profilés ou rapportés dans le bois debout, au droit des saillies des tuyaux de cheminée ou autres, en plus de quatre angles.

Les *cymaises* font, si l'on veut, un article à part : on désigne la hauteur et l'épaisseur.

Les *tringles* rapportées à rainures et languettes sur des parties pleines quelconques pour rélargissement de portes, sur les rives de champ de lambris, depuis 20 millimètres de largeur et au-dessus, sont placées dans la classe des *alaises* ou *tringles*, avec indication des corroyages et des autres façons s'il y en a.

Les *moulures, poussées sur les rives du bois, feuillures et rainures*, lorsqu'elles sont comptées à part (voyez *chambranles* et *embrasements*), étant d'une valeur égale, sont toujours timbrées sous le titre commun des feuillures.

Il est encore beaucoup de sortes de pièces de menuiserie qui, sortant de la classe ordinaire des travaux, et pouvant être comprises dans le mobilier d'une maison, en raison de ce qu'elles sont portatives, sont comptées à part et estimées à prix d'argent, telles que les *potences* ou *goussets pleins*, chantournés à console, ou d'assemblage, les *tiroirs* de tables ou de comptoirs, les *marche-pieds*, les *échelles* dites de *meunier*, les *bancs*, *tréteaux*, les *crémaillères* de bibliothèque, etc.

En mesurant tous les ouvrages linéaires qui sont coupés d'onglet, on prend les longueurs en dehors de cet onglet. Dans les ouvrages scellés ou à tenons et mortaises, on compte les longueurs des scellements et des tenons.

Quand des bâtis, chambranles, poteaux d'huisserie, et tous autres ouvrages linéaires, ont plus de 325 millimètres de hauteur, et qu'il a fallu les enter, on doit compter, en sus de la longueur réelle, celle des entures. On demande à part la main-d'œuvre de ces assemblages, ou bien, on fait l'abandon de cette plus-value de longueur et de façon. Dans ce dernier cas, on timbre ces articles, *bois, qualité, longueur.*

## § 3. OUVRAGES EN VIEUX BOIS.

Tous les ouvrages qui, en bois neuf, se mesurent au mètre superficiel, comme les croisées et les persiennes, se comptent de même en vieux bois. Les ouvrages linéaires se mesurent aussi linéairement en vieux bois.

Il y a plusieurs sortes de travaux en vieux bois.

1° Les *déposer :* on explique s'il y a eu transport et rangement ;

2° Les *reposer*, sans aucune séparation ;

3° Pour les bois unis, ceux *dressés sur les rives seulement*, ceux *reblanchis, coupés* et *dressés*, et enfin ceux qui ont été entièrement refaçonnés ;

4° Pour les portes pleines, celles déboîtées, recoupées

sur les arasements et emboîtées, si les remboîtures sont faites à neuf, ou s'il y a façon entière ;

5° Pour les ouvrages sous la dénomination générale de *lambris*, s'ils sont pour ajustement et pose seulement, équarrissage sur les champs, réfections des feuillures, languettes et quarts de rond, de chevillage, battants et panneaux coupés sur les dimensions nouvelles et rechevillés, ce qui se timbre, *retaille sur les assemblages :* on explique, dans ce cas, si le lambris est à petits ou à grands cadres.

Il faut observer que, dans tous ces ouvrages, les quarts de rond, les languettes, les feuillures et les rainures poussés sur les champs, ainsi que les plates-bandes sur les panneaux, ne sont pas compris dans le prix alloué ; il en est autrement de tous les assemblages nécessaires pour la confection entière du travail.

Pour les *parties vitrées, châssis et croisées*, on doit expliquer s'ils ont été seulement *équarris* et *reposés*, ou déchevillés et rechevillés pour les changer de dimension ou les remettre à grands carreaux : s'il n'a été donné que du jeu, on les portera à l'extrait en nombre, en fixant un prix réduit pour les grandes et petites pièces.

Pour les *parquets en feuilles*, on doit indiquer s'ils ont été seulement replanis sur place, ou bien *équarris sur les champs et rainés;* si enfin ils ont été déchevillés pour être rétablis. Pour la *frise* et le *point de Hongrie*, on dira s'ils ont été *coupés de longueur, dressés et rainés à neuf*, ou s'ils n'ont été que *replacés* seulement.

Les mesurages et les timbres des ouvrages en vieux bois sont exactement les mêmes que pour ceux en bois neuf.

*Menuisier.* Tome II. 26

Quelquefois, l'entrepreneur fournit des parties neuves, telles que les battants qui se trouvent cassés ou usés ; barres à queue, emboîtures, panneaux, bouts de moulures, petits bois ; et, pour les parquets, des bâtis, des panneaux, des colifichets, des frises, etc. Toutes ces fournitures sont estimées de suite pour le *bois fourni seulement*, la façon étant comprise dans le toisé de l'ouvrage, ou bien leur longueur en superficie est déduite de leur surface, et dans ce cas on compte aussi la façon.

Dans toutes les réparations, on fournit le clou à l'ouvrier, autrement il est compté à part, ainsi que pour les ouvrages neufs, lorsque la fourniture en a été faite par l'entrepreneur ; néanmoins, pour éviter de fausses demandes, on peut le comprendre dans le prix des ouvrages neufs. Alors l'entrepreneur est intéressé à en surveiller l'emploi, et tout abus à cet égard disparaît.

### § 4.　OUVRAGES CINTRÉS ET AUTRES.

Les *portes, lambris* et *autres ouvrages d'assemblage*, ainsi que les parties unies et plusieurs croisées et persiennes, peuvent être exécutés sur un plan circulaire. Dans ce cas, l'usage est d'ajouter à la superficie réelle pour compenser la valeur et le déchet des bois employés à ces sortes d'ouvrages ; cette plus-value est toujours en raison de la flèche du cintre, proportionnellement à la corde ou diamètre.

Ainsi, par exemple, une porte, ou une partie de lambris cintré en plan a $1^m.30$ de corde ; si la flèche est de 54 millimètres, ou un vingt-quatrième de cette corde, la superficie de l'ouvrage est comptée une fois un sixième.

Si la flèche a un douzième ou 108 millimètres, elle est comptée une fois un quart.

Si elle a un sixième ou 217 millimètres, elle est comptée une fois un tiers, et ainsi de suite. Si elle a un quart ou 325 millimètres, elle est comptée une fois et demie ; si elle a un tiers ou 433 millimètres, une fois trois quarts ; si elle a cinq douzièmes ou 544 millimètres, une fois cinq sixièmes ; enfin, si l'ouvrage est plus cintré, il compte double.

Dans tous les cas, l'épaisseur du bois n'est considérée que pour ce qu'elle est en œuvre ; les déchets que ces bois éprouvent par le cintre, les assemblages, et la plus grande main-d'œuvre, sont calculés et compensés par ces plus-values de superficie. Dans les ouvrages linéaires, les assemblages sont également compensés.

On a sans doute remarqué que ces plus-value doivent diminuer proportionnellement au diamètre total des ouvrages ; car alors les débillardements seraient beaucoup moins considérables, et les façons moins onéreuses. On conçoit, par exemple, qu'une face circulaire de $9^m.745$ de diamètre, étant couverte dans tout son pourtour de lambris d'assemblage, et quoique la totalité de ces lambris formât un plein cintre, il serait absurde de compter double en superficie le bois employé pour la revêtir. Alors on toise une traverse de panneau, et l'on mesure avec un cordeau ce qu'est la flèche relativement à cette corde, et le lambris est compté en raison de cette proportion. Ainsi, le lambris d'une salle ayant $30^m.60$ environ de circonférence, est divisé à son pourtour en trente-deux panneaux avec leurs pilastres d'à peu près 975 millimètres chacun, les traverses prenant deux panneaux pour la solidité de l'ouvrage ; il en résulte que la corde sera de près de 1<sup>m</sup>.949, et la flèche de près de 108 millimètres ou un dix-huitième de la corde, et que la superficie du lambris cintré devra être comptée pour une fois et un sixième.

Les *ouvrages cintrés sur champ*, c'est-à-dire sur les rives seulement, comme *dessus de tables* et de *comptoirs, gradins circulaires* et autres semblables, sont mesurés suivant le contour de la courbe prise au milieu, et comptés pour leur surface réelle, en ajoutant au prix du mètre une plus-value pour les -chantournements, et pour le plus grand déchet des joints tendus au centre.

Les *ouvrages cintrés qui n'ont été que ployés*, comme plinthes d'escalier, en bois mince, seront comptés de même que s'ils étaient sur un plan droit, avec une plus-value de la pose, qui est plus longue, et de la façon des petits traits de scie qu'il a fallu faire par derrière pour augmenter la flexibilité du bois.

Si des parties pleines, comme *portes, dessus de tables* et autres, sont cintrées, et que le cintre soit pris aux dépens de la rive extérieure, on ajoute à la mesure réelle, prise au plus haut point du cintre, 162 millimètres.

Pour les *châssis en éventail, couronnement de portes, impostes* de croisées et persiennes, et autres ouvrages semblables cintrés sur élévation, plein-cintre ou anse de panier, la partie cintrée se compte pour compenser le déchet des bois et la main-d'œuvre des bâtis, panneaux, petits bois et traverses, les trois quarts en sus de la superficie réelle. Ainsi, un plein-cintre de 1<sup>m</sup>.949 de diamètre, qui a par conséquent 975 millimètres de rayon, montée ou flèche, est compté pour 1<sup>m</sup>.70 de montée; et la superficie du carré étant de 5$^m$.847, cette archivolte produira 10$^m$.232 superficiels. Si les traverses du haut seulement sont cintrées, on ajoute à la hauteur totale 217 millimètres, et pour les ouvrages semblables, mais sans dormant, 16 centimètres. Lorsque le dessus seulement de cette traverse est cintré, on ajoute 8 centimètres.

Pour la confection des *portes pleines au droit des entre-sols*, il est alloué moitié en sus de la façon ordinaire pour la plus-value des jets-d'eau sans battants, panneaux et petits bois. Ainsi, la hauteur prise du dessus et du dessous des traverses au droit du plancher, étant de 334 millimètres, on la compte pour 650 millimètres.

Pour les *portes-croisées*, le panneau du bas est mesuré au-dessus de la cymaise, et il est accordé un tiers en sus de cette hauteur.

Les *archivoltes* et autres ouvrages linéaires qui sont débillardés sur les deux rives pour être cintrés en plan ou en élévation, sont évalués aussi en raison du diamètre du cercle dans lequel ils sont circonscrits. Ainsi, si la flèche est d'une demie de la corde, on prend la mesure de la longueur réelle de l'appui, et on la compte double, y compris les assemblages à trait de Jupiter et autres, pour lesquels il n'est pas ajouté d'autre plus-value. Si la flèche est d'un sixième, on compte deux fois et un quart de développement. Si elle est d'un quart, deux fois et demie; d'un tiers, deux fois trois quarts; de cinq douzièmes, trois fois; de moitié ou plein-cintre, trois fois un tiers.

Les *champs unis* et les *tringles sans moulures*, qui sont cintrés sur une ou deux rives, sont considérés comme bois droit, et mesurés sur la largeur de la planche dans laquelle ils ont été pris; la façon des *chantournements* se demande par estimation.

Les *fûts de colonnes* par alaises jointives, rainées ou à claire-voie, ajustés sur des mandrins, maintenus sur un arbre ou rayon, se comptent en raison du plus grand diamètre, si ces alaises sont à claire-voie ou jointives seulement pour être recouvertes en toile; les tringles sont comptées au mètre linéaire pour ce qu'elles valent; l'arbre et les mandrins sont estimés à part. Si ces fûts sont par alaises rainées, on les estime en raison des bois employés, des joints biais, de l'ajustement difficile et du replanissage circulaire fait après coup.

Les *caissons de voûtes* sont comptés au mètre linéaire, le pourtour pris en dehors du plus grand cadre, comme moulures, en raison des assemblages qui les composent et des bois employés; les quatre onglets doubles sont estimés séparément.

Les *modillons* de corniches sont estimés d'après leur grosseur, le choix des bois et de leurs chantournements : la distribution, l'ajustement et la pose font toujours partie du prix accordé.

Il est extrêmement rare maintenant que l'on fasse des ouvrages de menuiserie en trompe, en voussure, en lunette, en voûtes sphériques ou autres, cintrés en plan ou en élévation; lorsque ces cas arrivent, on les estime à raison du choix, de la force et du déchet des bois, de la difficulté des courbes, et enfin de la rectitude et du fini de l'exécution.

## § 5. FAÇONS ALLOUÉES AUX OUVRIERS.

Aux usages du métré de la menuiserie, il est important d'ajouter les plus-value qui sont allouées aux *marchandeurs*, dans les principaux ateliers, pour les objets hors de classe commune. Nous empruntons encore ces indications à M. Toussaint. Les entrepreneurs des départements, où l'on fait rarement de ces sortes d'ouvrages, et où l'on occupe des ouvriers de passage, nous sauront sans doute gré de ces détails. Il en est de même à l'égard des propriétaires éloignés de la capitale, et qui font travailler pour leur compte.

Les *lambris à cadre* et autres ouvrages qui leur sont assimilés, se paient de façon au marchandeur, lorsqu'ils sont cintrés jusqu'à un sixième de la corde de l'arc, c'est-à-dire jusqu'à 217 millimètres de flèche sur 1$^m$.30 de corde, au double du même lambris qui serait droit. On observe à cet égard que l'entrepreneur, ainsi qu'on l'a vu ci-dessus à l'article *ouvrages cintrés ou autres*, ne doit compter ce même lambris qu'un tiers en plus que s'il était droit; mais cette superficie doublée n'est ici que pour façon seulement, au lieu que la plus-value qui doit être accordée à l'entrepreneur s'étend sur tous les éléments du détail, c'est-à-dire sur la fourniture et le déchet des bois, sur la façon, la pose, les faux frais et les bénéfices : les épreuves faites et l'expérience ont prouvé que, pour cet article et tous ceux qui suivent, les concordances en raison de ces divers éléments étaient parfaitement observées.

La flèche étant d'un sixième à un tiers, c'est-à-dire de 244 à 433 millimètres sur 1$^m$.30, la façon se paie deux fois et demie la superficie; et enfin la flèche de plus du tiers jusqu'au plein cintre, c'est-à-dire de 46 à 65 centimètres sur 1$^m$.30 de diamètre, se paie trois fois.

Les ouvrages cintrés sur champ, comme *gradins*, *tables*, etc., ne se comptent qu'à la mesure courante, en suivant leur courbe. Les assemblages et entailles à moitié bois dont la largeur dépasse 16 centimètres, s'il y en a, se comptent en superficie, suivant la largeur du bois dans lequel les courbes ont été prises. Les ouvrages cintrés, mais ployés seulement, comme plinthes et cymaises, se comptent comme parties droites; quant à la façon, on ajoute seulement une plus-value pour la pose.

*Pour les dessus de portes* pleines, et autres ouvrages dont le cintre est pris aux dépens de la rive extérieure du bois, il est ajouté 162 millim. de hauteur à la dimension réelle prise au plus haut du cintre.

Les *ouvrages cintrés, en plan et en élévation*, tels que voussures, arrière-voussures, parties sphériques, se comptent ordinairement trois fois la hauteur du cintre, à partir de sa naissance; mais cette estimation varie en raison de la difficulté du travail et des assemblages, comparativement à la superficie développée. S'il s'agit de moulures ou chambranles, cintrés en plan et en élévation, comme pour encadrement de lunettes, pendentifs, etc., on compte six fois la longueur développée.

Les *traverses de chambranles*, les *archivoltes, corniches circulaires* et autres, cintrées en plan et en élévation qui se mesurent linéairement, lorsque ces ouvrages sont faits sur un diamètre de 2 à 4 mètres et au-dessus, la façon est comptée double; le diamètre ayant de 2 à 1 mètre seulement, deux fois et demie, et au-dessous d'un mètre, trois fois la mesure réelle. Dans ces évaluations sont compris tous les assemblages à trait de Jupiter, en sifflet, etc.

Les *fûts de colonne* par alaises rainées se paient de façon six fois la circonférence quand elles sont jointives seulement ; avec les rives dressées, quatre fois. Enfin, par tringles à claire-voie pour recevoir de la toile, on les compte comme tringles ou bâtis au mètre linéaire. La pose sur les mandrins se compte séparément.

Ainsi que l'entrepreneur les compte dans ses mémoires (voyez ci-dessus *portes, lambris et autres ouvrages semblables*), les doubles parements des portes et lambris à bouvement et à cadres, se comptent au marchandeur, quant à la façon, savoir : le double parement blanchi, un sixième en sus du prix du même lambris à double parement brut, lorsqu'il est arasé, un quart ; et enfin, s'il est à double parement, un tiers, le tout sans autre plus-value : les congés, feuillures et quarts de rond seront tous compris dans cette évaluation.

Lorsque les parements des portes à petits ou à grands cadres sont flottés, la façon se compte double des mêmes portes à double parement ; les flottages des battants et des traverses sont comptés séparément : tel est l'usage le plus suivi, mais il n'est pas juste, car il n'y a quelquefois qu'un battant de flotté, et quelquefois ils le sont tous. Morizot observe à ce sujet deux progressions satisfaisantes. « Lorsque deux portes à cadre, dit-il, ont un de leurs battants flotté, on ajoute un quart à la surface réelle ; pour deux battants, un tiers, et pour tous les battants et traverses flottés, on en double la surface. »

Pour les portes qui ont quatre ou cinq panneaux carrés, ou à peu près, sur la hauteur, on ajoute à la façon un sixième de la superficie réelle, et pour les grands cadres embrevés qui dépassent 55 millimètres de profil, on ajoute au prix de façon 30 centimes par mètre superficiel pour chaque 7 millimètres de plus de largeur.

Les *chambranles* ordinaires ou ravalés en pilastres embrevés ou non, se comptent au mètre courant; on n'ajoute rien pour les congés ou pour les rainures destinés à recevoir les lambris s'il y en a.

Les *croisées* et les *persiennes* se paient au mètre superficiel; les dormants sont comptés comme bâtis suivant épaisseur.

Quant aux parties de *panneaux rapportés au droit des entre-sols*, on compte la moitié en sus de leur hauteur réelle, à cause des faux battants, petits bois rapportés et jets-d'eau de la partie supérieure de croisée.

Pour le surplus de ces croisées à imposte, on n'ajoute rien à leur hauteur pour cette imposte, à raison de l'avantage qui résulte de la grande hauteur. Lorsque les croisées ont des moulures ou contre-parements, il est ajouté un sixième du prix ordinaire pour cette double main-d'œuvre.

Pour les *panneaux du bas des portes-croisées et portes-persiennes*, on ajoute à la hauteur réelle un tiers de celle du panneau d'appui, toute compensation faite de la pièce d'appui qui n'a pas lieu.

Pour les *croisées, portes* et *persiennes cintrées par le haut*, dites *en éventail*, la partie cintrée se compte les trois quarts en sus de la hauteur réelle du cintre. Si la traverse du haut seulement est cintrée, mais que le cintre ne soit pas pris aux dépens de la largeur de cette traverse, l'ouvrier ne peut rien exiger en plus-value; mais on mesure du milieu de la plus grande hauteur.

Les *volets brisés* en quatre feuilles se paient ordinairement comme lambris, avec plus-value suivant la largeur des feuilles. Les feuillures et les quarts de rond sont payés à part.

Les *portes cochères* s'estiment au mètre superficiel, en raison du plus ou moins d'ouvrage, mais sans rien y ajouter pour le double parement : le double panneau d'appui se compte à part s'il existe.

Par suite des usages adoptés chez les entrepreneurs de menuiserie, les mêmes prix de façon s'appliquent à plusieurs épaisseurs de bois; par exemple, les ouvrages en bois de 14 à 22 mill. se paient comme ceux de même nature confectionnés en bois de 27 mill., et par compensation, ceux de 41 mill. ne leur coûtent pas plus que ceux de 34 mill.

Les *bâtis*, *huisseries*, *chambranles*, etc., se mesurent au mètre linéaire, suivant les largeurs et les épaisseurs.

## § 6.   OBSERVATIONS FINALES.

Aux notions qui précèdent, nous ne croyons devoir rien ajouter, relativement aux prix des bois et aux sous-détails. Nous conseillons donc aux entrepreneurs de ne s'en servir que comme base d'estimation approximative pour établir leurs mémoires. S'ils désiraient avoir des détails plus étendus, ils pourraient recourir avec profit aux ouvrages qui traitent spécialement la matière, tels que le *Manuel du Métreur*, qui fait partie de l'ENCYCLOPÉDIE-RORET.

De même, nous ne donnerons aucun modèle et nous n'entrerons dans aucune explication relativement à la Comptabilité de la menuiserie. Les entrepreneurs, comme tous les commerçants, sont astreints par la loi à tenir des livres de commerce. Quoique la comptabilité soit la même pour tous les genres de commerce, elle subit toujours certaines différences de détails suivant la profession et la nature des opérations du commerçant. Un comptable, ayant l'habitude de son travail, ne sera pas embarrassé par ces légères différences. Cependant, si le lecteur voulait recourir à un ouvrage qui lui donnât des modèles tout préparés pour la tenue de ses écritures, il les trouverait dans le *Traité de la Comptabilité du Menuisier*, par Clousier. Cet ouvrage sera surtout utile aux menuisiers qui travaillent par eux-mêmes, souvent à façon, et qui veulent se rendre compte de leurs profits et de leurs pertes, sans charger leurs frais généraux des émoluments alloués à un comptable.

Les principaux chapitres de la Comptabilité d'un Entrepreneur de menuiserie sont les suivants : l'achat du bois, le transport, les frais d'octroi dans les villes, le déchargement et le rangement en magasin, le débitage et la main-d'œuvre ; viennent ensuite les frais généraux qui se composent de la location, de l'installation, du logement, des impositions, de l'achat des outils et des machines pour l'atelier, ainsi que des intérêts de l'argent dépensé à ces acquisitions et à l'installation du local, quelquefois encore des intérêts de l'argent employé à l'acquisition de l'immeuble ou du terrain et à la construction, si le menuisier est propriétaire de la maison où il travaille. Les autres détails varient suivant la spécialité des ateliers de menuiserie.

# MANUEL DU LAYETIER

## INTRODUCTION.

Le travail du Layetier consiste en une sorte de menuiserie grossière et restreinte, ayant pour objet la confection des caisses de tout genre et de quelques ouvrages accessoires. Le nom de layetier, vient de *layette*, espèce de boîte propre à ranger du linge d'enfant, et, par extension, ce linge même; il indique assez que le layetier est un fabricant de boîtes.

Quoique peu importante, cette industrie est fort ancienne; car, en 1521, sous François I<sup>er</sup>, il est fait mention des statuts qui la régissaient. On disait alors : *Layetiers-écriniers*, parce que ces ouvriers fabriquaient des écrins ou étuis de toutes sortes, qui formaient la majeure partie de leurs travaux. Maintenant, ce sont les gaîniers et les tablettiers qui confectionnent les écrins et tout ce qui se rattache à cette industrie. Les layetiers se bornent aux travaux relatifs à l'emballage, et s'appellent en conséquence *layetiers-emballeurs*. Toutefois, leur profession ne se distingue véritablement de celle du menuisier que dans les très-grandes villes, telles que Paris, Lyon, Marseille, Londres, etc. Partout ailleurs, leurs travaux sont exécutés par les menuisiers ordinaires.

Les bois dont les layetiers font usage sont le Chêne,

le Hêtre, le Sapin, le Bouleau, et principalement le Peuplier. Ils emploient encore du Sapin épais, appelé *bois de bateau* (tome 1, page 46), pour faire les grandes caisses à meubles, qui demandent avant tout la propreté, la solidité et le bas prix. Ils débitent et mesurent ces bois comme les menuisiers, mais en leur faisant subir une préparation spéciale. Ils se servent également des mêmes outils, mais modifiés légèrement; enfin, ils forment leurs ouvrages avec plus de développement.

Nous diviserons ce petit Traité en cinq chapitres :

Le premier comprendra l'outillage.

Le second s'occupera des opérations préparatoires.

Le troisième traitera de la partie principale de l'industrie, c'est-à-dire de la fabrication des caisses et des cassettes.

Le quatrième comprendra tous les ouvrages accessoires, tels que les pupitres d'écolier, les chaufferettes, les piéges, etc.

Le cinquième sera consacré à l'emballage dont on charge généralement les layetiers, qui ont pleinement, à cet égard, obtenu et mérité la confiance publique.

# CHAPITRE PREMIER.

## Outillage.

La plupart des outils du layetier étant à peu de chose près semblables à ceux du menuisier, nous ne répéterons point les détails que nous avons donnés sur ces derniers. Nous nous bornerons à quelques remarques sur ceux qui présentent quelque disposition particulière.

## § 1. L'ÉTABLI.

L'ÉTABLI sur lequel le layetier travaille (fig. CLV) ressemble beaucoup à celui du menuisier, mais il est

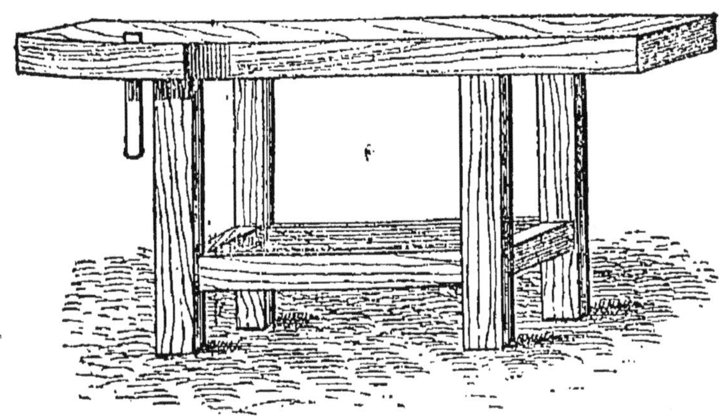

Fig. CLV.

plus simple. Il consiste en une forte table de 1^m.50 à 2^m.50 de longueur, sur 0^m.50 à 0^m.60 de largeur et 0^m.11 d'épaisseur, qui est montée sur quatre forts pieds assemblés par le bas, à tenons et enfourchements, avec des traverses et un fond porté sur des tasseaux. Sa hauteur totale, au-dessus du sol, est d'environ 0^m.80. A l'une de ses extrémités se trouve la boîte à crochet, et à l'extrémité opposée un trou carré de 0^m.025 à 0^m.030 de côté, dans lequel on enfonce la tige d'une petite enclume qui sert à redresser les clous tordus ou contournés, ainsi qu'à faire les rivures et autres ouvrages analogues. D'autres trous pratiqués sur différents points sont destinés à recevoir les Valets. Enfin, en dessous se trouve généralement un tiroir dans lequel on conserve les menus objets.

## § 2.　OUTILS A DÉBITER.

Le layctier emploie la SCIE A REFENDRE (fig. CLVI), la SCIE A CHANTOURNER (fig. CLVII), les SCIES A MAIN

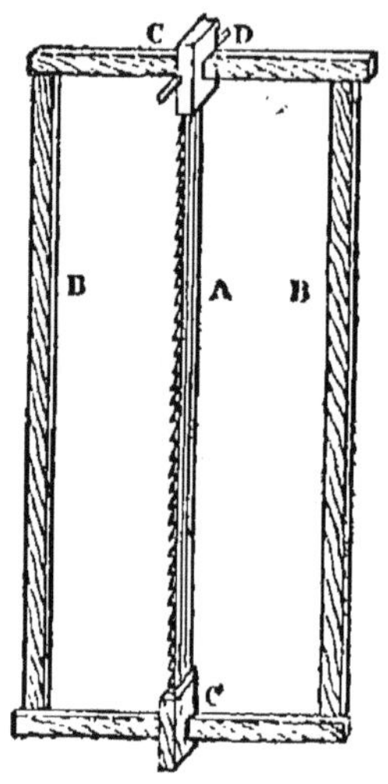

Fig. CLVI.

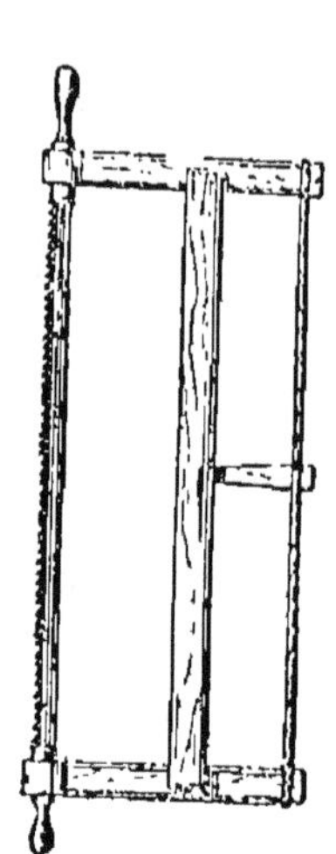

Fig. CLVII.

(fig. CLVIII). Ces outils sont absolument construits

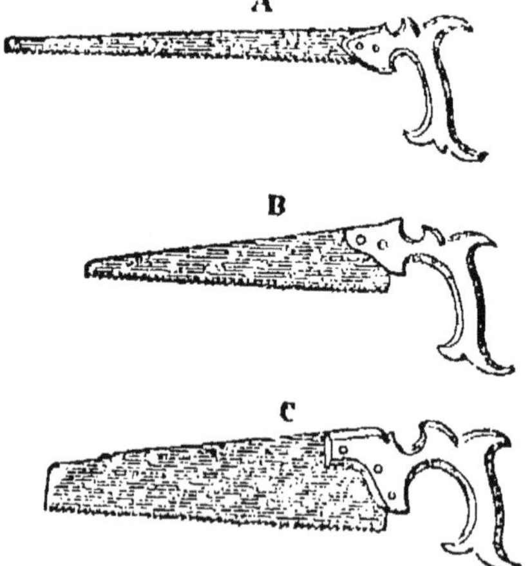

Fig. CLVIII.

comme ceux du menuisier. Quelquefois, cependant, la

scie à refendre est montée comme le montre le dessin (fig. CLIX), ce qui est avantageux dans une foule de circonstances. Tout ce que nous avons dit de l'affûtage de ces instruments et de la manière de leur donner la voie, est suffisamment complet pour que nous n'ayons pas besoin d'y revenir. Nous ajouterons seulement que quelques layetiers, quand ils veulent essayer leurs scies, se contentent de donner un coup de scie à l'angle de l'établi et d'introduire dans cet angle la lame qu'ils veulent travailler; mais cette manière d'agir a deux inconvénients assez graves, car d'un côté, on gâte

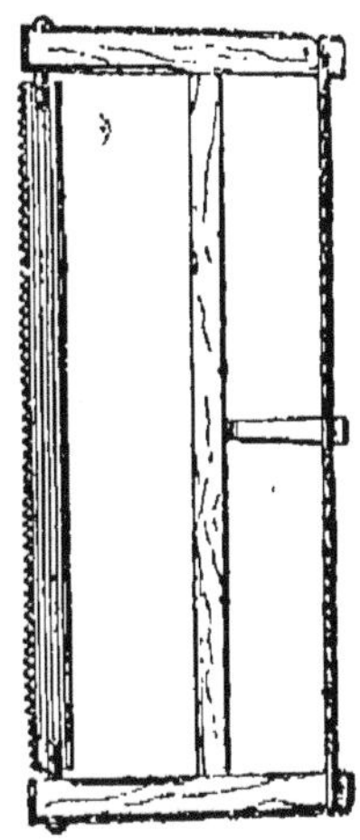

Fig. CLIX.

l'établi, et, de l'autre, les scies ne peuvent pas se maintenir solidement, ce qui rend leur affûtage très-difficile.

### § 3. OUTILS A CORROYER.

Pour dresser, aplanir, corroyer ou, comme il dit, *raser* le bois, le layetier emploie la *colombe*, le *riflard* et le *rabot*. Il se sert aussi de la *varlope ordinaire* et du *rabot* du menuisier.

### 1° *Colombe.*

On appelle COLOMBE (fig. CLX) une espèce de grande Varlope dont le fût carré a 0$^m$.16 de côté et une longueur de 1$^m$.40 à 2 mètres, et dont le fer est dans une situation renversée, c'est-à-dire a le tranchant par-dessus. Elle est portée par quatre pieds assemblés à tenons et à mortaises à ses extrémités, et un peu écartés par le bas pour lui donner plus d'assiette. Les pieds de chaque bout sont reliés par une entretoise,

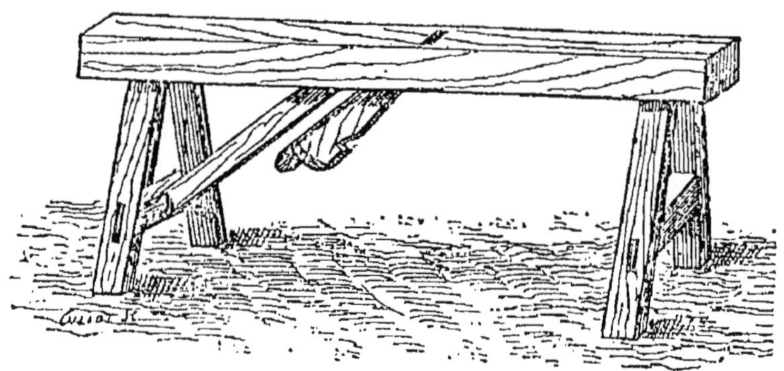

Fig. CLX.

qui, retenant leur écart, les empêche de s'ébranler pendant le travail. Une écharpe, assemblée dans le dessous du fût et dans l'entretoise de derrière, augmente encore la stabilité de l'outil. Autrefois, on assemblait les pieds, non pas directement dans le fût, mais dans des bouts de planches nommés *chapeaux*, qui étaient fixés dans ce dernier par de fortes vis à bois.

La surface de la Colombe est élevée de $0^m.487$ à $0^m.514$. La lumière, placée au milieu de la longueur, est évidée en manière d'arcade, dans sa partie inférieure, afin de faciliter le dégagement des copeaux. Enfin, le fer, large de $0^m.108$ et long de $0^m.245$, a le taillant un peu rond en dessous pour couper plus aisément le bois. Quant au coin, il porte à son extrémité supérieure, et dans toute la longueur, une forte entaille sur laquelle on frappe avec un marteau toutes les fois qu'on veut le retirer pour changer ou affûter le fer.

Les layetiers soigneux mettent un couvercle à leur Colombe pour en conserver la surface, et pour ne pas s'exposer à être blessés avec le fer quand ils s'asseient dessus. Ce couvercle est tout simplement une planche mince qu'on fixe sur l'un des côtés du fût avec des morceaux de cuir formant charnière, et à l'une ou aux deux extrémités de laquelle on cloue un petit tasseau qui lui sert de rebord et l'empêche de se déranger.

On se sert de la Colombe pour dresser les planches sur leur épaisseur, afin qu'elles joignent bien l'une contre l'autre. Pour exécuter son travail, l'ouvrier tient la planche des deux mains, puis en présentant la largeur verticalement sur le fer, il la pousse vivement et dans toute sa longueur, et parvient ainsi à la dresser parfaitement sur son champ : la longueur considérable de l'outil lui permet d'obtenir facilement ce résultat, ce que ne pourrait pas faire la Varlope ordinaire.

## 2° *Varlope* et *Rabot*.

Nous venons de dire que le layetier emploie la

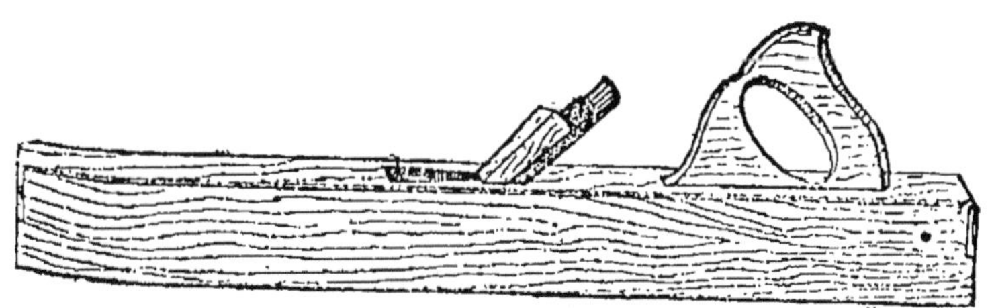

Fig. CLXI.

VARLOPE (fig. CLXI) et le RABOT (fig. CLXII) du menuisier. Nous avons décrit ailleurs ces deux outils

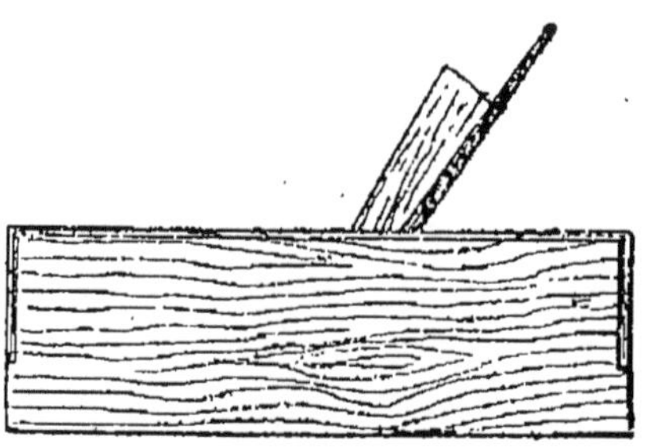

CLXII.

d'une manière assez complète pour que nous ayons besoin d'y revenir.

### 3° *Riflard.*

Le RIFLARD, nous l'avons vu ailleurs, n'est qu'une variété de Varlope; mais celui du layetier n'est pas tout à fait construit comme nous l'avons dit en parlant de l'outillage du menuisier.

Le fût de cet outil est long de $0^m.325$ environ, haut de $0^m.108$, et épais de $0^m.095$. La lumière, percée à peu près aux deux tiers de la longueur, est très-étroite par le bas, où elle a juste la longueur nécessaire pour recevoir le fer et laisser passer le copeau; mais elle s'élargit par le haut en forme d'entonnoir, tant pour y placer le coin, qui s'y trouve fixé par un ravalement fait à part, que pour faciliter la sortie des copeaux, qui, sans cette précaution, s'engorgeraient dans l'outil.

Le fût du Riflard étant très-épais, il serait difficile de le bien empoigner du derrière quand on s'en sert: aussi diminue-t-on cette épaisseur à l'aide d'un ravalement dans lequel on fait entrer le pouce droit avec lequel on tient le derrière de l'outil. Sur le devant s'élève une poignée de 0<sup>m</sup>.027 de diamètre, et d'une hauteur de 0<sup>m</sup>.095. Elle s'incline un peu de gauche à droite sur le devant du Riflard, afin de moins gêner la main; elle est d'ailleurs assemblée fort solidement.

Le fer du Riflard est acéré du côté de la planche, et son taillant est un peu rond en dessous, afin de couper plus aisément le bois. La largeur de ce fer est de 0<sup>m</sup>.068, sa longueur de 0<sup>m</sup>.189, son épaisseur de 0<sup>m</sup>.005 vers le tranchant.

Le coin du Riflard est, comme le fût, fait en bois liant et dur, tel que du cormier; il est évidé dans sa partie inférieure en manière d'arcade pour faciliter le dégagement des copeaux, de sorte qu'il n'y a que ces deux côtés qui portent sur le fer, ce qui est suffisant pour l'arrêter. Le coin se fixe en place en frappant légèrement dessus, et, quand on veut le retirer, ainsi que le fer, on frappe avec le marteau à bois de bout sur le derrière du riflard. Alors le contre-coup, en ébranlant les fibres du bois, fait ressortir le coin qui doit être juste dans la lumière, et serré un peu plus du bas que du haut sur tous les sens, mais surtout sur la largeur, afin qu'il ne se glisse pas de copeaux entre ses branches et les côtés de la lumière, comme cela arriverait si le coin était plus étroit que celle-ci.

Le Riflard que nous venons de décrire est de la plus grande espèce, et sert pour les gros ouvrages; mais le layetier en a d'autres de différentes dimensions. Les plus petits, quoique faits en riflards, et qui ne sont à proprement dire que des RABOTS, ont seulement de 0<sup>m</sup>.217 à 0<sup>m</sup>.244 de long, sur une épaisseur et une hauteur proportionnées; leur fer est affûté moins rond. La figure CLXIII, qui représente un de

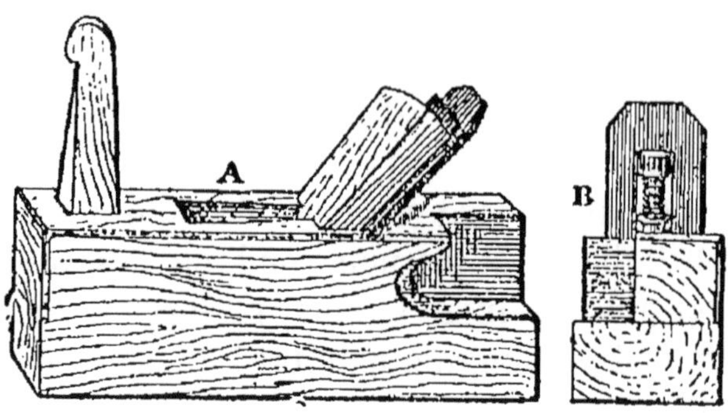

Fig. CLXIII.

cès petits outils, donne une idée exacte de la disposition générale des divers Riflards du layetier.

### 4° *Enclume à bigorne.*

Le layetier faisant usage de pièces de tôle a besoin de l'ENCLUME A BIGORNE pour dresser et arrondir ces pièces. L'une des pointes, ou *bigornes*, de cet outil est carrée, avec un trou à la naissance pour percer la tôle quand cela est nécessaire. L'autre extrémité est arrondie. L'enclume est montée sur un billot haut d'environ 0$^m$.487, afin qu'on puisse travailler assis.

### § 4.   INSTRUMENTS ET OUTILS A CREUSER ET PERCER.

Pour creuser le bois, ce qui est quelquefois utile, le layetier se sert du CISEAU (fig. CLXIV) et de la GOUGE (fig. CLXV) du menuisier, et, comme celui-ci, il frappe sur le manche de ces outils avec le MAILLET (fig. CLXVI) dont nous avons déjà parlé. Ces outils ont naturellement des dimensions appropriées à l'ouvrage qu'il veut faire.

Les outils à percer dont il fait usage sont également

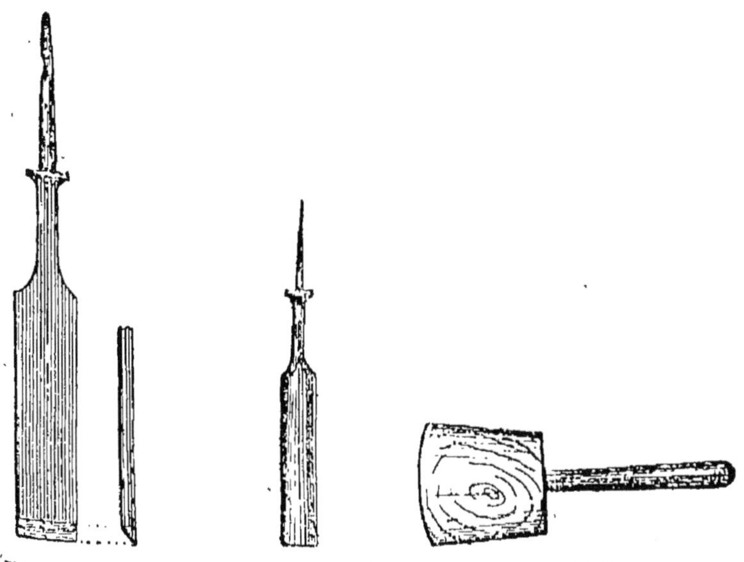

Fig. CLXIV.          Fig. CLXV.          Fig. CLXVI.

les VRILLES et le VILEBREQUIN du menuisier (fig. CLXVII).

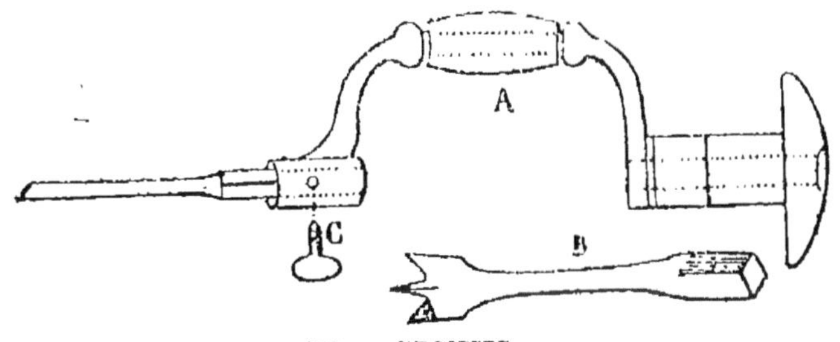


Fig. CLXVII.

Toutefois, en ce qui concerne ce dernier outil, quand il s'agit de travailler des bois tendres, on emploie de préférence les mèches dites *de tourneur*, parce qu'elles font moins éclater le bois que les autres. Ces mèches diffèrent des autres en ce qu'elles ont l'extrémité inférieure arrondie et qu'elles ne sont inclinées d'aucun côté.

Mais le layetier n'a pas seulement du bois à percer, il est aussi obligé d'exécuter cette opération sur la tôle ou le fer-blanc. Dans ce cas, il se sert d'un POINÇON d'acier trempé, qui est long d'environ 0m.162, et dont la forme est légèrement conique. Il y a aussi un autre poinçon qui diffère du précédent en ce que sa lame est plate, tranchante des deux côtés et un peu arrondie par le bout. Il sert à percer les ouvertures des dessus de boîtes, par lesquelles passent les pitons ou les gâches des crochets au moyen desquels on les ferme.

### § 5.   INSTRUMENTS A MESURER ET TRACER.

Pour mesurer, le layetier emploie les mêmes instruments que le menuisier, c'est-à-dire le COMPAS ORDINAIRE, la RÈGLE, le DEMI-MÈTRE, etc. Il agit de même pour tracer; mais il se sert aussi d'un compas qui lui est spécial, et que, pour ce motif, on appelle COMPAS DU LAYETIER. Il se compose (fig. CLXVIII) d'un ressort en bois $a\,a$, dont les deux extrémités $b\,b$ sont fixées par des vis dans un égal nombre de prolongements métalliques $c\,c$. Ces prolongements constituent les *armures* de l'instrument. Ils sont munis, l'un et l'autre, d'une pointe plus ou moins fine $d\,d$ qui se visse dans leur partie inférieure. Enfin une double vis $f\,f$, dont chaque bout est taraudé,

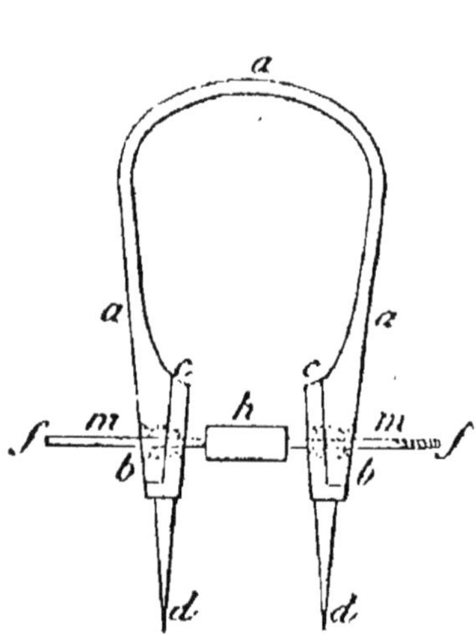

Fig. CLXVIII.

traverse, de chaque côté, le ressort et l'armure correspondante; mais il est à remarquer que ces pièces ne sont pas taraudées. Seulement, à l'endroit où passe la vis, elles sont creusées en forme de double coquille, et dans ce vide se trouve une petite boule *m m* qui, étant taraudée du pas de la vis, sert d'écrou à cette dernière, et, pour qu'elle ne puisse pas tourner pendant le travail, elle est maintenue en place au moyen d'une goupille. Les goupilles empêchent ainsi les boules de tourner dans le sens de la double vis; mais elles leur permettent un léger balancement, sans quoi, quand on ouvrirait ou fermerait le compas, les écrous tordraient la vis et nuiraient à leur fonctionnement. Pour écarter ou rapprocher les branches de l'instrument, il suffit d'imprimer un mouvement de rotation, dans un sens convenable, à la pièce ou tête *h*, disposée au milieu de la double vis, entre les deux branches.

Le compas que nous venons de décrire sert à tracer le contour des boîtes rondes dont le diamètre ne dépasse pas 0<sup>m</sup>.325. Pour les dimensions supérieures, on

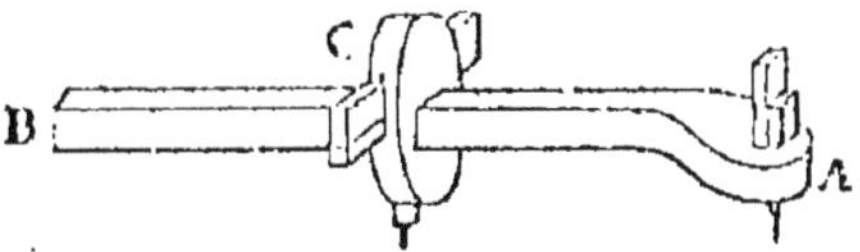

Fig. CLXIX.

emploie le COMPAS A VERGE (fig. CLXIX), dont le dessin ci-joint fait suffisamment comprendre la construction.

## § 6.   OUTILS A ASSEMBLER ET A MOULURER.

Le layetier n'assemble pas seulement au moyen de pointes ou de clous, les différentes parties de ses ouvrages, quelquefois aussi il a recours aux mêmes procédés que le menuisier; il n'est même pas rare qu'il ait des moulures plus ou moins compliquées à exécuter. Dans l'un et l'autre cas, il se sert des mêmes outils que ce dernier. Il en est deux cependant qu'il semble affectionner : l'un est un Feuilleret qu'il appelle *rainoire*, tandis que l'autre est une espèce de Bouvet qu'il nomme *quart de rond*.

1° Rainoire.

Comme tous les affûtages, la RAINOIRE (fig. CLXX) se compose de trois parties : le fût, le fer et le coin.

Fig. CLXX.

Le fût a 0<sup>m</sup>.244 de longueur, 0<sup>m</sup>.095 de largeur, et environ 0<sup>m</sup>.035 d'épaisseur. En dessous, il forme deux angles rentrants et un angle saillant, qui fait ce que l'on nomme la *feuillure* proprement dite. La lumière est entaillée sur le côté jusqu'à la profondeur de cette feuillure, et même un peu plus, afin que le fer soit un peu enterré d'après le conduit de l'outil. On nomme *conduit*, ou *conduite*, une partie excédante du fût, soit en dessous, soit par le côté, laquelle sert à passer l'outil contre le bois, et à l'empêcher de descendre plus qu'il ne faut.

Le fer est acéré d'un côté; il a sur le côté un biseau

pour qu'il coupe le bois net dans l'angle et ne se dérange pas, ce qu'on appelle *fuir*. Au haut du fer est un petit crochet qui sert à le retirer quand il surmonte trop le nu de l'outil, qui alors a *trop de fer*, comme disent les ouvriers.

Le coin a par le haut une entaille pratiquée tantôt sur sa face, tantôt sur le côté, entaille par laquelle on le retire pour affûter le fer.

La Rainoire est employée à faire les gorges de quelques boîtes.

## 2° *Quart de rond.*

Le QUART DE ROND ne diffère de l'outil qui précède que par la forme sinueuse du taillant de son fer, et de la partie du fût qui correspond à ce dernier. C'est pourquoi nous n'en dirons pas davantage.

## 3° *Observations.*

Quand le layetier veut se servir de ces deux outils, il arrête sur l'établi le bois au moyen du Valet, et le bout de la pièce contre le crochet; puis il saisit la partie postérieure de l'outil avec la main droite, et de la gauche le tient un peu au-delà du fer, en appuyant les doigts contre le plat de l'outil, et le pouce par-dessus, afin de le tenir ferme et droit. Quand il pousse le Quart de rond, il fait auparavant un chanfrein sur l'arête du bois avec le Riflard, afin que l'outil ait moins de bois à ôter. La position du corps est la même que lorsqu'on fait usage du Riflard.

## § 7.   OUTILS DIVERS.

Outre les outils que nous venons de décrire, le layetier en emploie encore plusieurs autres dont nous devons dire quelques mots. Tels sont : la *hache*, le *plioir*, le *pied de biche*, les *cisailles* et les *tenailles*.

### 1° *Hache.*

La HACHE sert à dégrossir et à mettre à peu près de largeur différentes pièces de bois. Elle a $0^m.244$ de long sur $0^m.162$ dans sa plus grande largeur. Son taillant forme un arc de cercle dont le centre est à peu près au devant de la mortaise, ou œil, dans lequel le manche est placé. Cet outil n'a qu'un biseau, et le côté de la planche est uni dans toute sa longueur, l'épaisseur que forme l'œil étant tout en saillie du côté où est le biseau. Ce dernier se trouve sur la face droite, afin qu'en tenant le manche de la main droite, selon l'usage, la partie qui est lisse, glisse contre la pièce de bois qu'on tient de la main gauche.

Le manche a $0^m.406$ de longueur sur $0^m.041$ de largeur par le bas. Il est plat sur sa coupe pour tenir plus solidement dans la main. Enfin, en dessous de la hache, se trouve une petite entaille pour l'accrocher à un clou.

### 2° *Plioir.*

Le PLIOIR est une espèce de pince dont la longueur n'excède pas $0^m.162$. Les extrémités des branches de cette pince sont de forme un peu conique, mais leur partie intérieure est aplatie et recouverte de tailles fines comme celles d'une lime. Elles ont $0^m.003$ de diamètre à leur bout le plus mince, et $0^m.020$ de longueur. Enfin elles sont disposées de telle sorte que lorsque la pince est entièrement fermée, il existe un bon millimètre de distance entre les deux pointes.

Cet outil est principalement employé pour faire les charnières et les crochets en fil-de-fer des boîtes.

### 3° *Pied de biche.*

Le PIED DE BICHE (fig. CLXXI) est une sorte de levier de fer dont l'extrémité inférieure est légèrement

Fig. CLXXI.

recourbée, aplatie et fendue au milieu de sa largeur, ou mieux disposée comme l'indique la figure. Cet outil sert à extraire les clous sans tête que renferment ordinairement les bois de bateau, et qu'il faut enlever avec soin, sans quoi ils endommageraient le fer des affûtages. A cause de sa destination, on l'appelle aussi *pince à arracher les clous.*

Pour se servir du Pied de biche, on engage la tête du clou dans la fente dont nous venons de parler, puis on imprime à l'outil un mouvement d'avant en arrière, ou de droite à gauche, qui le fait basculer sur le saillant de sa courbure. Il fait ainsi levier, et il n'en faut pas davantage pour enlever le clou le plus fortement enfoncé dans le bois.

### 4° *Cisailles.*

Les CISAILLES sont tout en fer et acérées à l'endroit des tranchants. Elles servent à couper

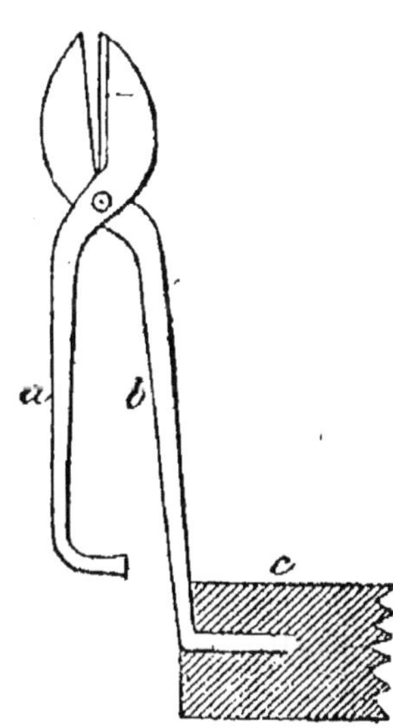

Fig. CLXXII.

la tôle et les pointes. Il y en a de diverses grandeurs. Les plus grandes sont disposées comme l'indique le dessin (fig. CLXXII). On assujettit la branche fixe *b* perpendiculairement dans le bout d'un établi *c*, puis on presse et fait mouvoir avec le genou droit la branche mobile *a*, de manière que les deux mains demeurent libres. Les Cisailles, vu l'inclinaison de cette branche, s'ouvrent d'elles-mêmes en dehors de l'établi.

### 5° *Tenailles.*

LES TENAILLES du layetier ne présentent d'autre différence sur les outils ordinaires du même genre, qu'en ce que les extrémités de leurs mâchoires doivent être acérées et taillées en biseau par dessous, afin de pouvoir couper aisément des pointes et du fil-de-fer.

# CHAPITRE II.

### Préparation du bois.

—

### § 1. OBSERVATIONS GÉNÉRALES.

Nous avons vu que le layetier fait usage du Chêne, du Hêtre, du Sapin et spécialement du Peuplier.

Le Hêtre s'emploie en bois de fente, ou refendu, que l'ouvrier appelle *goberges* ou *hausses*. Les goberges sont des bottes de Hêtre longues de 1$^m$.137 sur à peu près 0$^m$.162 de large, et 0$^m$.005 à 0$^m$.009 d'épaisseur. Elles sont toutes préparées à la plane, et servent à une multitude de menus ouvrages, comme petites boîtes, souricières, etc.

Le Sapin se fend par lames très-minces. C'est donc

encore du bois refendu. Selon M. Bien-Aimé, layetier-emballeur, il ne sert, quand l'ouvrage est soigné, qu'à la confection des petites caisses, ou tout au plus dans les fonds de caisse, et encore à la dérobée; mais, ajoute-t-il dans son *Barême du Layetier* : « Pour soutenir la concurrence, on a introduit le bois refendu partout. »

Les layetiers emploient aussi, comme nous l'avons dit, du Sapin épais, appelé *bois de bateau*, parce qu'on le retire des bateaux détruits. Il est en planches de plusieurs dimensions. Son épaisseur varie depuis 0<sup>m</sup>.014 jusqu'à 0<sup>m</sup>.081. Sa largeur varie également depuis 0<sup>m</sup>.162 jusqu'à 0<sup>m</sup>.487, et sa longueur depuis 0<sup>m</sup>.975 jusqu'à 19<sup>m</sup>.049. La dimension de 0<sup>m</sup>.054 à 0<sup>m</sup>.081 d'épaisseur, sur 0<sup>m</sup>.325 à 0<sup>m</sup>.487 de largeur, et 16<sup>m</sup>.024 à 19<sup>m</sup>.049 de longueur, se nomme *plat-bord*, et se vend à la paire. Le reste se compte au mètre superficiel. Ce bois, qui réunit la légèreté à la solidité, sert aux grandes caisses d'emballage, et son usage est avantageux; mais il est défectueux, en raison des clous qui s'y rencontrent et des trous qui y ont été percés pour introduire les chevilles destinées à lier les planches du bateau. C'est au layetier à tâcher d'enlever ou de cacher les parties ainsi détériorées.

Quant au Chêne, les layetiers emploient le plus souvent des douves et des fonds de tonneau. Ils les choisissent les plus sains possible, et les redressent au feu avant de les appliquer aux produits de leur art. Toutefois, cette opération n'est ordinairement nécessaire que pour les douves, parce qu'elles sont toujours creuses d'un côté. Pour y parvenir, on commence par les mouiller, plus dans la partie creuse que sur la partie bombée, puis on en place une certaine quantité autour d'un feu vif et clair, le côté bombé tourné vers le feu, en observant que la flamme n'atteigne pas la surface, et l'on mouille de temps en temps les creux. A mesure que les douves chauffent, ainsi humectées, il faut les retirer de temps à autre du feu, les tenir d'une main par un bout, et posant l'autre contre terre, les faire plier de l'autre main, en appuyant sur le côté bombé. On les fait ainsi doucement plier jusqu'à ce qu'elles se creusent de ce côté, afin qu'elles restent droites après refroidissement. Quand on en a ainsi redressé un certain nombre, qu'elles sont chaudes encore, on les met en presse entre quelque chose de lourd. Il est bon que ces douves creusent un peu à contre-sens de ce qu'elles étaient d'abord, pour mieux combattre leur premier pli. Ainsi redressées, elles servent à diverses choses, et même à faire de petites caisses de jardin.

Le layetier doit s'approvisionner de voliges de $0^m.162$ ou de $0^m.217$, afin d'éviter de refendre, nécessité qui fait perdre du temps et entraîne du déchet; mais enfin, s'il s'y trouve obligé, il se servira de la Scie à refendre, ou quand les bois seront minces, il les refendra sur la Colombe avec la Scie à chantourner.

### § 2. Manière de blanchir et raser le bois.

Les layetiers donnent le nom de *raser* à l'action d'unir, de dresser, d'affleurer le bois, opération que le menuisier appelle *corroyer*. Le Riflard leur sert principalement pour cela.

A cet effet, ils placent la pièce à travailler contre le Crochet, et s'il s'agit de bois épais et dur, ils ont recours au gros Riflard dont le fer est un peu rond, afin qu'il prenne moins de largeur de bois à la fois.

Après avoir ainsi dégrossi leur pièce, ils la rasent et la terminent avec un plus petit Riflard qui a moins de fer, et qui est placé plus droit.

On doit toujours pousser le Riflard devant soi, afin d'avoir plus de force et se reculer autant qu'il est nécessaire, plutôt que de le retirer à soi. On le tient par derrière de la main droite, et de la gauche on saisit la poignée de devant, afin d'appuyer plus ou moins sur l'outil, et d'être en état de la relever du devant quand il est au bout de son coup.

Quoique les ouvrages de layeterie ne soient pas susceptibles de recherche, il faut toujours tendre à ce que le bois soit blanchi proprement, à ce qu'il soit droit et dégauchi, c'est-à-dire que tous les points de la surface ne soient pas plus élevés les uns que les autres, ce qu'on juge en examinant la pièce de côté, et de telle sorte qu'on n'en aperçoive que les deux arêtes, ou plutôt que les deux se confondent en une seule, ce qui doit être quand la pièce est bien dégauchie.

La pièce étant blanchie sur le plat, on dresse le champ sur la Colombe, ce qui se fait de la manière qui suit :

On se place à la gauche de l'instrument, vers le milieu de sa longueur, le corps en arrière du fer, dont la pointe doit être opposée à l'ouvrier; puis on saisit des deux mains la pièce à dresser, et on la pousse devant soi, en observant de la tenir bien d'aplomb sur la colombe, et d'appuyer un peu sur cette dernière. Les deux mains seront placées près l'une de l'autre, les doigts de la gauche en dedans, et ceux de la droite en dehors sur le plat de la pièce, afin de la tenir toujours droite, et quand cette dernière est longue, on commence à la pousser du devant sur la Colombe, autant que le permet la longueur du bras, après quoi on recule ses mains en arrière pour la faire avancer, et ainsi de suite jusqu'à l'autre bout, sans que le corps change de place, du moins les pieds qui doivent être placés à peu près de la même manière que quand on blanchit sur l'établi.

Ainsi, au moyen de la Colombe, on dresse parfaitement les planches sur leur épaisseur, afin qu'elles joignent bien l'une contre l'autre. En les poussant vivement, et dans toute leur longueur, l'ouvrier les dresse très-bien sur leur champ : la longueur de la Colombe lui procure cette facilité qu'il ne trouverait pas dans la Varlope. Aussi, à moins que le bois ne soit de très-grande longueur, par exemple de $2^m.25$ à $3^m.90$, cet instrument est-il de l'usage le plus avantageux. Il accélère de plus le travail, et, selon la remarque de Roubo, les ouvriers de profession analogue à celle du layetier devraient aussi en faire usage.

### § 3.   FERRURES DU LAYETIER.

Comme le layetier assemble avec des clous ou de petites lames métalliques la plupart de ses ouvrages, il a nécessairement besoin d'un plus grand nombre de ferrures que le menuisier, et il en résulte que le ferrage est pour lui une chose importante.

Les clous sont de plusieurs sortes. Les uns s'achètent chez les quincailliers, et les autres se font à l'atelier même, du moins assez souvent.

Parmi les premiers, on distingue : 1° les *clous ordinaires*, avec ou sans tête; 2° les *clous de bateaux*, ainsi appelés parce qu'on les retire des planches qui proviennent du déchirage des bateaux; 3° les *bro-*

*quettes,* petits clous à tête plate ; 4° les *semences,* broquettes de dimensions très-restreintes ; 5° les *pointes de Paris* ou *clous d'épingle,* avec ou sans tête.

Les clous que le layetier fait lui-même sont d'une seule sorte, sauf les dimensions. Pour les obtenir, il coupe plusieurs bouts de fil de fer d'égale longueur (supposons 0$^m$.054), il les dresse, puis les prenant de la main gauche, de manière à les réunir en une petite botte, il introduit l'extrémité de celle-ci dans les cisailles. Il n'a plus alors qu'à presser avec le genou droit la branche mobile de cet outil, qui, du même coup, rogne les fils et taille les pointes. Les clous ainsi fabriqués s'appellent *pointes.*

Quelques observations maintenant sur les différents clous.

Les clous de bateaux sont de fer très-doux, leur tige est déliée, ce qui les rend susceptibles de pénétrer dans les bois tendres sans les fendre. D'ailleurs, ils coûtent moins cher que les clous neufs de semblable qualité, et tiennent mieux à cause de la rouille, toutes choses qui les font préférer par l'ouvrier. Inutile d'ajouter qu'ils ne peuvent convenir que pour de grossiers ouvrages.

Les clous d'épingle sont propres aux applications les plus diverses. Aussi leur usage est-il général, et ils tendent à faire disparaître entièrement les clous ordinaires ou clous carrés.

Les broquettes et les semences servent spécialement pour les menus objets, et les pointes pour ceux de ces mêmes objets qui sont faits avec des planches minces de quelque bois ferme, comme le Hêtre ou le Chêne.

Au lieu d'assembler les planches au moyen de rainures et de languettes, on se contente parfois d'en *goujonner* les joints, c'est-à-dire de les réunir au moyen de *goujons* de fer, dont il existe deux espèces : les *goujons ronds* et les *goujons plats*. Les premiers ne sont autre chose que des pointes de fil de fer semblables à celles dont nous venons de parler, et fabriquées de la même manière. Quant aux goujons plats, ou *pointes de maréchal*, ils ont la plus complète ressemblance avec l'extrémité des clous à ferrer les chevaux.

Les *charnières* des boîtes de petites dimensions sont faites par le layetier avec du fil de fer. Celles des boîtes d'une certaine grandeur se fabriquent en tôle et se trouvent toutes prêtes dans les magasins de quincaillerie. Elles se nomment *couplets* et présentent la disposition indiquée par le dessin ci-joint (fig. CLXXIII). L'ouvrier s'en approvisionne, ainsi que

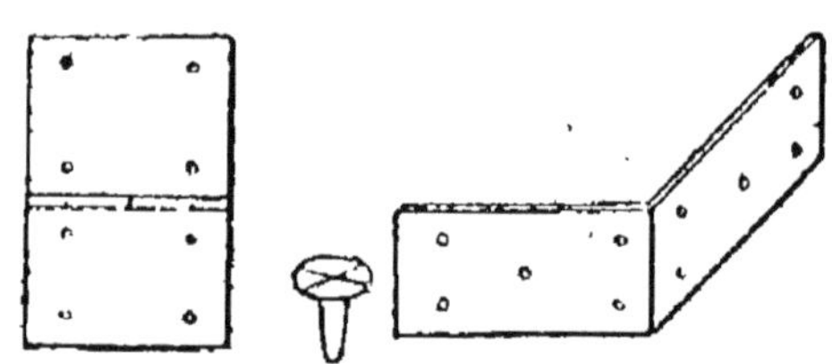

Fig. CLXXIII.     Fig. CLXXIV.

d'*équerres* ou *coins* (fig. CLXXIV), pour les angles des caisses d'un très-fort volume, et des diverses autres ferrures, poignées, anneaux, serrures, etc., dont il peut avoir besoin.

# CHAPITRE III.

### Caisses et cassettes.

—

## § 1.  CAISSES.

On distingue deux sortes de caisses d'emballage :
les *caisses à claire-voie*, les *caisses pleines* et les
*caisses à bois-contre*.

### 1° *Caisses à claire-voie.*

On appelle CAISSES A CLAIRE-VOIE celles dont les
planches sont éloignées l'une de l'autre par une distance de 0m.054, 0m.081, 0m.108, et quelquefois plus,
selon la nature de l'emballage, ce qu'il faut d'avance
déterminer. Elles sont destinées à emballer les meubles, que le layetier doit voir et mesurer avant de
prendre ses dimensions.

La solidité est l'objet principal de ce genre de
caisses. Aussi, les fait-on en *dosse*, ou volige de re-
but, d'une épaisseur relative à la grandeur.

Pour les caisses à claire-voie, comme pour tout autre ouvrage de layeterie, il faut, après avoir pris la
mesure, choisir le bois de telle sorte qu'on puisse obtenir précisément la quantité nécessaire de morceaux.
Si, par exemple, la caisse a 65 centimètres carrés, on
prend du bois de 162 millimètres, et l'on va en 4; ou
de 217 millimètres, et l'on va en 3; si l'on prenait
du bois au hasard, on serait à la fin obligé de hacher
ou de refendre, ce qui perd du temps et fait du
déchet.

Le bois étant divisé, on s'occupera des *barres,*

c'est-à-dire des traverses qui soutiennent les planches. On les tient un peu épaisses, et on les fait *ordinaires*. Or, les barres ordinaires conservent la forme de la dosse aplatie dessus, mais avec un chanfrein plus large. Sont-elles achevées, on redresse les rives et on les met d'équerre; puis on barre les bouts à la distance convenable, et l'on met d'équerre comme il faut. Afin de fixer les bouts, on place une pointe aux quatre coins, et l'on cloue les morceaux d'un coin à l'autre, autour du fond barré, en commençant par les côtés, et rivant tout de suite. On biscaute ensuite les autres morceaux destinés à faire le bout de la caisse, puis la partie du contour qui lui fait face. Enfin, on termine par les fonds et le couvercle. Quand on a ainsi monté en clouant bien solidement, on barre, on rase, puis on rive en dedans. Ce qui reste à faire à la caisse se finit après l'emballage.

Tous les meubles de salon, de bureau et de chambre à coucher, commodes, secrétaires, fauteuils, chaises, canapés, consoles, étagères, pianos, armoires, lits, etc., s'emballent dans des caisses semblables.

### 2° *Caisses pleines.*

Les CAISSES PLEINES ont toutes leurs planches, non-seulement bien jointes, mais encore assemblées. Elles diffèrent des *cassettes* en ce que le couvercle est libre et qu'il est fixé par des clous après l'emballage, parce qu'il ne reçoit point de serrure. Elles en diffèrent encore parce qu'elles sont presque toujours assemblées avec des clous, le layetier n'appliquant qu'aux seules cassettes soignées les procédés du menuisier.

C'est pour les grandes caisses qu'on fait usage du *goujonnage*. A cet effet, l'ouvrier commence par bien dresser sur la Colombe les deux planches qu'il veut joindre, puis il place les goujons, à distance égale, dans le milieu de l'épaisseur de l'une de ces planches, jusqu'à peu près la moitié de leur longueur. Les goujons ainsi à moitié enfoncés, il les pose sur l'enclume, et il en aplatit avec le marteau l'extrémité jusqu'à ce qu'ils soient presque coupants. Cela terminé, il pose la planche goujonnée *a b* (fig. CLXXV) en face de la plan-

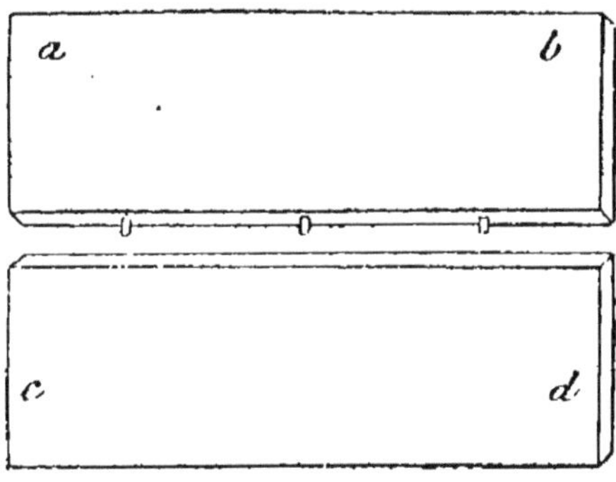

Fig. CLXXV.

che à y réunir *c d*, qui est placée sur l'établi, puis il frappe avec le plat du maillet sur la vive arête de la planche goujonnée, afin de faire entrer les goujons dans l'épaisseur de la seconde planche. Ils y pénètrent facilement, parce qu'ils sont amincis et qu'on frappe tour à tour avec le maillet sur l'épaisseur des deux planches, épaisseur opposée à celles que l'on veut réunir.

Le nombre des goujons est proportionné à la longueur des planches, mais il faut toujours qu'il y en ait un au centre et un à chaque extrémité.

Il importe de bien placer les goujons dans le milieu de l'épaisseur de la seconde planche, quand on les enfonce avec le maillet. Ils doivent d'ailleurs être placés exactement comme dans la première, face à face, afin que les deux planches affleurent ensemble le mieux possible, et que l'ouvrier ne soit pas forcé de diminuer l'épaisseur de l'une ou de l'autre, lorsqu'il les rase sur le plat après les avoir goujonnées.

Les planches goujonnées, rasées sur l'épaisseur, sont ensuite coupées de longueur et rasées à bois de bout. On ne les rabote pas. En fait de caisse, le rabotage est un ornement superflu, utile seulement aux endroits où l'on écrit avec un pinceau les initiales et les marques de l'expéditeur, la nature de l'emballage, et enfin le double X, destiné à indiquer le haut de la caisse.

Quand les planches sont préparées, soit par ce procédé, soit par les joints ordinaires, on *appareille* le bois, c'est-à-dire qu'on le dispose le plus avantageusement possible d'après la hauteur et la largeur de la caisse, d'après les dimensions de celui que l'on a, car il n'y a rien de précis à cet égard. On met indifféremment les planches en long, ou transversalement. Si cette dernière méthode est employée plus fréquemment, surtout pour les côtés, c'est qu'elle empêche de multiplier les joints. Quand la caisse est basse, et qu'on peut faire les côtés d'un seul morceau en travers, on n'y manque pas.

Nous savons qu'on donne le nom de *barres* aux traverses qui soutiennent les planches. On les prépare de quatre manières : 1° à la *hollandaise*; 2° à la *menuisière*; 3° à *l'ordinaire*; 4° à *l'anglaise*. Nous avons déjà vu, en parlant des caisses à claire-voie, comment on s'y prend pour les troisièmes, nous allons maintenant nous occuper des autres.

Les *barres à la hollandaise* sont redressées à la Colombe, et ne présentent qu'un seul chanfrein : elles se mettent sur les bouts des parties les plus courtes du pourtour de la caisse, et par conséquent sur les bouts des bouts, ou plutôt sur leurs bords. On nomme cela *monter à double monture*. Cette méthode a la plus grande solidité.

Les *barres à la menuisière* sont plates, avec un petit chanfrein de chaque côté.

Les *barres à l'anglaise* sont celles dont la longueur dépasse de 0<sup>m</sup>.044 les *côtés*, ou parties les plus longues du pourtour de la caisse : elles les dépassent en haut et en bas, et s'emboîtent avec les barres des fonds et du couvercle.

Il s'agit maintenant de monter le contour de la caisse. On commence par en attacher les quatre pièces ensemble, en faisant poser les côtés sur les bouts, puis on fixe l'un à l'autre avec des clous assortis. Les quatre pièces ainsi assemblées, on *met d'équerre*, c'est-à-dire qu'on vérifie, à l'aide de l'équerre, si rien ne s'est dérangé. Cela fait, on attache le fond sur le pourtour à plat, de la même manière qu'on a fixé avec des clous les bouts après les côtés. Il ne reste plus qu'à raser l'ouvrage dans tous les sens et à préparer le couvercle, après avoir toutefois barré le contour et le fond, ce qu'avec beaucoup de raison un grand nombre de layetiers font tout d'abord et en appareillant leur bois.

Faisons observer en passant que maintenant on ne goujonne pas toujours, on ne met pas d'alaise aux joints des planches qui forment le contour de la caisse quand elle est solidement barrée, parce que les barres empêchent les morceaux de s'écarter. De plus, on ne barre pas les petites caisses, les caisses de moyenne grandeur et celles qui sont destinées à porter des objets un peu lourds.

Les barres doivent avoir au moins 0$^m$.081 de largeur, sur 0$^m$.027 d'épaisseur, et une longueur égale à la partie barrée, quoiqu'elles soient quelquefois plus courtes de 0$^m$.014. Les clous qui les attachent doivent être assez longs pour être rivés.

Presque toujours, l'intervalle à barrer, fond, couvercle, ou côté, est partagé en trois parties : il va sans dire qu'une égale distance doit se trouver entre les trois barres, qui d'ailleurs se posent et se clouent à plat longitudinalement sur le bois.

Le mètre ou un petit morceau de bois de longueur assortie à la distance, suffit de reste pour barrer régulièrement.

On sent que les barres des côtés et celles du fond du couvercle doivent se rapporter exactement.

On ne barre pas les bouts de la caisse longitudinalement comme les côtés. Lorsqu'elle exige beaucoup de solidité, on emploie les barres hollandaises en dehors et bien biseautées.

On barre à volonté en dehors ou en dedans de la caisse, mais il est plus propre et plus convenable de le faire en dedans pour les côtés et le couvercle. Quant au fond, il faut barrer en dehors; cela sert à donner de l'assiette à la caisse. La saillie des barres peut être aussi utile au couvercle; cela dépend de la nature de l'emballage. Il arrive aussi quelquefois qu'on se borne à barrer l'un des côtés.

Quand on a préparé et barré, chacun à part, les côtés, les bouts, le fond et le couvercle, on scie à ras les barres, et l'on passe le Rabot sur le champ du bois. Après avoir ainsi rasé, on scie les côtés en biseautant.

A cet effet, on met un côté à plat sur l'établi, on l'appuie d'une part au crochet, on le fixe d'autre part avec une pointe, et l'on amincit en biseau à moitié de l'épaisseur du bois. Il vaut bien mieux biseauter après avoir barré qu'auparavant, parce qu'on peut déranger la ligne du bois et que le biseautage est à recommencer.

Le couvercle se place à part avec des clous après l'emballage.

### 3º *Caisses à bois-contre.*

Les CAISSES A BOIS-CONTRE servent d'intermédiaire entre les caisses à claire-voie et les caisses pleines. Elles diffèrent des premières en ce que les planches qui les constituent se touchent d'un bout à l'autre, et des secondes en ce que ces mêmes planches sont simplement juxta-posées, c'est-à-dire non assemblées. Quant à leur construction, elle est habituellement la même que celle des caisses à claire-voie.

### § 2.  CASSETTES.

On sait que les CASSETTES diffèrent des caisses en ce qu'elles ont le couvercle, non pas cloué, mais fixé par une charnière. Elles se divisent en deux classes : celle des *cassettes simples* et celle des *cassettes à châssis, à chapeau* et *à robes.* Les premières se rapprochent des caisses, et les secondes des boîtes, des ouvrages de coffreterie avec lesquels elles se confondent presque. Aux boîtes s'arrête le travail du layetier.

### 1º *Cassettes simples.*

Lorsqu'il s'agit d'une CASSETTE SIMPLE, destinée à contenir habituellement du linge, il vaut mieux, disons-le d'abord, la fabriquer d'après les principes de la menuiserie, c'est-à-dire en joindre les parties à rainures et à languettes, et la munir d'un couvercle qui ferme à feuillures et à recouvrement : la différence du prix ne doit pas, en ce cas, faire hésiter l'acheteur.

Voyons maintenant comment se fait la cassette du layetier.

Les dimensions déterminées, et les planches convenablement appareillées, l'ouvrier commence par bien unir ces dernières au moyen de la Varlope. Il scie les petites planches bien carrément à chaque bout, et réserve les plus saines pour le devant, comme les plus belles pour le couvercle. Ces planches en bois blanc se posent presque toujours transversalement, et l'on évite de multiplier les morceaux.

Autant que le permet la hauteur de la cassette, sa paroi se compose d'une seule pièce. Faut-il y ajouter, on fend à la scie une planche, et cette allonge se place toujours en haut, vers la serrure, qu'elle reçoit ; mais si la profondeur de la cassette exige deux morceaux et l'allonge, on met celle-ci au milieu. Cela n'empêche pas, si la dimension des bouts de la cassette le rend possible, que l'on fasse ces bouts avec une ou deux planches, ou bien avec une planche et une allonge placées longitudinalement. L'essentiel est toujours d'épargner les joints et de profiter des différentes largeurs du bois.

A moins d'exceptions assez rares, dues à la grandeur de la cassette, on ne barre point, et, dès que les morceaux sont divisés, on fixe avec des clous d'épingle les côtés sur les bouts, ainsi que nous l'avons déjà vu ; on met d'équerre, et avant de fixer le fond au contour, de la même manière que l'on a fixé les pièces du contour lui-même, on s'assure que le rectangle qu'il forme ne gauchit pas sur la place du fond, car la cassette présenterait un aspect désagréable. Si cet accident arrivait, il faudrait y remédier en redressant parfaitement cette partie à l'aide de la Varlope ou du Rabot.

Cela fait, l'ouvrier dresse le dessus du contour bien exactement; il abat un peu les angles, et, après qu'il a convenablement biseauté, il présente la planche destinée à former le couvercle. Elle doit déborder le fond de 0$^m$.002 tout autour, si le couvercle ne doit pas être *encharné*, c'est-à-dire recevoir des charnières, et de trois côtés seulement, s'il doit en recevoir, ce qui signifie que, dans ce dernier cas, la planche ne doit pas déborder par derrière. Alors le layetier cloue sur le couvercle de petits liteaux en bois bien aplani, sans nœuds, semblable d'ailleurs au bois choisi pour la cassette. Ces liteaux sont larges de 0$^m$.003 à 0$^m$.004, selon la grandeur de celle-ci, et cloués de la même manière que les parois sur le fond. Par ce moyen, le couvercle n'est pas adhérent au contour, et les liteaux ou rebords servent à empêcher le bois du dessus de coffiner, et à recouvrir l'extrémité supérieure du contour : le petit jeu de 0$^m$.002 qu'on a donné à ce rebord suffit pour qu'il reçoive le contour avec facilité.

Nous avons vu, en parlant des ferrures, que, lorsque la cassette est petite ou de moyenne grandeur, le layetier prépare lui-même les charnières qu'il lui destine. Nous allons dire comment il procède.

*Manière d'encharner.* — L'ouvrier prend un fil de fer de grosseur assortie à la force de la caisse, lui donne environ 0$^m$.108 de longueur, puis le coupe, ou plutôt le rompt. Ensuite, avec les pinces rondes, nommées *plioirs*, il forme au milieu de ce fil un anneau *a* (fig. CLXXVI), une sorte d'œil, ce que, dans le langage du métier, on appelle *faire prendre le rond*.

Cette opération terminée, il fait prendre le rond à un second fil de fer *c*, après toutefois l'avoir passé dans l'œil arrondi précédemment *a*, puis il achève de le serrer à l'ordinaire, et obtient de la sorte un commencement de chaînette *b d*. Voilà une charnière faite; il ne s'agit plus que de la monter sur la cassette, ce à quoi l'on procède aussitôt, quand on ne juge pas à propos de faire recuire le fer afin de le rendre plus doux.

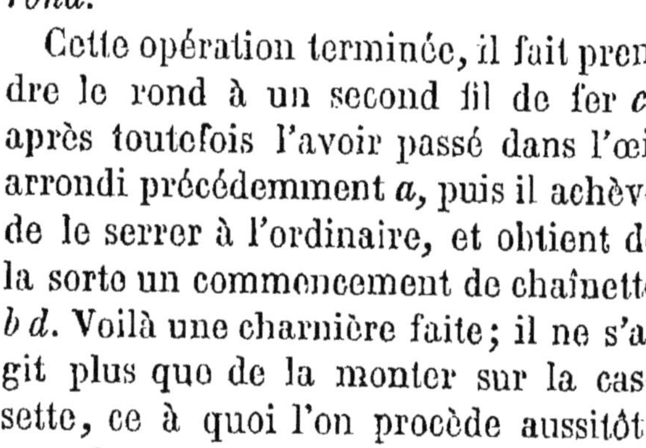

Fig. CLXXVI.

Dans ce dernier cas, on prépare un paquet de charnières, qu'on lie avec un morceau de fil-de-fer très-fin, puis on le soumet à un feu vif et clair, disposé de manière à entourer le paquet de toutes parts. Quand le fer est devenu rouge-cerise, on le retire vite du feu, et on le laisse refroidir devant le foyer, afin que le froid ne le saisisse pas trop vite.

Voyons maintenant comment l'ouvrier doit encharner. Pour cela, il pose le couvercle sur la cassette, et trace sur l'un et sur l'autre la place que les charnières doivent occuper : ordinairement, elles sont au nombre de deux, un peu avant chaque extrémité du couvercle. Quand il y en a une troisième, elle se place au milieu. Les marques faites, il enlève le couvercle; il y fait sur la vive arête de dessous, ainsi que sur celle du côté extérieur de la cassette, une légère entaille au milieu de laquelle il perce avec la vrille un trou incliné, assez grand pour laisser pénétrer les branches *b* de la charnière. Ce trou est fort oblique, afin de conserver plus de force au bois ; il est répété, comme nous venons de le dire, sur le couvercle, et à 10 millimètres du bord : ce dernier trou, qui répond à celui de la cassette, reçoit à son tour les deux branches *d*. La seconde charnière se pose de même, puis le layetier songe à les river toutes deux, c'est-à-dire à en arrêter les bouts saillants.

D'abord, il ouvre et ferme le couvercle en maintenant ces bouts avec les doigts, pour apprécier le jeu de la charnière, puis il retourne la pièce sur le plat, et s'assure si la charnière est assez avancée, ou si elle ne l'est pas trop, ce à quoi il remédie en poussant, ou en tirant comme il convient. Cela terminé, l'ouvrier plie à l'équerre, avec les pinces plates, les bouts des fils de fer *b, d*, qu'il écarte à droite et à gauche ; il frappe dessus à coups de marteau pour les aplatir ; enfin, il en relève les extrémités à l'aide du Plioir, pour en faire un crochet destiné à pénétrer dans le bois, quand il achève d'abaisser les branches avec le marteau, et de les enfoncer autant que possible dans la planche.

On commence toujours par encharner et river la partie dormante de l'ouvrage, le couvercle vient après. Quelques layetiers ont soin de placer perpendiculairement à la face de la cassette, l'œil de la charnière qu'ils y mettent.

L'application des *couplets* est beaucoup plus simple. Cette sorte de ferrure (V. fig. CLXXIII) se fixe d'abord au couvercle, soit en dessus, soit en dessous ; elle y est arrêtée avec des clous, qu'il faut river au-dessus de l'épaisseur du bois, afin qu'ils tiennent solidement.

Quand elle est fixée au couvercle, on l'attache sur le côté de la cassette, dans laquelle on l'entaille de son épaisseur, ce qu'il faut également pratiquer au couvercle.

*Garnitures des angles.* — Quand les cassettes sont d'une certaine grandeur, et qu'elles exigent de la solidité, on garnit leurs angles avec des équerres en tôle (V. fig. CLXXIV), ou *coins*. On emploie aussi ces coins à consolider le fond, en les plaçant un peu avant chaque extrémité du côté de la cassette, de façon que le pli de l'équerre se trouve précisément au point où le côté est cloué au fond. De cette manière, la bande de tôle, embrassant également le côté et le fond, serre l'un et l'autre, tout en faisant l'office de barres. Les coins sont alors au nombre de quatre, car on en met, en ce cas, deux au côté du devant, et deux correspondant au côté du derrière. Assez communément alors, les angles ne reçoivent pas de coins, quoiqu'en certaines circonstances on réunisse le tout.

Les clous avec lesquels on attache les coins doivent être solidement rivés en dedans de l'ouvrage. Aussi, les pose-t-on ordinairement avant d'encharner, ou du moins avant de river les charnières avec le couvercle, afin de river les clous des coins avec plus de liberté.

*Fermeture des cassettes.* — On termine le travail par la fermeture et la pose des *poignées* ou *mains*.

La fermeture est toujours assortie aux charnières. Si celles-ci sont en œil, le layetier prépare des boucles et des crochets en fil-de-fer. Il fait usage de crochets de fer plat, quand la charnière est forte. Il met une serrure ordinaire quand la cassette est encharnée avec des couplets.

Voici comment l'ouvrier s'y prend pour faire les crochets (fig. CLXXVII). Sur le devant du couvercle, il perce un ou deux trous en face des charnières, et de manière qu'ils correspondent au milieu de l'épaisseur du bois du côté-devant de la cassette. En même temps, il perce avec le poinçon la planche de ce côté, ou paroi, dans son épaisseur, et il enfonce un fil-de-fer plié avec le plioir, et semblable à celui qui a servi pour les charnières. Ce fil métallique, enfoncé à l'aide du marteau dans l'épaisseur du bois, présente une boucle un peu allongée qui s'engage à volonté dans le trou correspondant fait au couvercle. C'est à ce point que le layetier place le crochet, dont il engage l'extrémité *s* dans l'anneau, et dont l'autre extrémité *r*, pliée à angle droit, entre dans le couvercle, se replie par dessous, et lui donne toute l'aisance nécessaire de tourner.

Quand le bois est mince, le trou par lequel passe la boucle ou le piton, se pratique avec le perçoir méplat, qu'on fait mouvoir en divers sens pour râper le bois plutôt que de le couper, et empêcher ainsi qu'il ne se fende. Quand les boucles sont placées sur le plat du bois, on doit leur laisser assez de longueur pour pouvoir être rivées par derrière, ce qui se fait comme pour encharner.

Anciennement, on faisait aussi d'autres crochets, qui, ne s'attachant pas sur la cassette, passaient au travers de son épaisseur au moyen d'un double coude. Cela n'est plus guère usité. On ne fait jamais recuire les boucles et leurs crochets.

Quant aux *serrures*, elles sont de différentes grandeurs; mais, quelque petites qu'elles soient, elles se trouvent toujours trop épaisses pour être contenues dans l'épaisseur du bois. Aussi, faut-il user de précaution pour tracer exactement la forme du trou nécessaire à leur pose, et s'attacher à faire ce trou le plus petit possible, afin de conserver plus de force au bois.

La serrure se place sur le haut, et au milieu de la longueur de la paroi du devant. Après avoir marqué la place du trou, on fait dans le bois plusieurs trous de Vilebrequin très-rapprochés, on en fait sauter l'intervalle avec un Ciseau, et l'on achève de tailler cette ouverture avec une Scie à main, le Ciseau et la Râpe à bois. La serrure d'ailleurs se pose proprement comme à l'ordinaire.

*Poignées ou mains.* — On met à chaque bout des cassettes soignées, une main de fer, afin de les transporter commodément. On en place également une au milieu du couvercle pour le soulever; mais alors, ce dernier est pourvu d'une ou de deux barres transversales destinées à la supporter.

### 2° *Cassettes à châssis, à chapeau, etc.*

Plus faciles et plus fréquents de nos jours, surtout pour les dames, les voyages ont engagé le layetier à pourvoir les CASSETTES A CHASSIS, etc., d'une foule de dispositions dont la simplicité, le bon goût, l'agrément sont devenus chose usuelle.

Ces cassettes se font exactement comme les précédentes, si ce n'est que l'on tient ordinairement le couvercle un peu bombé, qu'on le barre et qu'on le recouvre d'une toile cirée, de couleur noire, que l'on colle dessus. Une bande large d'environ $0^m.054$, et découpée à l'emporte-pièce, dépasse le rebord du couvercle, et entoure agréablement le haut de la caisse.

De telles cassettes doivent être bien jointes, sans flaches, et rabotées avec soin. On les encharne à couplets, on les garnit de coins et on colle sur toute la surface intérieure un papier bleu-clair qui produit un agréable effet, et qui, selon nous, est préférable aux papiers de fantaisie.

La cassette ainsi préparée est destinée, suivant sa profondeur, à contenir différents effets de toilette. Supposons qu'elle doive servir à la fois à l'emballage de fichus, de bonnets, de chapeaux, de robes et de menus objets; voici comment le layetier la disposera dans ce cas particulier :

A partir du haut du contour de la cassette, il marquera intérieurement un espace de $0^m.020$ environ, tracera une ligne, et clouera sur cette ligne, tout autour, un petit liteau ou tasseau épais de $0^m.014$. Ce liteau a pour objet de supporter le châssis qui renfermera et soutiendra les robes au-dessus du chapeau, pour lequel nous réservons le fond de la boîte.

Ce châssis est formé d'un encadrement haut d'environ $0^m.162$, et de dimensions presque égales à celles de la cassette, puisqu'il en diffère seulement par la petite diminution nécessaire pour qu'il puisse aisément entrer dans le contour.

Il a $0^m.027$ et quelquefois $0^m.054$ de moins en hauteur que la place qui lui est préparée, afin de laisser la caisse fermer librement. Un fond, composé de larges rubans de fil croisés, termine cet ingénieux châssis et s'établit aisément. On commence par mesurer d'un bout à l'autre la longueur du ruban; on coupe sur cette longueur autant de morceaux qu'il en faut pour les placer près-à-près sur les bouts du châssis; on les y attache par des clous d'épingle, après avoir fait un repli à chacun de leurs bouts, et en ayant soin de les tendre le mieux possible. On répète cette manœuvre sur les côtés; mais, avant de clouer définitivement la seconde extrémité des rubans, on les passe alternativement dessus et dessous les rubans placés en longueur, de manière que les passes du second ruban contrarient les passes du premier, et ainsi de suite. Par ce moyen, on obtient une sorte de tissu élastique et léger sur lequel on étend les robes.

Au lieu d'un seul châssis à robes, on peut en mettre deux ou trois et même davantage, l'un au-dessus de l'autre; cela dépend de la profondeur de la cassette. Ordinairement, dans ce dernier cas, chaque châssis est supporté par celui qui est immédiatement au-dessous.

A quelques centimètres au-dessous du châssis unique ou du châssis inférieur, quand il y en a plusieurs, l'ouvrier cloue de place en place, à intervalles égaux, une suite de petites boucles en lisière de fil assez ferme. Ces boucles sont destinées à l'emballage des bonnets et fichus, que l'on y fixe, soit avec une épingle, soit en y passant des liens. Elles aident aussi à suspendre les chapeaux; mais, dans ce dernier cas, on a presque toujours recours à d'autres moyens.

Anciennement, on se servait, pour emballer les chapeaux, de petits champignons ayant la forme ordinaire et cloués sur l'un des côtés de la cassette. Aujourd'hui, on y supplée de plusieurs manières.

Dans beaucoup de circonstances, on prépare un double liteau d'une longueur égale à la profondeur de la caisse jusqu'au châssis, et d'une largeur de $0^m.014$ à $0^m.018$. Ce liteau doit être assez épais pour recevoir une gorge longitudinale destinée à faire coulisse. Ces deux liteaux, ainsi rainés, se placent l'un en face de l'autre, à droite et à gauche de la serrure, en dedans de la caisse, et laissent entre eux un intervalle de 0<sup>m</sup>.108 environ. Cet intervalle doit recevoir une planchette qui, glissant dans les rainures, se met et s'ôte avec la plus grande facilité.

Revêtue sur une face de papier collé, semblable à celui de l'intérieur de la caisse, la planchette reçoit, sur cette face, un demi-cylindre en carton mince, qui entre dans l'intérieur du chapeau et le maintient en place : des cordons fixés sous celui-ci, et noués aux boucles de lisière, achèvent de le préserver de tout contact pernicieux.

On peut rendre la caisse assez grande pour y loger deux chapeaux : alors les planchettes s'appliquent à chaque bout.

Très-souvent, on remplace le demi-cylindre de carton par des supports plus ou moins compliqués qui, fixés sur la planchette, sont disposés deux à deux, en regard l'un de l'autre, et de façon à pouvoir s'éloigner quand le chapeau y est placé, ce qui empêche celui-ci de se déranger. Cet effet est d'ailleurs facilité par des aiguilles ou des pointes très-fines dont on hérisse la face extérieure des supports. C'est aux appareils de cette sorte qu'on donne le nom de CHAMPIGNONS MÉCANIQUES.

Voici encore une autre invention, faite dans le même but par M. Buban. C'est une boîte en bois qui a la forme d'une malle à couvercle bombé, et qui est recouverte, en dehors, de toile cirée, de cuir ou de toute autre matière. Intérieurement, sur un seul des côtés, ou sur deux côtés opposés, sont placées verticalement des planchettes montant et descendant à coulisse dans des rainures. Chaque planchette est munie, sur la face opposée à celle qui glisse contre le côté de la boîte sur lequel elle est appliquée, d'un tube ou portion de tube en carton, sur lequel on pose le chapeau que l'on veut emballer ou serrer, et que l'on retient sur ce tube avec une épingle. L'intérieur de ces tubes peut recevoir différents objets de toilette. Tout cet emballage peut se faire avec succès par la personne la moins exercée.

Quand la cassette est exclusivement destinée aux robes, elle est composée de trois châssis, avec un espace vide au fond, ce qui exige à peu près $0^m.544$ de hauteur.

Quelques mots maintenant sur les LAYETTES. Ce genre de cassette, qui a donné son nom à l'art du layetier, est destiné, comme chacun sait, à renfermer les pièces du trousseau ou de la *layette* d'un enfant nouveau-né.

Les layettes diffèrent très-peu des cassettes à châssis. Ce dernier s'y trouve remplacé par une seconde boîte sans couvercle, et divisée dans sa surface par plusieurs cases de diverses grandeurs, dans lesquelles on place séparément les petits bonnets, les brassières, etc. Cette boîte, qui a également $0^m.162$ de haut, se place dans la cassette de la même manière que le châssis. On y met des poignées ou mains en ruban de fil pour l'enlever aisément. Quant au fond de la boîte, il est destiné à contenir le gros linge.

# CHAPITRE IV.

## Travaux accessoires du layetier.

Indépendamment des ouvrages qui appartiennent proprement à sa profession, le layetier en fabrique accessoirement plusieurs autres qui sont du ressort, soit du coffretier, soit du menuisier. Tels sont ceux dont nous allons dire quelques mots.

BARAQUES D'ÉCOLIER. — C'est une sorte d'armoire, en Hêtre ou en Chêne, d'une largeur de 0$^m$.541, d'une hauteur de 0$^m$.731 à 0$^m$.812, et d'une profondeur de 0$^m$.271. Elle est garnie intérieurement de deux tablettes. Ses portes ferment par les côtés avec des charnières de fil-de-fer, et la porte à gauche est arrêtée en dedans par des crochets placés au-dessous des tablettes. L'autre porte est garnie d'une petite serrure. La partie supérieure du derrière de la baraque est percée de deux trous pour suspendre, à l'aide d'une corde, contre la muraille.

PUPITRES POUR LES ÉCOLES. — On nomme ainsi ces boîtes presque plates et de forme carrée, mais plus basses devant que derrière, dont se servent les écoliers en guise de table et pour renfermer les livres, cahiers, plumes, etc. On les appelle aussi *bureaux*, mais *pupitre* est leur nom véritable. Le dessus, sur lequel on écrit, est mobile jusqu'à une partie horizontale, nommée *porte-chandelier*, avec laquelle il est joint par des charnières : une planchette transversale forme cette partie. Il y a dans l'intérieur trois cases pour ranger encre, plumes, etc. Ce petit meuble ferme par une petite serrure.

CHAUFFERETTES. — Ce sont des boîtes d'environ 0ᵐ.302 de longueur, 0ᵐ.162 à 0ᵐ.189 de largeur, et 0ᵐ.135 de hauteur, dont l'un des côtés est ouvert avec ou sans porte pour laisser passer le vase qui contient le feu. Quelquefois, il n'y a point d'ouverture sur les côtés, mais alors le dessus est mobile et joue, au moyen de charnières, le rôle d'un battant de porte. Pour que la chaleur puisse arriver facilement aux pieds de la personne, ce dessus est percé de trous ronds ou carrés, ou bien est découpé de manière à ressembler à une espèce de grillage. Avant de monter les divers côtés, on les garnit intérieurement de tôle, et on fait la plaque métallique assez grande pour qu'elle puisse entrer de quelques millimètres dans le joint.

C'est ordinairement en Chêne qu'on fabrique les chaufferettes. Au reste, quel que soit le bois qu'on emploie, on ne saurait le choisir trop sec et trop sain.

CAGES. — Bien que le layetier ne soit pas ordinairement chargé de faire les cages destinées à renfermer les oiseaux, nous dirons cependant quelques mots de ces petits meubles.

Les cages ordinaires ne présentent rien de bien important dans leur construction. La charpente se compose de bâtonnets de bois, en forme de parallélipipède rectangle, dans lesquels on perce avec des forets les trous nécessaires pour y enfiler les fils-de-fer qui doivent constituer les parois. Ces fils, placés perpendiculairement, sont, au besoin, consolidés par des fils semblables, mais plus gros, qui les croisent et auxquels ils sont liés par d'autre fil très-fin. On pratique, sur l'une des grandes faces, une petite porte qui s'ouvre souvent à coulisse de bas en haut, afin de faire entrer ou sortir les oiseaux. Cette disposition est mauvaise, parce que si, comme cela n'est pas rare, on oublie de fermer la porte, les prisonniers ne manquent pas de s'échapper. Pour obvier à cet inconvénient, il vaut mieux construire la porte autrement. Pour cela, on enveloppe d'un ressort à boudin l'une des tiges verticales qui forment les côtés de la porte. Un des bouts de ce ressort est fixé sur la porte, et l'autre sur la traverse horizontale contre laquelle elle bat. Quand on ouvre la porte, on bande nécessairement le ressort, et, aussitôt qu'on le lâche, ce même ressort reprend sa première position et force la porte à se fermer. Nous n'avons pas besoin d'ajouter qu'il faut donner au ressort une résistance assez grande pour que l'oiseau ne puisse faire ouvrir la porte quand il vient à s'appuyer sur elle.

La cage dans laquelle on place les écureuils est un peu plus compliquée. Elle se compose de deux parties distinctes : la *cage proprement dite* et la *tournette*.

La cage est longue de 0$^m$.244 et large de 0$^m$.189, avec une hauteur égale à la largeur. Elle doit être faite en excellent Chêne, et il faut avoir soin d'en revêtir les ouvertures avec du fer-blanc pour les préserver des dents de l'animal. La planchette qui en forme le fond, se prolonge, d'un côté, d'environ 0$^m$.245, et c'est sur ce prolongement qu'on fixe un montant vertical dont nous verrons bientôt la destination. On consolide ce montant au moyen d'une traverse dont l'autre bout est cloué sur le couvercle de la boîte. Le côté de celle-ci qui regarde le montant est percé d'un trou rond assez grand pour laisser passer l'écureuil, et l'on pratique, sur le côté opposé, une porte rectangulaire, large de 0m.189 et haute de 0m.108. Il est bon de faire quelques très-petites ouvertures dans le couvercle, afin de donner issue aux mauvaises odeurs.

La tournette se compose de deux plateaux circulaires, ayant 0m.189 de diamètre, réunis par un grillage de fer, et dont l'un, celui qui fait face à la cage, est muni de trois trous ronds semblables à celui de cette dernière, et disposés en triangle. Elle est suspendue entre la boîte et le montant du bout par deux tourillons de gros fil-de-fer, rivés au centre des plateaux. Le goujon voisin de la boîte a 0m.271 de long, et reçoit un petit rond de bois, épais de 0m.007, placé entre la boîte et le plateau. L'autre tourillon, long de 0m.081, passe au travers du montant qui porte la tournette, et se courbe pour former une espèce de manivelle propre à faire mouvoir la tournette, qui est séparée du montant par une rondelle de bois, semblable à celle mise du côté de la boîte.

TRÉMIE POUR PIGEONS.—C'est une boîte dont les deux côtés sont renfoncés en dedans pour laisser un vide de 0m.081 de large, interrompu par de petits bâtons placés à distance égale, afin d'empêcher les oiseaux de répandre le grain au dehors lorsqu'ils vont manger. Elle est fermée par un couvercle à rebord encharné de fil-de-fer, avec des crochets semblables. Est-elle simple, elle n'a qu'un auget et moins d'épaisseur; est-elle double, elle a deux augets et une épaisseur plus forte de moitié. On la fait indistinctement en bois de Chêne ou de Hêtre; néanmoins, le premier est préféré.

OBJETS DIVERS. — Les layetiers fabriquent encore,

et en quantité, des *porte-manteaux* en bois blanc, formés d'une planchette épaisse sur laquelle sont implantés, à distance égale, des *champignons* pour suspendre les habits. Viennent ensuite les *étuis de violons, harpes*, etc.; toutes ces boîtes se confectionnent d'après les règles connues; il suffit d'en prendre mesure.

# CHAPITRE V.

## Emballage.

—

### § 1. OBSERVATIONS GÉNÉRALES.

La manière d'emballer diffère suivant la nature ou la valeur des objets. On peut même dire que chaque catégorie d'objets est soumise à un mode d'emballage particulier, qui est le mieux approprié aux éventualités du transport, et pour lequel on tient compte également de considérations qui y sont quelquefois plus ou moins étrangères.

### § 2. SYSTÈMES D'EMBALLAGE.

On distingue deux systèmes généraux d'emballage : *l'emballage en maigre* et *l'emballage en gras*.

On dit qu'on emballe EN MAIGRE, quand les caisses, après avoir été remplies et clouées, sont enveloppées de lits de paille ou de foin, maintenus par une grosse toile de chanvre écrue dite *d'emballage*, et par des cordes solides convenablement disposées, afin de les préserver des chocs et des intempéries.

Au contraire, on emballe EN GRAS lorsque, dans l'opération qui précède, on remplace la toile ordinaire par une toile goudronnée dite *toile grasse*.

Souvent on réunit les deux systèmes, c'est-à-dire qu'après avoir appliqué sur la caisse une toile grasse, on pratique par-dessus l'emballage en maigre. C'est ce qu'on appelle l'EMBALLAGE EN GRAS ET MAIGRE.

Remarquons encore que lorsque les caisses sont destinées à être transportées par mer, on les munit intérieurement de caisses de zinc ou de fer-blanc qu'on soude parfaitement aussitôt après leur remplissage. Pour la confection de ces caisses, le zinc est préférable au fer-blanc, parce qu'il coûte moins cher, et qu'au lieu de destination des marchandises, on en tire meilleur parti.

Nous venons de parler de l'emballage au moyen des caisses ou *encaissement*. Comme il est très-coûteux, on n'y a recours que lorsqu'on ne peut faire autrement. Dans tous les autres cas, on emballe par *balles* ou *ballots*.

Nous allons décrire l'emballage des objets usuels, puis nous dirons comment on procède pour emballer en gras et maigre.

### § 3.   EMBALLAGE DES MEUBLES.

#### 1° *Commodes et meubles analogues.*

S'agit-il d'une *commode?* le layetier commence par prendre les mesures nécessaires, puis, après avoir fait une caisse à claire-voie de la grandeur convenable, il y place le meuble de telle sorte que la partie postérieure touche le fond. Aucun intervalle ne doit se trouver entre les parois de toutes les deux : il doit y avoir seulement place pour un lit de paille qui empêche le contact ; mais il en est autrement vers le côté de la caisse où se trouve le dessus de la commode.

Il doit se trouver là un espace assez grand pour recevoir le marbre, lequel doit être garanti par deux lits de paille. A cet effet, l'ouvrier choisit de très-longues pailles, il les croise, les ajuste de manière à ce qu'elles présentent une longueur à peu près double de la profondeur de la caisse; il les applique sur la commode, à moitié, au-dessus même de l'espace vide; puis, tenant perpendiculairement le marbre, il le fait glisser tout debout, dans cet espace, sur la couche de paille, qui suit le mouvement donné, et, par conséquent, s'applique sur les deux surfaces du marbre. Ce moyen expéditif et ingénieux a le double avantage de préserver le marbre et la commode à la fois. Il va sans dire que la couche de paille doit être épaisse. On termine par en placer une couche suffisante dessus, et l'on cloue solidement le couvercle.

Tous les meubles à dessus de marbre, *secrétaires*, *armoires*, *consoles*, *tables à thé*, etc., ont leur tablette emballée d'après ces principes. Le but qu'on veut atteindre est qu'il n'y ait aucun vide dans l'emballage, et qu'aucune partie saillante ne soit exposée aux chocs. Le problème est facile à résoudre lorsqu'il est question de gros meubles simples et carrés; mais lorsqu'il s'agit des meubles contournés dont nous venons de faire mention, et de tant d'autres, une difficulté extrême apparaît. On en triomphe cependant avec de l'attention et de l'adresse.

Quand la forme des objets rend les vides inévitables, on a recours à de plus petits objets pour les remplir. Ainsi, entre les pieds renversés d'un bureau, d'un piano, d'une grande table, on emballe, toujours en les isolant avec de la paille ou du foin, d'après la délicatesse des parties, des meubles légers, tels que toilettes, vide-poches, écrans, tricoteuses, tables de nuit, etc.; des couronnes de lit vont bien autour du pied d'une table à thé.

Les garnitures de paille doivent être très-fermes, et n'avoir pas plus de 0m.027 à 0m.044 d'épaisseur, parce qu'autrement elles auraient trop de ressort, ce qui pourrait produire un ébranlement dangereux; mais comme cette fermeté pourrait nuire aux incrustations, aux sculptures, aux parties dorées, et généralement à tous les ornements délicats ou saillants, on recouvre ceux-ci d'un papier non collé, puis de foin tendre et enfin de paille. De plus, quand la forme des pièces est très-contournée, on les isole les unes des autres, non plus avec de petites masses de paille, mais avec des barres sur lesquelles on cloue des tasseaux suffisamment épais, et qui doivent porter contre les parties les plus profondes ou du moins les plus droites de la pièce, qui servent de fond aux ornements à ménager. Ces barres sont attachées d'un côté à l'autre de la caisse, et, dans la crainte que les clous qui les fixent ne viennent à manquer, on les assure en les croisant avec des tasseaux qui les consolident parfaitement.

Lorsque, sans être décidément contournés, les objets ne sont pas droits et bien unis sur leur surface, il les faut encore séparer par des barres semblables, et placées le plus convenablement possible. Elles doivent toujours aller, de préférence, en travers de la caisse, afin qu'étant moins longues, elles puissent mieux résister.

D'ailleurs, dans tous les cas, sans exception, on garnit de torches de paille les vides qui se trouvent entre les pièces et les tasseaux, et qui ne peuvent être remplis par de menus objets, puis on achève de remplir la caisse en suivant toujours la même méthode. S'il restait beaucoup de jeu entre les dernières pièces et le couvercle de la caisse, soit parce que la forme inégale ou les saillies des pièces auraient nécessité cet intervalle, soit parce que la caisse serait de trop grande dimension, il serait nécessaire de mettre encore des barres pour prévenir un ballottement, qui aurait lieu nécessairement s'il y avait une trop grande épaisseur de paille.

### 2° *Fauteuils.*

Comme l'encaissement serait trop coûteux, on emballe par ballots les *fauteuils,* les *cheminées* (leur marbre excepté) et différents objets de quincaillerie.

On accouple ordinairement deux fauteuils semblables. On revêt l'intérieur de l'un d'eux de papier non collé (ce qui dorénavant sera toujours sous-entendu), on entoure les bras de cordons en paille; puis, après avoir revêtu le second fauteuil de papier, on le renverse sur le premier, de manière à ce qu'ils fassent corps ensemble; on les lie, on glisse de la paille longue entre eux, on les environne de paille ferme. Enfin, après avoir bien lié le tout, on le revêt d'une grosse toile, fortement nouée et cousue avec de grosse ficelle. Cet exemple servira pour les autres cas.

### 3° *Marbres.*

Si l'ouvrier doit emballer une certaine quantité de *marbres en table,* il ne sera pas embarrassé. Après avoir disposé une caisse pleine, peu élevée, solidement barrée à la hollandaise, il mettra d'abord un lit de paille sur le fond; puis, sur ce lit, il posera une plaque de marbre qu'il calera de tous les côtés avec des tasseaux qui porteront sur le lit de foin étendu sur la surface de cette plaque. Celle-ci étant bien assurée, et suffisamment recouverte de paille, il en mettra une seconde par-dessus, l'arrangera de la même sorte, et posera quelquefois une troisième plaque par-dessus. Cet emballage, comme on le voit, ne demande pas des soins bien particuliers; toutefois, il en réclame un très-utile, c'est de toujours séparer le marbre, soit des parois de la caisse, soit des barres et des tasseaux, par des cales de foin parfaitement égales d'épaisseur, afin que le marbre ne puisse gauchir, ce qui le ferait casser.

#### 4° *Glaces et tableaux.*

Les *glaces encadrées* et les *tableaux* s'emballent d'une manière semblable. On commence par garnir de papier de soie toute la dorure du premier cadre, puis on le pose sur le fond de la caisse, où l'on a préalablement fixé une sorte de châssis composé de quatre tasseaux épais de $0^m.027$, sur lesquels doit porter l'encadrement, de telle sorte que le dessous de la glace soit isolé.

La glace bien solidement déposée, on la fixe en clouant à chacun de ses angles un liteau qui coupe l'angle de la caisse diagonalement. Bien entendu que ces liteaux sont suffisamment élevés au-dessus des moulures pour ne pas les froisser. Selon la grandeur de la glace, on place en travers de sa largeur plusieurs barres arrêtées avec les côtés de la caisse; on remplit tous les intervalles de papier fin rogné, puis on dépose sur les barres et ce lit de rognures une seconde glace, en procédant absolument comme pour la première.

Il faut, autant qu'il se peut, encaisser des glaces de dimension semblable. Quand les exigences de l'envoi réunissent des glaces de mesures différentes, on commence toujours par les plus grandes et l'on termine graduellement par les plus petites. A chaque fois, on remplit les vides par des bouts de planches qu'on cloue immédiatement sur la paroi intérieure et correspondante de la caisse, et l'on dégrade successivement la largeur de ces planchettes suivant l'espace qui reste entre celles-ci et les glaces. Quand, à la fin, cet espace devient considérable, on attache sur les planches des tasseaux qui buttent entre les glaces et la caisse; puis on met en travers un autre tasseau qui les entretient, ainsi que les planches, pour prévenir tout dérangement.

La dernière glace s'assujettit comme il a été dit pour la première. On attache alors le couvercle, qui doit toujours porter sur les dernières barres, et, s'il se trouvait quelque distance entre la barre et le dessus, on y attacherait des tasseaux propres à la combler et à consolider l'encaissement.

Enfin, on termine par relever la caisse sur le champ et le côté sur lequel les glaces portent par en bas, et on a bien soin de marquer le haut de la caisse; ce que, d'ailleurs, il ne faut jamais oublier.

### 5° *Pendules.*

L'emballage d'un meuble si brillant, si délicat, est l'une des choses qui font le plus d'honneur au layetier.

L'ouvrier démonte d'abord le balancier pour en faire un petit paquet à part; il met au fond de la caisse, assortie aux dimensions de la pendule, une couche de regain ou foin simple ; il pose la pendule dessus, et, préparant autant de petits matelas de filasse fine qu'elle a de contours, de saillies, de creux, il ramène tout cela à la ligne droite, en bourrant partout avec ces petits matelas. Quand il a fait ainsi de la pendule une sorte de paquet, il le lie avec un ruban de fil un peu large, puis il remplit le peu d'espace qui peut se rencontrer entre ce paquet et les parois de la caisse avec du regain et de la paille. Il s'arrange toujours de manière à faire entrer dans le paquet celui que, d'après la même méthode, il a formé du balancier.

### 6° *Verreries, cloches ou cylindres*, etc.

Ces objets, les derniers surtout, exigent beaucoup d'habitude et de soins. On les remplit de regain, on les met debout, les enterrant pour ainsi dire dans ce foin souple et peu pressé. On a proposé d'ensevelir ces objets et autres choses non moins fragiles dans le son du froment, la sciure de bois légèrement foulés. La théorie est pour ce procédé. Mais nous ignorons jusqu'à quel point il est ratifié par la pratique. Toutefois, un conseil aussi certain qu'avantageux est celui-ci. Pour l'emballage de toutes ces pièces délicates, préparez de petites caisses de grandeur relative, et qui puissent les contenir avec le moins de jeu possible ; emballez avec des soins minutieux, fermez les petites caisses, puis placez-les dans une grande caisse ordinaire.

### 7° *Bouteilles pleines*.

Il est très-ordinaire, dans le commerce, d'expédier en caisses des bouteilles pleines de vins précieux, de liqueurs, etc. Le layetier doit donc s'entendre à les emballer ; mais, malgré l'apparence, cet emballage offre peu de difficulté.

L'ouvrier commence par entourer toutes les bouteilles d'une couche assez épaisse de paille longue, qu'il fixe autour du goulot par un tors ; il les place ensuite près-à-près dans le fond de la caisse en les serrant le plus qu'il se peut. Pour établir le second rang, il place les bouteilles, les goulots renversés, dans le vide formé par les goulots des bouteilles précédemment rangées, et ainsi de suite. Exécutée avec soin, cette méthode a tant de solidité que l'ouvrier foule aux pieds les bouteilles ainsi encaissées ; il en fait un véritable bloc.

### 8° *Objets divers.*

On sent qu'il nous est impossible de mentionner tous les objets sur lesquels s'exerce l'art du layetier-emballeur ; les principes sont suffisamment connus par les exemples que nous avons rapportés. Ces exemples lèvent les plus grandes, les seules difficultés. Le reste est donc un accessoire sans importance. Nous dirons, toutefois, que les *porcelaines* s'emballent dans du foin, que les *lampes* se démontent en partie, que leurs différents morceaux forment autant de petits paquets séparés, que leurs dorures sont enveloppées de papier de soie, et que ce papier se roule en spirale autour de leur cercle doré. Toutes ces parties se réunissent dans une petite caisse, où, d'après les règles reçues, elles sont à la fois isolées et rapprochées. On emploie, pour combler les vides, le papier rogné.

## § 4.  EMBALLAGE EN MAIGRE ET EN GRAS.

### 1° *Emballage en maigre.*

Pour *emballer en maigre* on prend une quantité suffisante de toile ordinaire d'emballage pour couvrir la caisse et la paille dont on la recouvrira. Cette toile est d'une seule largeur. On l'étend par terre, on y couche dessus un matelas de paille longue, de $0^m.041$ à $0^m.054$ d'épaisseur ; enfin, on enveloppe exactement la caisse avec cette paille et cette toile, et l'on coud cette dernière avec une grosse aiguille et de la ficelle à emballer. Il ne reste plus alors qu'à écrire sur la toile, avec le pinceau, les mots *dessus* et *fragile.*

### 2° *Emballage en gras.*

Dans l'*emballage en gras*, si nécessaire en cas d'expéditions maritimes, ou même lorsque, dans un voyage lointain, les objets contenus craignent l'humidité, l'ouvrier procède comme il suit. Il prend d'abord ses mesures, observant que la pièce de toile est vendue pour $5^m.942$ et ne les porte pas ; que la toile grasse a une petite largeur de 568 millimètres qui couvre une superficie de 2 voliges (325 millim.), et une grande largeur couvrant 2 voliges ($1^m.307$), ce à quoi il importe d'avoir égard dans le mesurage des bois. La toile grasse est d'ailleurs une toile d'emballage, claire et imprégnée de substances bitumineuses, que l'on fait chauffer sur un peu de paille au moment de l'employer. Ces substances s'étant ramollies par la chaleur, on tend fortement sur la caisse la toile, qui se refroidit bientôt en se collant sur le bois.

### 3° *Emballage en gras et maigre.*

On emballe en gras et maigre dans deux circonstances : 1° quand les caisses doivent traverser la mer ; 2° quand elles doivent voyager longtemps par la voie de terre et par un temps d'humidité. Le mode d'opérer est des plus simples. On commence par emballer en gras, puis on applique l'emballage en maigre, qui achève d'empêcher l'humidité d'arriver aux objets encaissés, et préserve d'ailleurs de toute déchirure l'emballage en gras.

### § 5.   INVENTIONS DIVERSES.

Pour l'emballage par encaissement des objets délicats, on a proposé plusieurs innovations dont nous devons dire quelques mots. Ainsi, M. Cotel a proposé une caisse conique munie d'un soubassement sur lequel on établit un cadre en bois, rembourré, pour former coussin, et sur ce soubassement on place l'objet à transporter. A ce soubassement sont adaptés le devant et le derrière de la caisse, qui s'articulent au moyen de charnières, de manière à ce que chacune de ses parties puisse s'écarter pour placer l'objet. Le devant et le derrière de la caisse sont divisés en une certaine hauteur, et réunis ensuite au moyen de charnières, ce qui permet de baisser la totalité de ces parties, au moyen des charnières inférieures, et de la baisser à moitié seulement, à l'aide des charnières placées aux articulations supérieures. De plus, l'un des côtés s'emboîte dans une rainure pratiquée dans l'épaisseur du bois de l'autre côté, de façon que les deux côtés latéraux sont parfaitement réunis ensemble, et sont arrêtés par des crochets ou agrafes, placés à certaine distance, et qui entrent dans des pitons correspondants à chacun des crochets. Enfin, la partie supérieure de la caisse est fermée par un couvercle auquel sont adaptées les charnières et une patte qui entre dans un piton mobile, et le dessus de ce couvercle est muni d'une poignée à main.

Plus tard, l'inventeur a ajouté une planchette qui glisse dans des coulisses établies, soit à une certaine hauteur du fond de la boîte, ou sur ses parois intérieures. Cette planchette est recouverte d'une toile rembourrée d'une matière quelconque, formant en quelque sorte matelas, sur laquelle se placent les objets fragiles. Chacun d'eux est entouré, de trois côtés seulement, de tampons de liége, cloués ou fixés d'une manière quelconque sur la planchette. A la partie inférieure de ces tampons, on pratique une rainure, de manière que le socle de l'objet entre dedans, et se trouve ainsi maintenu, sans pouvoir vaciller. Enfin, pour plus de garantie, on place des tampons semblables à une certaine hauteur des objets fragiles. Avec un tel emballage, les objets fragiles ne peuvent éprouver aucune avarie.

On doit aussi à M. Cotel une caisse spécialement destinée à l'emballage des étoffes et des estampes. Ce qui la caractérise, c'est qu'elle est garnie d'un cylindre pour enrouler l'objet.


**FIN DU TOME SECOND.**

# TABLE DES MATIÈRES

CONTENUES

## DANS LE TOME SECOND.

QUATRIÈME PARTIE.

TRAVAIL DU BOIS.

# CINQUIÈME PARTIE.

### TRAVAUX DE MENUISERIE.



# PREMIÈRE SECTION.

### MENUISERIE DORMANTE.

## DEUXIÈME SECTION.

### MENUISERIE MOBILE.

# SIXIÈME PARTIE.

## MEUBLES EN MENUISERIE.

## SEPTIÈME PARTIE.

### MENUISERIE DÉCORATIVE.



## HUITIÈME PARTIE.

### ESTIMATION DES OUVRAGES DE MENUISERIE EN BATIMENTS.



---

## MANUEL DU LAYETIER-EMBALLEUR.

FIN DE LA TABLE DU TOME SECOND.

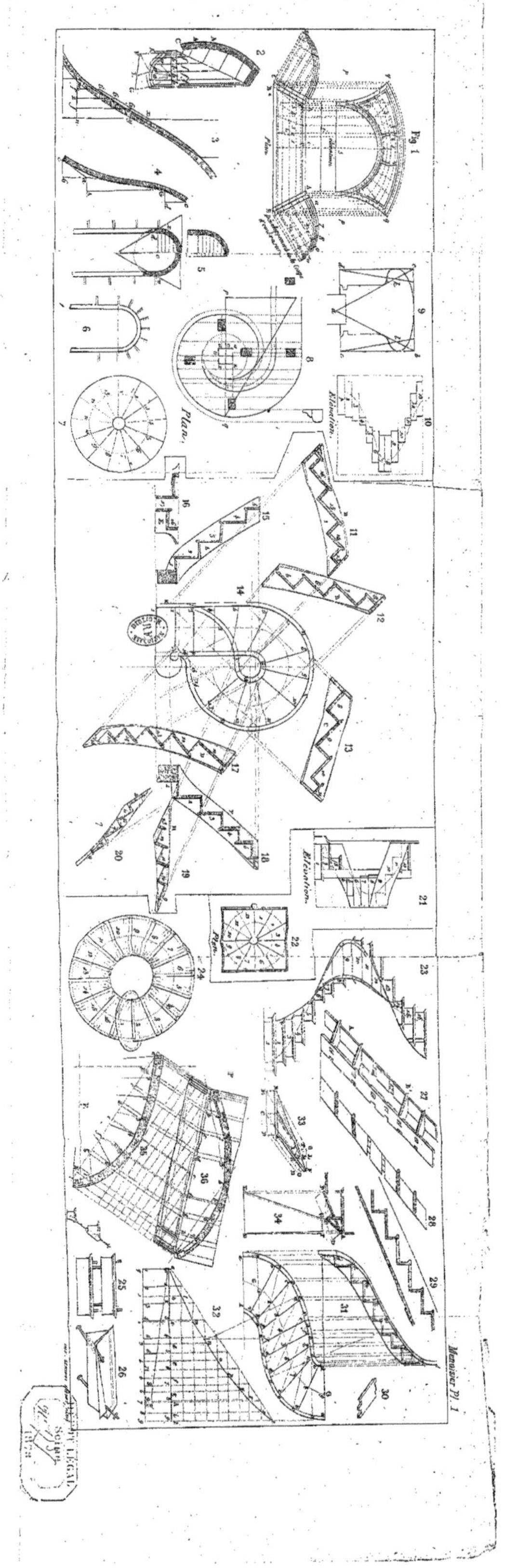
Fig 1
Menuisier Pl. 1

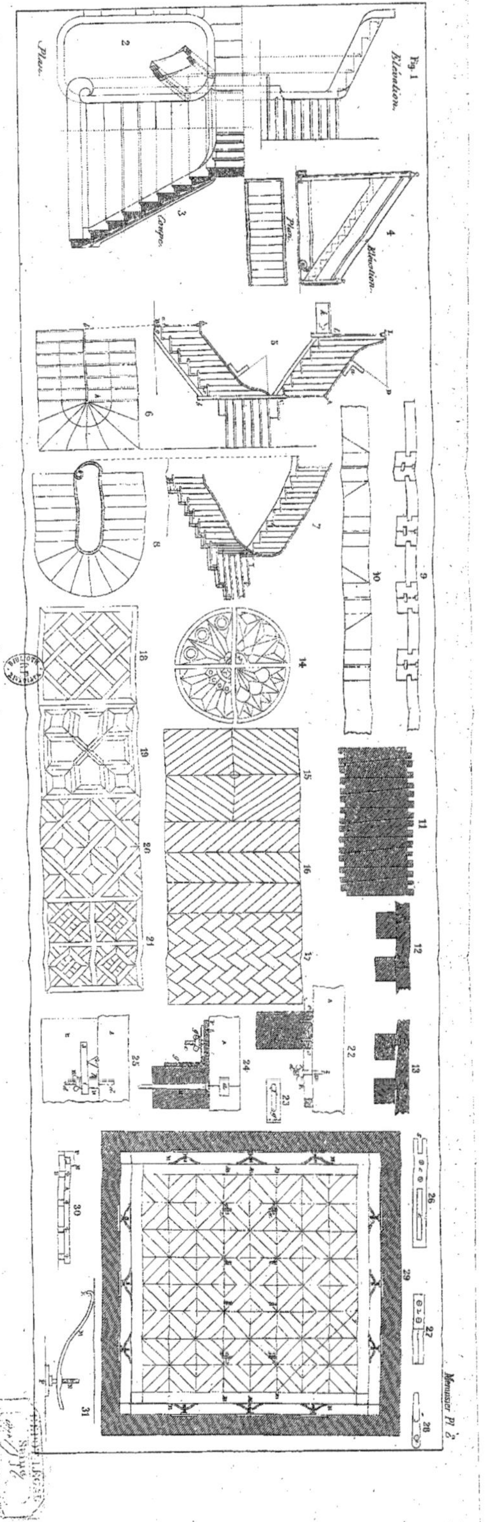

Menuisier Pl. 2.
Fig.1
Elévation.
Plan.
Coupe.
Élévation.

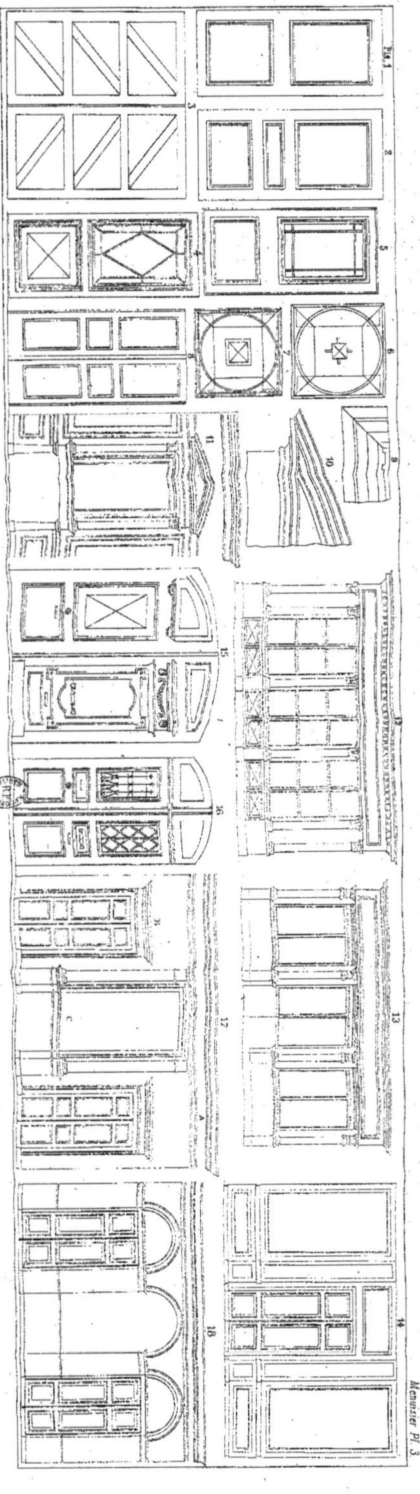

Menuisier Pl. 3

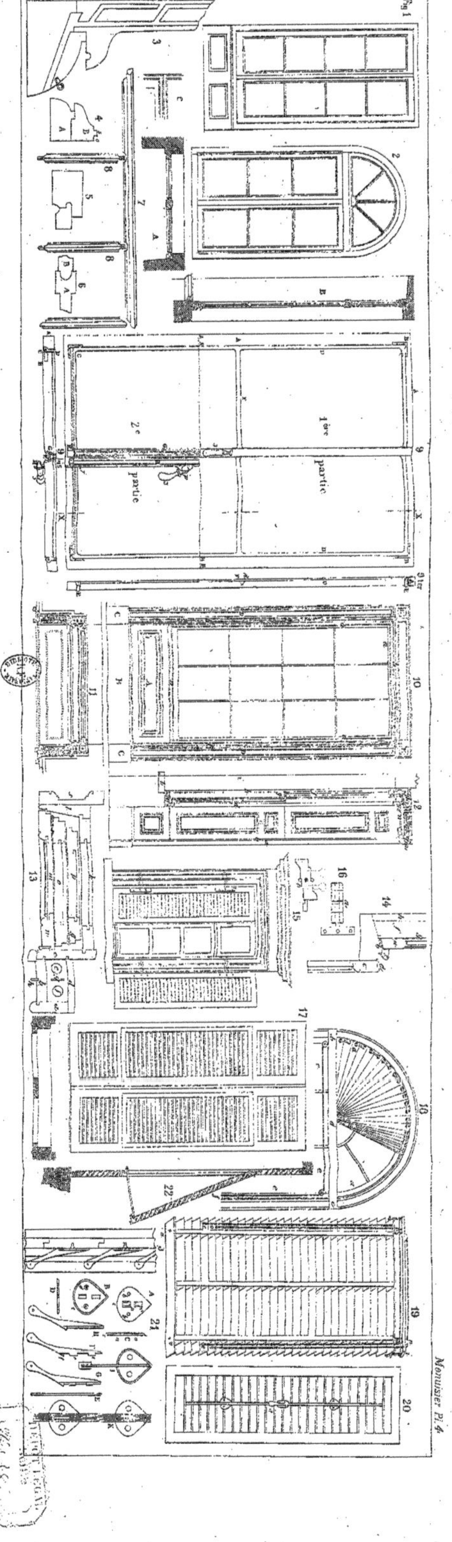

Fig 1
1.re partie
2.e partie
Menuisier. Pl. 4.

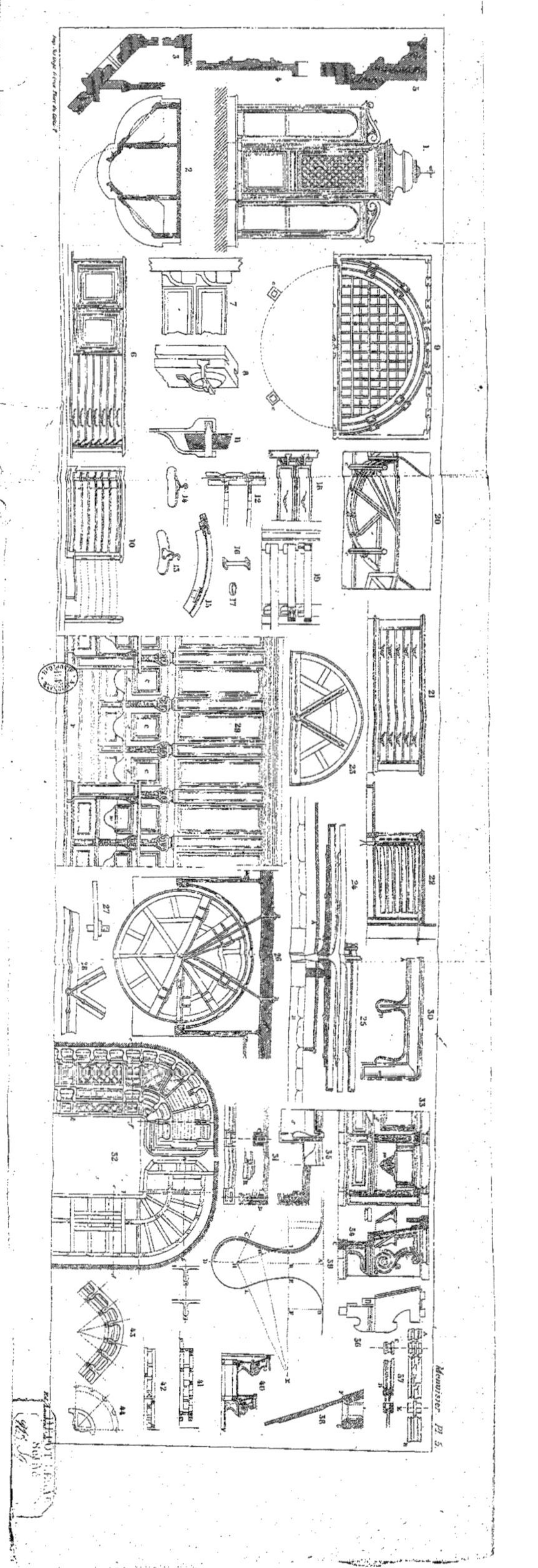

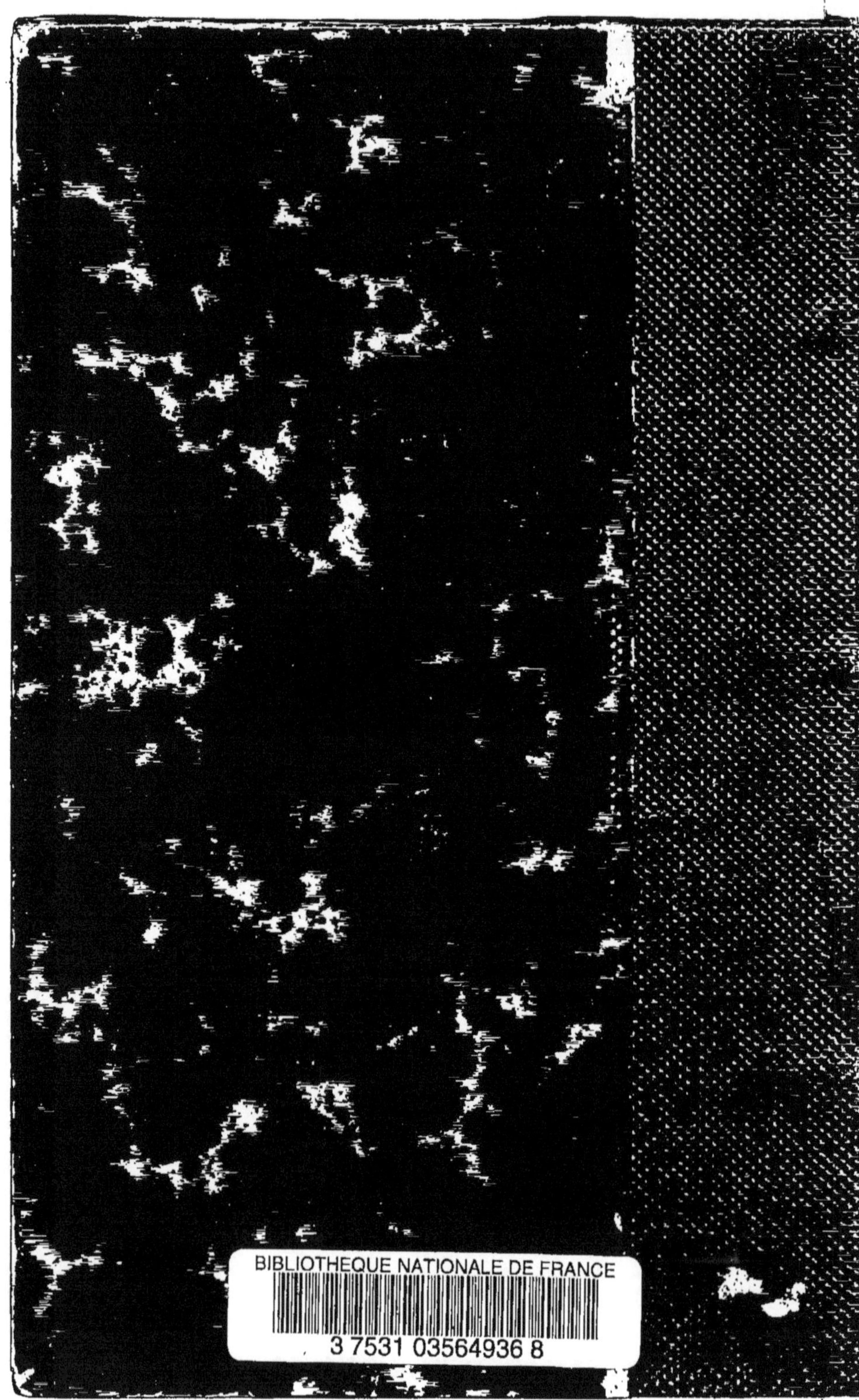
BIBLIOTHEQUE NATIONALE DE FRANCE
3 7531 03564936 8

9 782013 499910